Maria Schell

Die Kostbarkeit des Augenblicks

Gedanken · Erinnerungen

Henschelverlag Berlin 1989

ISBN 3-362-00381-8

Lizenzausgabe für die Deutsche Demokratische Republik
und die anderen sozialistischen Länder

Lizenz-Nr. 414.235/52/89
LSV-Nr. 8414
Lektorat und Bildbeschaffung: Renate Seydel
Gestaltung: Hans Spörri
Printed in the German Democratic Republic
Gesamtherstellung: INTERDRUCK Graphischer Großbetrieb Leipzig,
Betrieb der ausgezeichneten Qualitätsarbeit, III/18/97
625 981 9
01200

Maria Schell
Die Kostbarkeit des Augenblicks

Erlebnis Theater – oder das Interview

Er sitzt vor mir, der kleine Mann mit der Nickelbrille. Sein Gesicht ist rot, verschwitzt. Er sieht so gar nicht aus wie ein Journalist. Manche sind so voll hübscher Flottheit, fragen rasch und zweckgesteuert und warten nur auf die brauchbare Schlagzeile. Dieser ist anders. Ein Gespräch über Theater. Darum hatte er gebeten, der Dr. Frings.

– Über Theater wollen Sie mit mir sprechen? Ich werde selten danach gefragt. Meistens über meine Liebhaber und ob es solche gibt – über meine Ehe – Treue – Hobbys, vielleicht auch Pläne. Aber über meinen Beruf – ist es denn eigentlich ein Beruf?
– Das wollte ich Sie fragen.

Ich schenke ihm ein Glas Wein ein. Er raucht eine Zigarette. Nervös, wie mir scheint.
Ob ich ihm auch so fremd bin wie er mir?
Was ist das für ein Mensch? Immer habe ich mich das gefragt, wenn ich plötzlich einem Fremden gegenübersaß, der mit dem Vorhaben »Interview« zu mir kam.
Interview. Sicht nach innen.
Meistens wußte ich viel über ihn, den Interviewer, und er recht wenig über mich.

– Versuchen wir's halt mal. Was möchten Sie fragen?
– Kann man den Beruf des Schauspielers erklären?
– Schwer, aber man kann. Den meisten bleibt er rätselhaft. Oskar Werner erzählte mir eine Geschichte, und die kann Ihre Frage vielleicht ein wenig beantworten – wenn es eine Antwort gibt.
Oskar saß mit Werner Krauß, den er grenzenlos verehrte – und dessen Namen Werner er als Künstlernamen angenommen hatte –, bei einem Wiener Heurigen. Schrammelmusik, gebackene Hendln, schon leicht himmelblaue Menschen, noch und noch »a Viertel Wein bitte« – leutselig alle.
Einer erkannte Krauß.
Ein paar kamen zum Tisch, die anderen tuschelten: »Du, des is doch ...«
»San Se der Werner Krauß?«
»Ja, bitte.«

»Gehn's, spüln's was für uns – Se san doch a Schauspüler.«
Werner Krauß wehrte ab. Ungehalten.
Sie ließen nicht locker.
»Zu Eana geh ich aber nimmer ins Theater. Wenn Se uns nix vorspüln. Zu was san Se denn a Schauspüler ...«
Oskar wurde energisch.
Beleidigt blätterten die Weinseligen auseinander.
Von den Tischen kam dennoch »Hochleben«.
Kurze Trinkpause. Man hatte es schon vergessen.
Plötzlich fiel Werner Krauß hart vornüber mit dem Kopf auf die Tischplatte und von der Tischplatte auf den Boden. Leblos. Oskar blieb das Herz stehen. Einen Arzt. Alles raste, rannte. Die Rettung. Polizei. Werner Krauß wurde hinausgetragen – der große Schauspieler – es schien das Ende. Das Heurigenvolk still, gelähmt.
»Bitte beiseite treten.« Oskar Werner hielt ihm die Hand. Erschüttert. Sie schoben ihn in den Krankenwagen.
Da – plötzlich setzte er sich auf, sah drohend mit rollenden Augen und einem winzigen Lächeln unter der großen Mimenmaske in die Heurigenmenge und fragte böse: »Hat's euch gfalln?« – stand auf, rutschte runter vom Rettungswagen wie ein Faun, nahm Oskar majestätisch unter den Arm und freute sich zurück zu seinem Wein.
Zum Applaus waren sie alle zu erschrocken.

Dr. Frings schaut wie das Heurigenvolk – lächelt.

– Wie verwandelt der Schauspieler sich in einen anderen Menschen?
– Tun wir das nicht alle – auch im Leben?
Auf einen Ball gehen – Maskenball.
Unsere Feste, was sind sie anderes als ein Spiel. Gewachsen in langen Traditionen. Verwandeln wir uns nicht auch mit dem sonntäglichen Festkleid? Was wäre Weihnachten ohne unser »Weihnachtsspiel«? Ein Wintertag, nichts weiter. Oktoberfest, Hochzeit. – Wollen wir nicht doch alle das weiße Brautkleid tragen? Spiel aller Spiele.
Verwandelt sich nicht sogar eine Straße, nur weil wir verliebt sind? Wird rosarot, wo sie vorher grau war. Nur weil bei ihm oder ihr im dritten Haus, dritter Stock, drittes Zimmer, noch Licht brennt. Und das Buch, das Sie eben gelesen haben – haben Sie sie nicht vor sich gese-

hen, diese Straße, die da beschrieben wurde, das Mädchen, den jungen Mann? Konnten Sie sich nicht hineindenken in ihren Frühling, ihre Liebe? Und jede Straße wird anders sein. Die Straße, die Sie sehen, wird eine andere Straße sein, als die, die ich sehe.
Weil jede Phantasie, die jedem und nur ihm allein gehört, ihm ein anderes Bild zeigt. Zusammengetragen aus tausend Eindrücken, Erinnerungen und Wahrnehmungen, die vielleicht längst vergessen sind.
Doch Sie haben weder den Drang noch den Wunsch, vielleicht auch nicht das Talent, dieses innere Bild zum Leben zu erwecken, ihm Ausdruck zu verleihen.
Wir Schauspieler aber leben von dieser Vorstellungskraft. Sie ist kostbar. Einmalig. Unersetzbar. Und anders auch bei jedem von uns.
Gäbe es nur eine Vorstellung, eine Sicht, eine Version, würden ja zehn Schauspielerinnen die Rolle gleich spielen.
Wir spielen eigentlich alle. Pausenlos.

Er schmunzelt. Ich schenke ihm ein Glas Wein ein.

– Noch eine Geschichte. Eine verrückte, höchst originelle kleine Berlinerin half mir für Monate im Haushalt aus, war ursprünglich Masseuse – hatte einen Millionär, einen Juwelier, vermutlich etwas zu lange und liebevoll massiert und ein Kind von ihm bekommen. Nun wollte sie ihm beweisen, daß sie mit ihrer kleinen Tochter auch ohne ihn auskommen könnte. Diese Angela flog eines Tages von Berlin nach München. Hatte keinen Pfennig Geld, aber einen Dackel, dem sie unmöglich ein zweites Ticket kaufen konnte.
So gab sie ihm eine Schlaftablette. Band sich den Dackel um den Bauch und bestieg als hochschwangere Frau das Flugzeug. Man war ihr außerordentlich behilflich.
Während des Fluges wurde der Dackel wach. Das Schwänzchen wakkelte zwischen ihren Knien und schaute unter dem Rock heraus. Mit einem Aufschrei schob sie es zurück, aber sie konnte sich des rumorenden Etwas auf ihrem Bauch nicht erwehren.
So sprach sie leise zu ihrem Bauch: »Sei man stille, is ja jut, sin ja gleich da.«
Die Stewardeß kam mit einem Glas Wasser, hielt ihre Hand. Angela entfloh in die Toilette und brachte – den Dackel zur Welt. Aber raus,

nein, raus aus der Toilette konnte sie nicht mehr. Das ganze Flugzeug war alarmiert, besorgt. Die junge Frau in ihrem Zustand – allein auf der Toilette!
Man klopfte und hörte nur hilfloses Schluchzen.
Der Kapitän kam persönlich: »Gnädige Frau, bitte machen Sie auf, die Rettung ist schon unterwegs. Sie ... Sie werden sofort nach der Landung ins Krankenhaus gebracht!«
Die Lage war aussichtslos –.
Sie öffnete die Tür nur einen Spalt.
Der Bauch war weg.
Die Stewardeß tat einen Schrei: »Wo ist das Kind?«
Der Kapitän stammelte: »Um Gottes willen, gnädige Frau« und drängte Angela zur Seite. Da saß der kleine Dackel artig auf dem Klodeckel. Tränenüberströmt kam das Geständnis. Das Hundeticket mußte dennoch bezahlt werden. »Ick hab doch det Jeld nich«, schluchzte Angela. Das ganze Flugzeug spendete für das Dackel-Kind und für die Rettung, die mit großem Tatütata auf die Landebahn gerast kam. – Eine reife Leistung. Ich hätte ihr sehr gute Kritiken gegeben.
– Ich auch, sagte Dr. Frings. Seine Finger sind versengt vom Rauchen. Und Sie, wie verwandeln Sie sich? fragt er lachend.
– Wissen Sie, daß ich ganz am Anfang meines Weges, um nicht zu sagen meiner Karriere, Ähnliches gemacht habe?
Ich spielte *Scampolo,* die Geschichte eines armen Wäschermädels. Um meine Realität, die Wahrheit meiner Rolle zu finden, zog ich zerflickte, armselige Kleider an, nahm meinen Wäschekorb unter den Arm, ging barfuß auf den Züricher Bellevueplatz und warf im Geiste meinen toten Hund, das einzige, was ich besaß und liebte, unter verzweifelten Tränen von der Züricher Bellevuebrücke in die Limmat.
Die Leute, die vorbeikamen, wollten mich trösten, versprachen mir sogar ein Eis – ich aber wehrte sie unwillig ab. Ich wollte nur meine Texte sprechen.
Ich suchte die Straßen, die Häuser, Hinterhöfe und Treppen, wie ich sie mir vorstellte, suchte, bis ich sie fand. Klingelte bei imaginären Kunden, um meine Wäsche abzuliefern, machte mir meine Phantasiewelt so real, daß ich sie abends, vor meinem Auftritt auf der Bühne, wie anfassen, greifen konnte. Ganz Zürich machte ich zu meiner Kulisse, um die Wahrheit zu finden, die ich gestalten wollte.

– Und heute?
– Lieber Dr. Frings, wie kann ich mit einem Satz mein künstlerisches Leben aufblättern? Aber vielleicht sind wir am Ende unseres Gesprächs der Antwort ein bißchen nähergekommen.
– Warum haben Sie diesen Beruf gewählt?
– Gewählt habe ich ihn nicht. Ich kann mich nicht einmal erinnern, mich jemals dazu entschlossen zu haben. Ich mußte nur warten, bis ich alt genug war, um anfangen zu dürfen. Und das schien ewig.
Die Welt, in der man aufwächst, will man beibehalten, der Sohn des Bäckers wird ja auch oft Bäcker.
Mein Vater Schriftsteller, meine Mutter Schauspielerin, wußten beide um die Unsicherheit jedes künstlerischen Berufes und verlangten von mir, daß ich etwas lerne, womit ich mich im Notfall ernähren kann, falls das mit dem Theaterspielen nichts wird.
Ungeduldig geworden, wollte ich meine Leben beginnen.
Ich war eine sehr bescheidene Schülerin.
Also einen praktischen Beruf, mit dem man zwar zur Not Geld verdienen kann. Aber was? –
Ich schwärmte für Catton, Leiterin einer Pfadfindergruppe.
Herb, verschlossen, eine fast schöne Frau. Schwärmte wie alle jungen Mädchen. Einmal, bei einem Erkundungsausflug oberhalb Zürichs, legte sie den Arm in meinen Arm. Wie ein Schock war das. Ich spürte ihre Haut. Ihre heiße Sommerhaut. Ganz steif lief ich neben ihr her. Überwältigt von soviel plötzlicher Nähe.
Und diese Catton arbeitete in einem Verlag. Religiöser Bücherversand. Sie suchten einen Stift – Lehrbube oder -mädchen. Zum Päckchenmachen. Also machte ich Päckchen. Eineinhalb Jahre lang.
Bis auf den heutigen Tag bekomme ich ganz nervöse Finger, wenn irgendeiner in meiner Nähe ein Päckchen macht.
Greife mir magisch das Päckchen und verschnüre es sauber, genau, fast schön, wie ich Hunderte, Tausende Päckchen verschnürt hatte in meiner langen kaufmännischen Lehre. Handelsschule gehört zu dieser Lehre. So lernte ich auch Stenographie, Maschinenschreiben und ein bißchen Buchhaltung. Und – ich war meinem Schwarm nahe, jeden Tag. Manchmal schaute Catton kurz zur Türe herein, lächelte zu meinem Packtisch herüber, wie ich da stand in meinem Meer von Päckchen und fragte: »Na, Gritli, wie geht's?«

»Danke«, antwortete ich scheu, rot vor Freude.
Aber schon in den Sommerferien kam der erste Film. Ein Schweizer Film: *Steinbruch*.
Seit Wochen suchte Günter Stapenhorst – ein großer deutscher Produzent, von dem sogar die Legende geht, er habe die Garbo entdeckt, und der in die Schweiz emigriert war – ein junges Mädchen. Nicht über zwölf Jahre.
Unter der ganzen weiblichen Züricher Jugend fand sich keines. So fing die Produktion verzweifelt an, bei Schauspieler-Eltern nachzufragen, hoffend, daß ein Mädchen aus einer Künstlerfamilie vielleicht begabter sein würde, eine so große, schwere Hauptrolle zu spielen.
Es ist die Geschichte eines Adoptivkindes, dessen Vater geächtet, aus dem Gefängnis in Amerika entlassen, in sein Heimatdorf in der Schweiz zurückkehrt. Er steigt hinauf in seinen alten, ererbten Steinbruch und haust dort als Einsiedler, besucht und neugierig umworben nur von Meiti, der Adoptivtochter des Bürgermeisters. Unwissend, daß sie sein Kind ist, empfindet er zu diesem Mädchen eine große Liebe. Von ihr erwidert. Das ganze Dorf bekämpft die Zuneigung dieser beiden. Heinrich Gretler spielte den Vater. Sigfrit Steiner führte Regie. In einem schmalen, rauchigen, winzig kleinen Büro, in dem mehr Herren herumstanden als Möbel, wurde ich vorgestellt. Ich sollte vorsprechen. Texte vorlesen. »Drehen Sie sich um –«, sagte einer der rauchenden Herren. – Einer faßte mich am Kinn, drehte mir den Kopf nach rechts, dann nach links – fand meine Nase zu klein und zu breit. Meine Füße zu groß. – Gleich, dachte ich, sagen sie, ich soll den Mund aufmachen. – »Bitte die Haare zurück – können Sie vielleicht zwei Zöpfe flechten?« Und dann: »Gut, kommen Sie morgen um zwölf Uhr zu Probeaufnahmen ins Bellerive-Studio.«
Mein Vater war dagegen. »Zu früh«, sagte er, »sie ist noch nicht einmal fünfzehn.«
Mutti hingegen war dafür. Sie wußte zu genau, daß man Chancen ergreifen muß, wenn sie da sind. Sie hatte als junge Schauspielerin auf zuviel verzichtet.
Die Probeaufnahmen gingen gut. Ich bekam die Rolle. Ernsthaft, sehr ernsthaft ging ich an die Arbeit.
Zur Premiere bekam ich von meinem Vater drei Rosen und die Zeilen:

Ein schüchterner Verehrer naht sich dir.
Drei dunkelrote Rosen nimm von mir.
Die eine mußt du jener geben,
die dich getragen hat als junges Leben.
Die andre, Kind, nimm du!
Die dritte, ja, die dritte Rose blühe
Dir meinen fernen Traum der Jugend zu!
Doch sollen alle drei dir sagen,
Genieß die Welt in deinen Rosentagen.

Drei Rosen lassen mich immer an eine kleine russische Legende denken. Im Mittelalter, zur Zeit der Rosen, hielten die Minnesänger ihren Wettstreit.

Der dritte Preis war eine silberne Rose, der zweite eine goldene – der erste Preis aber war eine echte Rose.

– Schön, höre ich Dr. Frings sagen. – Und danach, nach diesem ersten Film?

– Mein Vater blieb hart.

»Beweise mir sechs Monate, daß du mit dem, was du in der Handelsschule gelernt hast, zur Not dein Leben verdienen kannst. Dann bin ich einverstanden, daß du auf die Schauspielschule gehst.«

Zeit wollte er gewinnen. Er hielt Theater – trotz aller großen Dichtung – zumindest hinter der Bühne für nicht immer moralisch. Zu verführerisch für ein junges Mädchen. »Such dir eine Arbeit. Selbständig – allein, zu Hause kannst du wohnen, alles andere zahlst du selbst.«

Also stöberte ich in der Zeitung und stellte mich vor, bei einem Herrn Dr. Knoll. Psychoanalyse S. u. B.

Das S. u. B. hielt ich für einen weiteren Titel. Vielleicht war es das auch. – Sexualkunde und Beratung sollte es wohl heißen. Dr. Knoll schaute mich lange an. Ich gefiel ihm offensichtlich. Dann vereidigte er mich. Ich mußte die Hand erheben und schwören, daß kein Wort von dem, was ich höre und schreibe, je über seine Schwelle gehen würde. Ich fand das aufregend. – Ich hatte Diktate zu schreiben, von denen ich kein Wort verstand.

So schrieb ich statt »genitale Freuden« »geniale Freuden«. Was ja auch besser gewesen wäre, zumindest für die Patienten.

Dr. Frings lacht. Wir stoßen an.

– Dr. Knoll aber fand es wunderbar, mir den Unterschied zu erklären. Er wandelte genüßlich um mich und meine Schreibmaschine, kam immer näher, beugte sich über meine Schultern und starrte auf das Papier. Ich konnte seinen Atem spüren. Es waren für ihn nur verbale kleine Freuden, aber seither weiß ich in etwa, was Genitalien sind.
Als Papa am nächsten Morgen ziemlich stolz auf mich beim Frühstück fragte, wo und bei wem ich nun arbeite, verweigerte ich sogar Namen und Adresse. »Ich bin vereidigt – ich darf nichts sagen – und außerdem muß ich los in mein Büro.«
»Moment mal« – Papa ließ fast die Tasse fallen –, »mit fünfzehn Jahren vereidigt!« Er wurde stutzig. Er wollte mehr wissen. Endlich rückte ich mit den genialen Genitalien heraus.
Am nächsten Morgen, ich hatte noch gar nicht angefangen, meinen Bürotisch aufzuräumen, klingelte es.
Dr. Knoll ging zur Türe, die immer abgeschlossen war. Mein Vater schubste mich in mein Büro, knallte die Türe zu, ich war allein.
Ich hörte im Nebenzimmer nur immer lauter werdenden Wortwechsel, dann flog die Türe wieder auf, Papa nahm mich bei der Hand und schrie dem aufgebrachten Dr. Knoll ins rote Gesicht, sehr dramatisch: »Sie können froh sein, wenn ich Sie nicht anzeige!«
Der Arme putzte verlegen an seiner Brille. Er sah sehr einsam aus. Und ich begriff, daß es auf diesem genialen Gebiet viel Traurigkeit gibt.
»Das nächste Mal zeigst du mir alles, wo und bei wem du sechs Monate arbeiten willst«, sagte mein Vater.
Der »Neue« produzierte Golddruckprägemaschinen, das schien Papa in Ordnung. Und – er war in England gewesen, jahrelang. – Stolz seines Lebens. Er und nur er, vermutlich der einzige Züricher – wußte, wie man englischen Tee macht. Meinte er. Ich, als Jüngste im Büro, bekam unter dem Grinsen der ganzen Belegschaft den höhnischen Auftrag, Tee zu kochen. Ich ging in die Küche. Drinnen wurde es ganz still. Manchmal ein Kichern. Die Arbeit setzte aus. – Ich ließ Wasser aus dem Boiler über ein paar Teeblätter laufen, in die natürlich eiskalte Teekanne.
Nach zwei Minuten war ich wieder da. Eine Mauer voll Spannung er-

wartete mich, vorneweg der Chef aus England. Seine große Stunde. Wieder eine, die nichts von englischem Tee versteht. Die anderen kannten die Prozedur. Hinter seinem Rücken kicherten sie, zwinkerten mir zu.

»Fräulein Gritli Schell«, sagte er in Schweizer Hochdeutsch und hatte ganz aufgeregte, aufgeblasene Backen. »Das soll Tee sein! – Wenn Sie so Theater spielen wollen, wie Sie Tee kochen, wird nichts aus Ihnen. Das kann ich Ihnen jetzt schon prophezeien.«

Langsam wurde er milder. »Also, damit nach den sechs Monaten eine gute Schauspielerin aus Ihnen wird, lernen Sie jetzt erst einmal Tee kochen. Ein für allemal.«

Die ganze Traube junger Damen schob sich in die kleine Küche.

Nachdem ich richtigen Tee kochen gelernt hatte, war mein Golddrukkereibesitzer zufrieden. Und da er wußte, wie gerne ich Schauspielerin werden wollte, stellte er mir schon nach drei Monaten das gewünschte Zeugnis für meinen Vater aus – und Papa hatte drei Monate »Schonzeit für sein Mädchen« verloren.

– Und dann durften Sie endlich auf die Schauspielschule? fragt er.

– Nur ganz kurz. Nur drei Monate, dann kam bereits das erste Theaterengagement.

Rudolf Bernhard – ein Theater in Zürich ist nach ihm benannt – sah meinen Film und engagierte mich sofort. Das Stück hieß *Drunter und Drüber* und war, wie der Titel sagt, eine Komödie. Mein Vater zögerte, doch Mutti wurde mitengagiert – Papa war beruhigt. Es war ein großer Erfolg. Ein persönlicher. Sehr zum Leidwesen von Emil Hegetschweiler, dem großen populären Schweizer Komiker, der die Hauptrolle »des gestrengen Vaters« hatte. Ich spielte die Tochter mit einer solchen Unbekümmertheit, ohne jede Bühnendisziplin, vergaß vollkommen, daß ich auf der Bühne war und hatte natürlich als ungezogene Tochter des Hauses viele Lacher auf meiner Seite. Zu viele für Hegertschweiler. Eines Tages knallte er mir auf offener Bühne eine schallende Ohrfeige. Ich muß so blöd reagiert haben, daß ich noch mehr Applaus bekam. Rudolf Bernhard wollte sofort ein zweites Stück mit mir in der Hauptrolle anschließen.

Scampolo von Dario Niccodemi – eine italienische Komödie. Aber die Schauspielschule protestierte. Entweder sie ist Schülerin oder berufstätig – das Wort »Schauspielerin« wurde vermieden – und wenn berufs-

tätig, muß sie die eidgenössische staatliche Prüfung machen. Diese Prüfung war zum Schutz der Schweizer Schauspieler. Zu viele Deutsche und Österreicher waren in der Emigration. Die Theater überfüllt.
Die Jury bestand aus Schweizer Theaterdirektoren. Schauspiellehrern und Regisseuren – und das Vorsprechen fand in »meinem« Theater statt, in dem ich allabendlich spielte.
Es war Vormittag, die Galerie voll mit Prüflingen, fast hundert alte und jüngere Schauspieler, alle gezwungen vorzusprechen, das heißt Szenen zu spielen, um die notwendig gewordene staatliche Erlaubnis für die Schweizer Bühnen zu bekommen. Falls sie für geeignet erachtet wurden. Ich wurde aufgerufen als Nummer dreiundvierzig. Bereits beleidigt.
Ich – eine Nummer, auf »meiner Bühne«! Ich spielte ja ohne Erlaubnis der Schauspielschule jeden Abend *Scampolo*. In meiner Dekoration das Klärchen aus Goethes *Egmont* – unmöglich.
»Fräulein Gritli Schell« – so hieß ich noch immer – »Nummer dreiundvierzig, bitte auf die Bühne.« Ich stand hinter der Kulisse. Krampfhaft versuchte ich, hinter den vors Gesicht gehaltenen Händen die Welt von Goethes Klärchen entstehen zu lassen. Umsonst. Es gelang mir nicht. Zu viel Aufruhr in meinem Herzen.
Draußen und auf der Galerie wurden die Herren ungeduldig.
»Fräulein Schell, können wir bitte anfangen?«
Ich streckte verzweifelt den Kopf aus dem Seitenvorhang, mit den verkrampften Händen vor dem Gesicht, und flüsterte – die Stimme wollte kaum gehorchen: »Bitte, noch einen Moment, ich muß mich nur noch fertig konzentrieren.«
Von unten rief einer – ich konnte deutlich die Ironie und Ungeduld spüren: »Und wie lange braucht das Fräulein Schell für so was?«
Ich stürzte raus, fing meinen Monolog an. Der Text lief, mechanisch, hölzern, bis zu der Stelle: »Wie eine Fahne will ich vor euch hergehen!« – Die Hände warf ich in die Luft, eben wie eine wehende Fahne, und dann blieb ich stehen, die Hände, alles blieb stehen, auch mein Herz.
Ich schaute verzweifelt in den dunklen Zuschauerraum und sagte: »Entschuldigen Sie, meine Herren, ich kriege das Gefühl nicht!«
Schallendes Gelächter.
Ich rannte in meine Garderobe, warf mich auf meinen abgewetzten

Schminktisch und heulte, schluchzte vor Scham und Verzweiflung. Es klopfte. Rudolf Bernhard, mein abendlicher Direktor, kam herein, nahm mich in die Arme: »Na na Gritli, söllsch abacho, de Direkter Delsen möcht di sprechä.«
Leo Delsen leitete das Städtebund-Theater Biel-Solothurn. Sprungbrett für junge Schauspieler. Er hatte, wie man sagt, eine »Nase«.
Die hatte er tatsächlich, übergroß, und an der zog er immer, wenn er etwas Bedeutendes sagte.
Jetzt sagte er für mich das Bedeutendste, was er sagen konnte: »Ich engagiere Sie.«
»Aber Herr Direktor«, schluchzte ich, »Sie haben ja gar nichts von mir gesehen.«
»Macht nichts, Sie wirken komisch auf die Leute.«
Im Herbst begann mein Engagement.
– Ist Schauspielschule nicht doch wichtig? fragt Dr. Frings.
– Das Handwerk kann man lernen, aber nicht das Talent. Eigentlich in jedem Beruf, vom Blumenbinder über den Arzt bis zum Computerfachmann. Und in jedem künstlerischen Beruf besonders. Selbst bei allem Fleiß bleibt das Talent entscheidend. Und so nahm ich die Chance wahr, ohne Schauspielschule am Theater lebendig zu lernen. Mein einziger Lehrer war Stanislawski, der große russische Theatermann. Er und sein Mitarbeiter Michail Tschechow haben uns die wesentlichsten Bücher über und für Schauspieler hinterlassen. Auch Lee Strasberg und seine »method«, aus der fast alle großen amerikanischen Schauspieler hervorgegangen sind, von Marlon Brando, Montgomery Clift, Marilyn Monroe bis zu Jane Fonda, gehen auf Stanislawski zurück. Er ist der Lehrer der schauspielerischen Wahrheit auf der Bühne. Vielleicht wird Stanislawski von einigen als altmodisch verstanden. Aber dann bin ich gerne eine altmodische Schauspielerin.
– Sind Sie also auch gegen das sogenannte heutige Regietheater?
– Den Versuch, geniale Stücke modisch zu interpretieren, halte ich für falsch. Zeitbezogen, ja. Das ist sogar wichtig und entscheidend. Aber nur dort, wo sich unsere Zeit spiegeln kann. Ein Gretchen in Goethes *Faust* allerdings nackt über die Bühne gehen zu lassen, hat nur mit Sensationsregie zu tun und nichts mit dem Geist der Zeit und vor allem nichts mit dem Geist Goethes. Der Glaube an die Liebe aber oder die Unerfüllbarkeit der Liebe, die Sehnsucht nach ewiger Jugend,

das Faustthema – bleibt das Zeitlose auch für uns, die wir in diesem Jugenddilemma stecken. Ich habe nichts gegen das Regietheater, im Gegenteil – vorausgesetzt, es erfüllt meinen Anspruch an das Theater, ein Erlebnis zu sein.

Und das tut Regietheater nicht immer. –

Entweder wollen diese Regisseure anders und ausgefallen sein mit Ideen, oder sie betrachten ihr Werk als persönliche Therapie, sich von irgend etwas zu befreien – werden selten Spiegel, Gleichnis für uns alle. Außerdem, aber das ist mein persönlicher Standpunkt, der gewiß meiner Generation zugehört – bin ich nicht gern Marionette. Auch nicht nur Instrument.

– Hatten Sie Vorbilder?

– Das Schauspielhaus Zürich war während des Krieges und noch lange danach die höchste Schule, das lebendigste Vorbild, das ein junger Mensch erfahren konnte.

Beinahe alle großen Schauspieler waren in die Schweiz emigriert. – Nach Amerika und England konnten nur wenige, wie beispielsweise Elisabeth Bergner. Die Sprache blieb eine fast unüberwindbare Barriere. So trafen sich aus allen Theatern Deutschlands und Österreichs die »Großen« in Zürich – von Albert Bassermann, Karl Paryla, Ernst Deutsch über Gustav Knuth, Will Quadflieg, Maria Becker, Käthe Gold, Ernst Ginsberg, Leopold Lindtberg bis zu Leonard Steckel – um nur die wenigsten zu nennen.

Da Zürich keine große Stadt war, mit einem verhältnismäßig kleinen Theaterpublikum, mußte alle zwei bis drei Wochen eine neue Premiere stattfinden. Da blieb keine Zeit für Regietheater.

Jeder schaffte gemeinsam mit dem Regisseur, der oft ein Kollege war, aus seinem Verständnis, lebendig und spontan seine Rolle, war froh, wenn er den Text in diesen wenigen Tagen lernen konnte.

Und es entstanden die herrlichsten, unvergessenen Vorstellungen.

Energie, Magie und Leben kam von dieser Bühne, eine Gefühlstiefe und Geistigkeit, wie ich sie später kaum mehr erleben konnte. –

Und wir Schauspielschüler mitten unter ihnen.

Heute entsteht selbst bei dreimonatigen Proben verhältnismäßig selten eine faszinierende Aufführung.

Viele Regisseure unserer Zeit brauchen den Schauspieler nur, aber sie lieben ihn nicht. Sie stellen sich mit ihren manchmal durchaus reichen

Ideen in den Mittelpunkt und möchten am liebsten ohne ihn auskommen, den Schauspieler.
Sie berufen sich alle auf den Regiestuhl Max Reinhardts, ohne Max Reinhardt zu sein.
Max Reinhardt liebte seine Schauspieler – selbst auf dem Plakat ließ er ihnen den Vortritt:
»Die Schauspieler des Theaters an der Josefstadt unter der Führung von Max Reinhardt spielen ...«
Wo sollen sie denn herkommen, die Persönlichkeiten unserer Tage, wenn keiner sie ermutigt, Persönlichkeiten zu werden, ihnen den Mund stopft, bevor sie ihn aufgemacht haben, und niemand sie fragt, die jungen Schauspieler: »Zeig mal, wie hast du dir das gedacht« –.
Vor lauter Regieherrlichkeit.
Unsere Mutter, auch ein Vorbild unserer ersten Jahre, hat das immer gewußt. Zwanzig Jahre hatte sie eine Schauspielschule in der Schweiz. Lieselotte Pulver war eine ihrer Schülerinnen. Auch die notwendige Disziplin, Überwindung der Angst und Durchhalten habe ich von meiner Mutter gelernt.
Als ich drei Tage vor der Premiere von *Scampolo* meinen Namen in riesigen Buchstaben über dem Theater sah – zwei Arbeiter stemmten gerade das S hoch –, wurde mir tatsächlich schlecht. Plötzlich wußte ich um die Verantwortung, daß man sehr viel von mir erwartete und daß ich das Theater zu füllen hatte. Es ging mir wie dem Tausendfüßler, den die Fliege fragt: »Wie kannst du nur mit deinen tausend Füßen laufen? Ich habe nur sechs.« Der Tausendfüßler beginnt darüber nachzudenken und kann nicht mehr laufen. Ich fing auch an zu denken. Bekam Angst und legte mich sicherheitshalber mit hohem Fieber ins Bett. Echtes hohes Fieber. Fast vierzig Grad. Mutti erkannte die Krise sofort.
»Eine Schauspielerin ist nie krank«, sagte sie. »Wenn du nicht die Kraft hast, gut zu sein, mußt du den Mut haben, schlecht zu sein. Aber du erfüllst deine Pflicht und lieferst deine Rolle ab.« Ich habe nie einen Arbeitstag versäumt – doch, ein einziges Mal.
War auch nie wieder krank – ich sag's mit Dankbarkeit.
Das grenzt ans Wunderbare. Schauspieler sind immer da, wenn der Vorhang aufgeht, auch auf Tourneen, auch auf Reisen und in allen Strapazen. Ausfälle sind legendär.

Josef Meinrad hat den Alptraum eines Schauspielers erlebt. Er vergaß eine Vorstellung. Hatte sich im Termin geirrt.
Das Publikum wartete eine Stunde. Fast zwei. Er kam keuchend auf die Bühne.
»Danke, danke, daß Sie gewartet haben. Ich danke den Kollegen, dem Theater, aber am meisten danke ich denen, die gesagt haben: ›Hoffentlich ist ihm nichts passiert‹ –.«

Ob dieser Dr. Frings, ob Journalisten im allgemeinen je darüber nachdenken, wie schwer dieser Beruf ist? –
Auch Kritiker. – Wieviel Disziplin er erfordert, wieviel Selbstverleugnung – verzweifelte Suche nach der Wahrheit einer Rolle, wenn das Innerste nach außen gekehrt wird, wenn die Bereitschaft geschaffen werden muß, den Weg der Gestaltung in letztlich großer Einsamkeit auf sich zu nehmen, ihn in sich zu suchen – zu prüfen, zu wägen, festzuhalten, zu erarbeiten – wiederholbar zu machen.
Ob ich ihm überhaupt etwas mitgeben kann – ob ich es einfangen kann, das, was unseren Beruf ausmacht. Zumindest für mich ausmacht.
Es denkt ganz schnell in mir. Heftig. Brennend.
Was, was ist es wirklich, wie läßt es sich zusammenfassen?

– Sie sind ganz in Gedanken.

Ich schaue ihn kurz an. Zum ersten Mal wirklich.
Warum nur, warum denke ich, gefallen uns nie die mit der Nickelbrille. Er hat gütige Augen. Und einen kleinen Bauch hat er auch.
Immer habe ich mir einen Mann mit kleinem Bauch gewünscht. Ich habe das wohl mit Treue, Zuverlässigkeit und Geborgenheit verwechselt.
Aber immer waren es die anderen, die Aufregenden, Hochgewachsenen, Zärtlichen, die Wilden, Streitsüchtigen, Faszinierenden – die, die die anderen Frauen auch wollten.
Dr. Frings wird ein wenig verlegen unter meinem Blick. Er hatte vielleicht nicht damit gerechnet, daß ihm eine Frau gegenübersitzen wird.
Er hat mich eingetragen mit Namen und Adresse und verhältnismäßig gutem Klischee-Wissen, um mich abzuhaken in seinem Terminkalender, wenn das Interview vorbei ist.
Nun wird es ohne Planung, dort wo die Sprache aufhört – plötzlich so etwas wie eine Begegnung.

– Die Seele macht was sie will, sage ich, als wäre mir das Wort aus dem Mund gefallen.

Er schaut erschrocken: – Wie meinen Sie das?

– Sie hat ihre Zeiten, ihre Sprache, wir können eigentlich nur gehorsam folgen, wohin sie will.

Da macht man ein Interview, ist bereit mit allen Fragen und Antworten einigermaßen glatt umzugehen, gekonnt und geplant. Zusammengetragen aus vielen Gedanken, die man sich im Laufe der Jahre gemacht hat – und steht plötzlich wieder vor der Kernfrage unseres Berufes:
Was ist es wirklich, warum machst du das – was ist es, daß du es machen mußt, immer wieder, fordernd, hunderte Male – wie eine Droge. Ist das Leben sonst zu klein, zu eng. Zu wenig?

– Ja, das ist's, sage ich, zu eng, zu klein, zu wenig.
– Was, fragt Dr. Frings. Seine Stimme klingt in meinem Rücken wie die eines Psychiaters.

Ich bin aufgesprungen. Rase durchs Zimmer.
Um Himmels willen, was hat sie nur.
Ich lege Holz in den Kamin – energisch, als hätte ich es eben aus dem Wald geholt.

– Sie haben mich gefragt, was ist dieser Beruf für Sie, antworte ich aufgeregt.
– Nein, das habe ich nicht. Ich habe gefragt, ob man diesen Beruf erklären kann. Aber was er für Sie persönlich bedeutet, warum Sie ihn ausüben, das habe ich nicht gefragt. Noch nicht.
– Soll ich es Ihnen sagen, so wie ich es heute verstehe? Mehr Leben zu haben. Mehr Leben haben! – Ja, das ist's! Auch das Publikum geht ins Theater, um mehr Leben zu haben.

Ich stehe vor ihm, begeistert über meine einfache Formulierung. Ich doziere, als wäre es etwas ganz Neues.
Blödsinn, viele, alle, müssen es so empfunden haben. Bewußt oder unbewußt. Und doch ist es neu, wieder neu. Jetzt, in diesem Augenblick. Ich laufe hin und her.

– Das haben wir gemeinsam, das Publikum und wir.
Nur – das Publikum in zwei Stunden. Wir brauchen viel, viel länger, um diese andere Welt zu erstellen.
Für mich ist Theaterspielen eine Art Meditation, eine Art konstanter Wahrheitssuche. Das Glück, sich ganz zu spüren – identisch zu sein mit dem Augenblick.
– Dann spielen Sie eigentlich Theater für sich selbst?
– Nicht ganz, denn ich gebe im Bestfall dieses Glück weiter an das Publikum.
– Wo steht auf diesem Weg der Regisseur?
– Der Regisseur ist mein Geburtshelfer, das Kind muß ich allein austragen. Der Charakter entsteht lange vor der ersten Probe. Er muß sich nur zusammenfinden mit dem Bild des Regisseurs und der Partner.
– Sind Sie in jeder Vorstellung gleich oder sind Sie anders?
– Ich bin immer ein wenig anders, aber niemand schätzt das. Im Gegenteil. Der Regisseur kritisiert mich, die Partner mögen es nicht. Ich muß es, weil ich nur mit der Wahrheit des Augenblicks arbeiten kann. Natürlich setze ich mich an der gleichen Stelle, stehe auf an der gleichen Stelle, um niemand zu stören.

– So als wollte er mich an die Realität erinnern, fragt Dr. Frings:
– Kann ich noch einen Wein holen?
Und ich antworte, verfangen in meine Gedanken: – Draußen im Eisschrank.
Der Mann mit der Nickelbrille geht, als wäre er hier zu Hause. Sie sind so aufmerksam, die Männer mit der Nickelbrille, und wissen nicht, daß sie uns damit etwas wegnehmen – nämlich aufmerksam sein zu müssen. Zu dürfen. Dummes, ewiges, nie lösbares Spiel.
Viel, viel schwieriger noch als Theater.
Er bringt auch gleich den Flaschenöffner mit.
Wir stoßen an. Ich sage ihm den ältesten Trinkspruch, den ich kenne und der fast das ganze Leben zusammenreimt in vier Zeilen:

Der Herr, der die Berge begipfelt,
Die Männlein bezipfelt,
Die Weiblein gespalten,
Er möge den Wein uns – erhalten.

Er lacht, doch, er lacht. Auch Kritiker können lachen.
Ich frage nach seiner Familie. Eine wunderbare Methode, ein Interview erfolgreich zu gestalten. Aber er hat keine, Dr. Karl Frings hat keine. Nur Bücher. Sehr viele Bücher.

– Schauen Sie, in welchem Beruf gibt es so etwas, daß ein ganzes Team von Künstlern und Technikern mir eine »Traumwelt« baut, wie in den *Weißen Nächten* nach Dostojewski zum Beispiel, in denen ich die Natalie spielte, zusammen mit Marcello Mastroianni und Jean Marais. Luchino Visconti hat die ganze Cinecittà in Rom ausräumen lassen, hat einen modernen Stadtteil aufgebaut – Straßen, Geschäfte, Busstationen und Autobusse – sogar Kanäle mit Brücken und Schiffen – und einen uralten Stadtteil, in dem Natalie wohnt. Gaslaternen, Eingänge, Treppenhäuser.
Die Wohnung selbst, die Bistros, alles war echt, man konnte hineingehen – unbeschreiblich schön, wenn alles in Licht getaucht war. Sogar die Ratten waren echt, sie kamen wie vom Rattenfänger angezogen, nisteten sich in den Kanälen ein. Künstlicher Schnee fiel vom Himmel und deckte die ganze Stadt zu. Luchino Visconti war übrigens der einzige Regisseur, der meine Überintensität verstand – sogar liebte.
Die ganze amerikanische Geschichte habe ich durchlebt – in nur zwei Filmen.
Cimarron mit Glenn Ford und *Hanging Tree* mit Gary Cooper. Die ganze Entwicklungsgeschichte Amerikas zusammengerafft auf zweimal ein paar Wochen.
Der »Landrush« – wissen Sie, was ein Landrush ist?
Antony Mann, Regisseur von *Cimarron*, hat ihn filmgeschichtlich eingefangen.
Tausende von Einwanderern bewarben sich um Land – ein paarmal im Jahr wurde Land freigegeben. Aber nie genug für alle. So hatten sich die Planwagen aufzustellen. In einer Reihe. Warteten fiebernd auf das Kommando aus den Gewehrsalven der Militärs – am hohen Mittag, »high noon«.
Und rasten dann zu Tausenden los, brutal alles auf der Strecke lassend, was nicht mithalten konnte – Pferde, Wagen, Weiber und Kinder. Jeder versuchte seine Pferde voranzupeitschen, ein Stück Land zu erobern und dort die weiße Fahne seiner neuen Heimat zu hissen. Stel-

len Sie sich vor, so jung ist die amerikanische Geschichte, daß die »covered wagons« nicht nachgebaut werden mußten für unseren Film. Sie existierten noch alle. Live.
Als der Landrush vorbei war, der Staub sich gelegt hatte nach der Verwüstung – brutalem Überleben – stand da ein Tisch, ein Stuhl, mitten in der Wüste, und auf dem Tisch ein Schild – »Land-Office«.
Da warteten sie alle zu Tausenden, die Pioniere dieser Zeit, um sich und ihr Land registrieren zu lassen. – Und ich mitten unter ihnen.
Die Filmproduktion baute Etappe um Etappe alle Stadien dieser kleinen Pionierstadt in das flache Land mit seinen Disteln und Kakteen – von den Zeltfassaden bis zu den Wolkenkratzern – der Zeit, in der ich bereits eine alte Lady geworden war. Einsam, ungebeugt und aufrecht. Das Mädchen, das einmal aus Europa gekommen war, war eine Amerikanerin geworden. Hatte wie alle Pionierfrauen Schulen, Ordnung und Gesetze erstellt und Kinder geboren für ein neues Amerika.
Welch langes Leben habe ich da durchlaufen. Von zwanzig bis achtzig. Und alles war da für mich, faßbar, anfaßbar – wie damals, als ich durch die Straßen stolperte mit meinem Wäschekorb und die ganze Stadt Zürich zu meiner Dekoration machte. *Scampolo.*
Oder *Die letzte Brücke* in Jugoslawien.
Die wahre Geschichte einer deutschen Ärztin, die von den jugoslawischen Partisanen gekidnappt wird – gezwungen, für die Feinde zu arbeiten. Sie stirbt auf der letzten Brücke, weil sie nicht mehr weiß, auf welche Seite sie gehört.
Der Film war mit großem Realismus gedreht, mehr Tatsachenbericht als Spielfilm. – Der Krieg schien noch so nahe. Die Soldaten waren echt – Jugoslawen in deutschen und jugoslawischen Uniformen. Sogar die Munition war echt. Filmpatronen gab es keine. Ich stand zwischen echtem Feuer.
Für mich war es das Nacherleben des ganzen Krieges. Alles, was das Leben mir nicht aufgebürdet hatte, mir erspart hatte – jede Kriegserfahrung wurde von mir nachempfunden. Nachgelebt. Abgedient in meinem Herzen.
Und jedes Mal sind es Wochen, Monate.
Mein französischer Film *Gervaise* dauerte hundertsechs Drehtage. Wieder war die ganze Stadt auf den Hügeln der Bois-de-Boulogne-Ateliers aufgebaut.

Alle Szenen, ganze Stadtviertel mit Wagen und Pferden und Gesprächen über die Straße. Von meinem Laden lief ich bis zur Kneipe um drei Ecken. Die Kamera vor mir her.
Und ich mittendrin, so lange Zeit. – Gervaise, die Wäscherin, hinkend durch ihr armes Leben mit seinen wenigen kleinen Freuden.
– Haben Sie nicht doch langsam Hunger?
– In einer halben Stunde. Okay. Das Wunderbare, wie Sie es nennen, fragt Dr. Frings, daß immer wieder »ein Traumland« für Sie erstellt wurde, kann doch nicht genügen – sonst hätte man es ja einfach, man brauchte nur irgend jemand Attraktiven in diese Traumlandschaft zu stellen und hätte einen guten Film.
– Das wird ja oft genug versucht – aber es funktioniert nur selten. Wenn die innere Welt nicht vorhanden ist – nicht erschaffen – wenn uns nichts verzaubert, nützt auch das schönste Äußere nichts. In Chur zum Beispiel, auf einer Theatertournee mit *Maria Stuart*, waren die Kulissen- und Kostümwagen im Schneesturm an einem Paß hängengeblieben.
Wir kamen ohne Kleider, ohne Dekoration und ohne Requisiten an. Die Theaterdirektion wollte eben über Radio die Vorstellung absagen. Wir dagegen entschieden: Wir spielen doch. Die Herren in Jeans, Stiefeln, weißen oder schwarzen Hemden, die Damen – Maxizeit – in langen Röcken und Blusen. Vielleicht noch ein Schal, mehr nicht. *Maria Stuart* von Schiller. Mein Mann, Veit Relin, ging vor den Vorhang und bat um Verständnis. Wer nicht bleiben wollte, konnte sich sein Geld zurückgeben lassen, wer bleiben wollte, würde improvisiertes Theater erleben, mit ein paar Stühlen, Andeutungen. – Keiner hat sein Geld zurückverlangt. Sie blieben alle. Es wurde die aufregendste Vorstellung, die man sich nur denken kann. Für uns alle. Publikum und Schauspieler.
Unsere höchste Konzentration genügte, um alle und alles zu verwandeln. – Königlicher, aufrechter habe ich mich nie als Maria gefühlt als nur mit Schillers Text. Sonst nichts. – Was unser inneres Auge sah, sahen auch alle mit uns. Beim Schlußvorhang tobte das Publikum. Wir waren ganz verrückt vor Freude.
Oder in Hollywood. Ich probierte ein Fernsehen, das live gesendet werden sollte. Schwer, aufregend, Franklin Schaffner inszenierte. Eineinhalb Stunden fast allein. Eine Art Schachnovelle.

Eine holländische Widerstandskämpferin, die sich im Gefängnis am Leben hält durch Selbstgespräche. –
Während der Proben das Studio nackt, klinisch fast, leer. – Nur Tesastreifen am Boden, weiße Streifen, um die Größe der Räume anzuzeigen, mit Andeutungen von Türen. Auch geklebt.
Langsam, nach Tagen erst, wurden wir heimischer in dieser leeren Welt. Die Stühle, das Eckchen, um auf den nächsten Auftritt zu warten, alles bekam zäh und langsam erst seine Ordnung. Der leere Raum wurde gleichsam möbliert mit unseren Gedanken.
Kurze Zeit danach eine Komödie in der gleichen Probenhalle. *Ninotschka.* Ich war verwirrt. Das Gefängnis meiner Gedanken war noch ganz da. Wollte den Raum nicht verlassen. Stück um Stück mußte ich den leeren Raum ummöblieren. Gleichsam in Gedanken umdekorieren.
Die Menschen, die zu dem neuen Stück gehörten, paßten nicht hinein, ich mußte sie erst mühsam annehmen. Wohnen lassen in meiner alten Welt. Bis es die neue wurde. Fast schmerzlich.
Der Weg der inneren Vorgänge ist unglaublich. Ich will das weder größer noch wichtiger machen. Aber es ist recht geheimnisvoll. Zumindest für mich.
Wenn ein Werner Krauß als Philipp in Schillers *Don Carlos* immer ein Eisenhemd unter dem Kostüm trug – ein Eisenhemd, das keiner je sah – das aber der echte Philipp auch getragen hatte, nur damit die Angst immer zugegen, spürbar war, für ihn spürbar, die Angst eines Königs – und das ganz schön schmerzhaft gewesen sein muß –, dann kann man ermessen, wie weit ein großer Schauspieler für sich geht, um Zustände zu erschaffen, die fernab sind von allem, was sein persönliches Leben ausmacht. Meine Drehbücher sind schwarz geschrieben mit Gedanken, Erkenntnissen, Zusammenhängen, Schilderungen, präzise, genau. – Meine Figuren haben ihre eigenen Erinnerungen, die ich alle kenne. Sie haben ihre Vergangenheit, wie ich die meine habe. Ihren Gegenwarts- und Zukunftskreis mit allen Erwartungen, Hoffnungen und Ängsten.
– Haben Sie nicht manchmal Rolle und Leben verwechselt? fragt Dr. Frings.
– Alle Menschen, die ich gespielt habe, haben ihr eigenes Leben und ihre eigene Zeit, die ihnen und nur ihnen gehört. Das heißt aber nicht,

daß ich sowohl zu Hause als auch bei der Arbeit im Studio oder auf der Bühne wie in Trance herumlaufe.
Die zwei Welten müssen nebeneinander bestehen können. Streng getrennt im Geist und auch in den Tatsächlichkeiten der beiden Leben.
Wenn ich mein Leben überdenke, jetzt schnell im Fluge an Ihnen und mir vorüberziehen lasse, dann sind es schon unendlich viele Stunden, die nicht mir und meinem Leben gehörten, sondern den anderen, den vielen Angenommenen. Und ich könnte oft nicht sagen, welche Empfindung, Erfahrung, wahrer, wichtiger, beglückender war, die der Rolle oder die meines »wirklichen Lebens«. Da ist wenig Unterschied. Vielleicht sind sogar die Empfindungen der Rolle oft stärker, weil geformter, konzentrierter, erkämpfter.

Dr. Frings schaut ein wenig hilflos, so als ob er auf den Bus wartet. – So, und jetzt habe ich vielleicht doch Hunger.

– Möchten Sie vielleicht einen Spaziergang machen – ums Haus – es ist so schön heute? Ich koche inzwischen.
– Wie lange wohnen Sie schon hier?
– Seit beinahe achtundzwanzig Jahren, fast ein ganzes Leben.
– Haben Sie es selbst gebaut?
– Das Haus, nein. Mein erster Mann. Es wurde nie ganz meines.
– Warum?
– Ich liebe alte Bauernhäuser. Ich bin so aufgewachsen. Aber nun kann ich's mir auch gar nicht mehr anders vorstellen.
– Ich komme doch lieber mit Ihnen in die Küche – wenn ich darf – und schaue Ihnen zu.
– Das hab' ich gern – ich muß lachen – wenn Männer in die Küche mitkommen und herumstehen, während man Pfannen, Löffel, Butter und Zwiebeln aus den Schränken reißt.

Wir nehmen unsere Gläser mit. Dr. Frings macht es sich bequem. Lässig lehnt er am Küchenschrank, die unvermeidliche Zigarette im Mundwinkel. Ich hole ihm einen Aschenbecher.

– Wie viele Fragen haben Sie eigentlich noch?
– Unglaublich viele und mehr.
– Zum Beispiel?
– Glauben Sie an Gott?

Ich schaue zu ihm hoch. – Jetzt, zwischen Zwiebel- und Fleischschneiden, wollen Sie wissen, ob ich an Gott glaube?

– Ja, gerade jetzt.
– Lieber Freund – ich lege das Messer beiseite – wer nicht an Gott glaubt oder wie immer man es nennen mag, hat nie nachgedacht. – Wir können doch nicht einmal das Wunder eines Grashalms erklären.
– Hatten Sie schwere Zeiten –?
– Sehr. –
– Welche?

Wie ein Stich war's für einen Herzschlag – durchatmen – ich lächle. – Später vielleicht, sage ich. Nach dem Essen.

– Wie ist das mit dem Älterwerden?
– Das gehört auch zu den schweren Zeiten. Kortner hat einmal zu mir gesagt: »Die einzige Alternative zum Tod ist das Älterwerden. Und da zieht man schon das Alter vor.«
– Hat der Schauspieler, hat die Kunst Verantwortung?
– Sie hat nicht nur, sie ist Verantwortung. Kunst ist das Gewissen der Zeit – der Welt.
– Wie lernen Sie Ihre Rollen?
– Ich lerne sie nicht, ich beschäftige mich so lange mit ihnen, bis ich sie kann.
– Was ist ihr liebster Film?
– Immer der letzte.
– Würden Sie mit der Familie zusammen spielen wollen?
– Wenn es nichts mit der Familie zu tun, warum nicht. –
– Wie ist es, mit dem Ehemann zu arbeiten?
– Ehemänner sind eine Katastrophe. Sie möchten immer etwas von einem sehen, was sie nicht kennen. Außerdem begrüßen sie am Morgen alle anderen zuerst und zu herzlich, besonders die Damen.
– Wie stehen Sie zu Brutalität, Porno?
– Große Traurigkeit unserer Zeit – Ausdruck, unvermeidbar. Vielleicht notwendig.
– Haben Sie Ratschläge für junge Menschen, ich meine junge Schauspieler?
– Ja, keine Interviews zu geben, während man Zwiebeln schneidet.

Jetzt fangen sie an zu laufen, die Tränen. Die Schminke hat auch keine Chance mehr. Marianne, mein guter Hausgeist, hat mich im Stich gelassen. Ist mit Dackel Baazi beim Zahnarzt. Warum ausgerechnet Zürcher Geschnetzeltes – gleichviel Zwiebel wie Kalbfleisch.
Dr. Frings reicht mir sein tadelloses Taschentuch. Groß und gebügelt.

– Nein, nein, das ist zu schade. Ich hole Kleenex!

Er besteht auf meinen kostbaren Tränen.

– Man sagt, Sie können auf Kommando weinen. Sind Zwiebeln Ihr Geheimnis?

– Ich lache. Ich kenne meinen tränenumflorten Blick und stelle mir vor, wie unterhalb meines Augenaufschlags zu Gary Cooper oder O. W. Fischer der Maskenbildner eine Zwiebel hält – und O. W. warten muß mit seinem Kuß, bis die Zwiebel ihre Wirkung tut.
– Das haben Sie davon, jetzt ist Wimperntusche in Ihrem Taschentuch!
– Das macht nichts. Wird nie mehr gewaschen.
Wie ist das eigentlich mit dem Seelchen, wie man Sie eine Zeitlang nannte, hat Ihnen das weh getan?
– Mehr als das, es hat mich verletzt.
– Warum?
– Weil Seelchen die Verkleinerung von Seele ist. Nicht ganz ernst zu nehmen.
Aber es war mehr die Kritik an einer Zeit als an mir, eine Scham über ein Gefühl, das man nicht mehr brauchte. Filme wie *Die Ratten, Gervaise, Die letzte Brücke* sind keine Seelchen-Filme. Die Zeit war gefühlvoll. Nach dem Krieg. Die fünfziger Jahre. Das Gefühl war ein Bedürfnis. In harten Zeiten sucht man das Gefühl, in allen gefühlvollen Zeiten die Härte. Immer das, was man nicht hat. Die andere Hälfte unserer selbst. Das Wirtschaftswunder war da, man brauchte kein Gefühl mehr. Nach uns kam der Schock-Rock, Punk und Porno, Brutalität, Einsamkeit, Sinnlosigkeit, alles im Rettungshafen Sex.
Bald ist schon wieder Chance für das Gefühl – die Zeiten werden härter. Jean Cocteau hat gesagt: »Ein Künstler ist das, was er ist und das, was seine Zeit aus ihm macht.«
Er hat allerdings auch gesagt: »Was man dir vorwirft, bist du. Deine Seele. Behalte sie. Sei stolz darauf.«
Und so stehe ich heute zu meiner Seele und weiß, daß ich längst wieder »in« bin: »Man trägt wieder blaue Augen.«
– Wie war das in den fünfziger Jahren, wie haben Sie sich gefühlt als Symbol einer Zeit? Die berühmten fünfziger Jahre, die heute auch wieder so beliebt sind bei den Jungen – und warum?

– Sehnsucht nach der Zeit des Gefühls – nach dem Anfang.
Außerdem gefällt ihnen Marilyn Monroe – im Film jung wie sie selbst. Überhaupt nicht tot. Oder doch? Oder deshalb! Der Film löst ein Phänomen aus bei den jungen Menschen. Das Leben, die Zeit sind nachvollziehbar. Früher ein Bildchen gelegentlich von der Urgroßmutter, vergilbt, liebenswerte Antiquität. –
Aber heute durch ihre Filme sind sie da – jung, lebendig, greifbar mit ihren faszinierenden Augen, ihrer Kraft, ihrer Schönheit und Persönlichkeit, die Gary Coopers und Humphrey Bogarts, Monty Cliffs und Katharine Hepburns.

Daß ein Mensch in einer Küche immer gerade da steht, wo man was braucht –.

– Pardon – die Zwiebeln ins heiße Fett, das Fleisch – seien Sie vorsichtig!

Und schon ist's passiert, Fleck auf der Hose! Ich fange an zu putzen. Küchenpanik – die Zwiebeln verbrennen gleich, der Fleck ist noch nicht raus, und aufgedeckt ist auch noch nicht. Ich drücke ihm das Tablett mit Tellern, Gläsern und Wein in die Hand.

– Wie ist Ihr Verhältnis zur Presse?
– Wie Sie sehen, ganz gut – und schiebe ihn aus der Küche.

Er bleibt stehen, wiederholt die Frage. – Wie war das wirklich in den fünfziger Jahren?
– Die goldenen fünfziger Jahre. – Waren sie das, nennt man das heute so? Ich habe das nie so empfunden. Für mich war es Arbeit.
Bis auf die Tatsache, daß das Publikum seinen Lieblingen die Autotür eingetreten hat, daß wir nicht auf der Straße gehen konnte, ohne Hunderte von Menschen hinter uns her, und wenn man eine Zahnbürste kaufen wollte, entstand ein Auflauf. Ich erinnere mich, ich wollte einmal aufs Oktoberfest gehen. Einmal. Ich bettelte und bettelte: »O. W., komm mit mir, bitte.«
Ausgerechnet O. W. Fischer – der nie irgendwohin geht. Ich zog also eine schwarze Perücke an, ein riesiges Kopftuch und eine noch grö-

ßere Brille. Otto Steirerhut und geklebten Bart. Hunger hatten wir – es war nach Drehschluß –, ein Hähnchen wollten wir kaufen. Zelt war ausgeschlossen. Wir stellten uns also an die Budenwand, mit dem Rükken zum Strom der johlenden Biermassen, kicherten wie die Kinder und futterten los. Als wir uns umdrehten, waren Hunderte von Menschen im Halbkreis, gaben Applaus. Wir grüßten und lächelten, fettig und verschmiert, gaben Autogramme und versuchten zu entkommen – die Traube Menschen hinter uns her.
An Karussell oder Geisterbahn war gar nicht mehr zu denken.

– Gibt's das heute auch noch?
– Für uns nicht, für die Pop- und Rockidole ja – mein Freund David Bowie zum Beispiel. –
Aber es ist noch immer genug Wirbel.
Hans Söhnker sagte einmal zu mir, als ich morgens um sechs aus dem Hotel kam und seufzte, daß schon wieder sechzig Fans dastanden: »Mädchen, schlimm ist es erst, wenn sie nicht mehr dastehen.«

Mitten im Tischdecken rase ich in die Küche zurück. So, jetzt wären beinahe meine Rösti angebrannt. Gekonnt drehe ich meine Pracht in der Luft. Ob Dr. Frings das gesehen hat?

– In Wien war einmal eine Autogrammstunde vor der Premiere zu *Solange Du da bist* im Kaufhaus »Gerngroß«.
Das Kaufhaus mußte geräumt werden mit seinen Balkonen und Balustraden. So viele Menschen. Man versuchte, O. W. und mich über dic Dächer der Nachbarhäuser zurück auf die Straße und zu unserem Auto zu schleusen. Unmöglich. Das Auto wurde trotz Chauffeur und angezogener Bremse von den Massen immer weiter von uns weggeschoben. Die Polizei hatte uns beide in einem festen Ring, Körper an Körper. Ich hörte es mehr als ich es sah – eine Frau mit Kind war gestürzt. Die Massen drängten über sie weg. Die Polizei brach den Ring um uns. Ich wollte die Frau hochreißen, das Kind. Panik. Die Hysterie nahm kein Ende. Aber es hatte längst nichts mehr mit uns zu tun.
Wir waren nur Idole einer Zeit. Symbol für etwas, was ersehnt, gebraucht wurde, etwas, das alle haben wollten. Vielleicht, weil es ihnen fehlte, noch immer fehlte.

Geborgenheit, Träume, eine heile, gute, treue Welt. Liebe, Freunde. – Billy Wilder hat einmal gesagt: »Wenn ein Schauspieler anfängt, an seine Publicity zu glauben, verliert er sein Talent.« Erfolg zu überdauern ist eine große Leistung.
Es geht nur, wenn man Erfolg nie auf sich bezieht, nur auf seine Arbeit.
Erfolg schließt das Wort Folge ein, ist also eine Folge von etwas. Schön, wenn es die Folge unserer Arbeit ist. Und die steht für sich allein. Hat nichts mit Privatem zu tun.
– Jetzt freue ich mich richtig aufs Essen.
– Gleich, gleich, sofort bin ich fertig.

Er scheint wirklich Hunger zu haben. Er macht sogar seine Zigarette aus. Gut, endlich.

– Die Zeit war auch ausgehungert. Und der Film eine nie gekannte Möglichkeit, der Woche ihren Höhepunkt zu geben. Ausmachen den Tag mit der Freundin, dem Freund – im dunklen Kino sitzen, ohne Eltern. Handhalten – küssen – träumen – Karten bestellen, Karten bekommen.
Geschichten erzählen im Büro, anderntags.
Vielleicht – sogar ein zweites Mal hingehen. –
Sich verlieben, in sie oder ihn – oder mich. Damals.
– Was ist eigentlich ein Star?
– Ein Star ist ein Schauspieler, der ein Erlebnis vermittelt hat und dessen Namen wir uns zum ersten Mal merken. Wenn wir seinen Namen wieder lesen, gehen wir zum zweiten Mal hin, um das Erlebnis zu wiederholen. Beim dritten Mal ist er oder sie bereits ein Star. Unvermeidbar. Auch heute. Auch Hanna Schygulla, Nastassja Kinski, Bruno Ganz.
Die Presse wird unvermeidbar über ihn berichten, den Star, und der Produzent wird ihn unvermeidbar weiter engagieren.
Dennoch haben es die jungen Schauspieler heute schwer. Wie sollen sie zum Begriff werden für ein Publikum.
Zwölf Filme an einem Fernseh-Wochenende, Fernsehspiele, Serien. Wir werden erschlagen von so viel Angebot. Sie können sich alle zu Tode spielen, man schaut kaum noch hin, zwischen Telefonen, Kin-

der-ins-Bett-Bringen, Streiten und Kaltem-Bier-Holen. Da habe ich noch Glück. Weil sie mich so lange kennen und geliebt haben, sind sie treu.

Außerdem bin ich verhältnismäßig selten im Fernsehen. Da wollen sie schon sehen, ob und wie viele Falten ich inzwischen bekommen habe.

– Soviel ich auch hinsehen mag, ich kann keine Falten entdecken.

Dr. Frings verbeugt sich fast, versucht verlegen, ein mißglücktes Kompliment zu machen.

– Erstens ist mir heiß vom Kochen, und zweitens sind Sie nichts weiter als ein liebenswerter Charmeur.

Vorsicht, vielleicht wird im Laufe des Abends aus der Nickelbrille noch ein Draufgänger.

Wir schieben den Servierwagen in die Bibliothek. Alles sieht wirklich verführerisch aus. Schnellkochen gelingt meistens. Frischer Wein, frische Kerzen. Pause. Viel Lob. Und gleich wieder eine Zigarette. – Für Dr. Frings.

Jetzt kommt Marianne, Gott sei Dank. Mit Baazi. Baazi macht ein Freudengeheul, als wäre ich eben aus Amerika gekommen. Frantischek, der Bernhardiner, schnauft ihn ab.

Baazi bringt so viele Gerüche mit, außerdem müssen die beiden Hundeherren sich über das Stadtleben unterhalten.

Marianne hat abgeräumt. Holz ist da, Kamin brennt. Blumen. Dr. Frings hat Blumen gebracht. Es ist gemütlich.

– Sind Sie müde?

– Überhaupt nicht.

Eines möchte ich Ihnen sagen. Es ist schön, mit Ihnen zu sprechen. Danke. Für Leute, die gern laut denken, sind Interviews manchmal eine Freude.

– Mögen Sie vielleicht noch ein wenig über die fünfziger Jahre erzählen?

– Was denn zum Beispiel?

– Wie Film gemacht wurde, welche Stoffe – wie die Verträge ausgeschaut haben, Gagen, Presse – Ihre Begegnungen mit O. W. Fischer, Dieter Borsche. – Warum lachen Sie?

– Weil mir meine erste Begegnung mit Dieter Borsche einfällt. – Ich war trotz aller Ernsthaftigkeit ganz schön verrückt.
– Erzählen Sie bitte.

Marianne bringt Kaffee.

– Also: Rudolf Jugert hatte von meinem Film *Engel mit der Posaune* gehört und wollte mich engagieren für seinen Film *Es kommt ein Tag* nach der Novelle von Ernst Penzoldt.
Er mußte lange mit Alexander Korda verhandeln, um mich aus meinem Siebenjahresvertrag in London auszuleihen.
Endlich gab Korda mich frei für die notwendigen Wochen.
Ich bekam kein Geld. Das bekam Korda. Meine Gage lief in London weiter.
Ich flog also von London nach Hamburg.
Zum ersten Mal im Leben in Deutschland.
Am Flughafen standen sie alle, die Herren vom Verleih – mit Blumen und Pralinen, und fuhren mich mit einer großen schwarzen Limousine zum Hotel »Atlantic«.
Sie waren freundlich, fuhren, so schien es mir, absichtlich schönere Wege durch die zerbombte Stadt, und ich landete in einer großen luxuriösen Suite im Hotel »Atlantic«, Nummer 410, mit Blick auf die Alster, auf die Brücke, den Jungfernstieg und das Hotel »Vier Jahreszeiten« vis-à-vis.
Bis heute bin ich in diesem Appartement 410 und immer glücklich, meinen alten Kellner Otto Ruof wiederzufinden. Jetzt haben wir beide beim Wiedersehen jedes Mal Tränen in den Augen – so viel Lebenszeit ist über unsere Gesichter gelaufen.
Nach fünf Tagen Kleiderprobe sollte ich nach Göttingen fahren. Es war ein Samstag. Montag begannen die Dreharbeiten.
Ich weiß nicht, wann mir der verrückte Gedanke ins Hirn schoß. Mitten in der Kleiderprobe muß es gewesen sein. Ich glaube, die kleine Näherin war's, die Gabriele. Sie kniete vor mir auf dem Boden. Schaute hoch zu mir, lachte und sagte: »Wenn Sie wüßten, wie neugierig die alle auf Sie sind in Göttingen.« – »Göttingen«, fragte ich, »wo ist das eigentlich?«
»Nicht weit von Hannover.«

»Und warum Göttingen, ausgerechnet Göttingen, um einen Film zu drehen?«
Gabriele plauderte, erzählte: »Das liegt inmitten von Feldern, das Filmstudio, außerhalb der Stadt, groß, sehr groß – eine alte Flugzeugfabrik oder so was – mit riesigen Hallen –, aber jetzt topschick. Alle Dekorationen können da gebaut werden. Und nur zehn Minuten davon, durch die Felder, ein Gästehaus. Heimelig. Saugemütlich. Mit Zimmern, Garten, für alle Schauspieler. Auch für uns, wenn wir da nähen. Und abends, no ja, Sie werden ja sehen.«
Ich war neugierig – vor allem auf Dieter Borsche, meinen Partner. Die Novelle fand ich wunderbar, vom ersten Lesen an. Ich wollte den Film machen. Diesen Film. Unbedingt.
Ich war sehr wählerisch geworden in der kurzen Zeit meiner Filmarbeit. Nur das Beste, Geschichten, Stoffe, Dialoge, Partner und vor allem Regisseure. Ich wußte, daß das und nur das den Erfolg ausmacht.
»Sie sind also alle so neugierig auf mich«, fragte ich scheinheilig. Die junge Schauspielerin aus England, von der Rudolf Jugert Gott weiß was erzählt haben muß.
Ich fuhr los. Saß im Zug nach Göttingen. Allein.
Irgend jemand von der Produktion hatte mich in den Zug gesetzt mit dem Versprechen, daß ich in Göttingen abgeholt würde. Ich mußte laut lachen, als mir der Gedanke nochmals kam. – Schon schlängelte ich mich mit meinem Toilettenköfferchen durch den überfüllten Gang auf die Zugtoilette.
Alles wackelte und ruckelte, aber ich war grenzenlos vergnügt. Erst mit Wasser und Fett die Haare ganz glatt und strähnig machen. Dann mit Schminkstift Sommersprossen ins Gesicht – überall. – Die Augenbrauen und Augenwimpern wegpudern, gelblich-weiß, so daß sie gar keine Konturen mehr hatten – und dann die Zähne! – Vorsichtig malte ich sie an. Innen, oben und in den Zwischenräumen – schwarzbraun und ein wenig gelb, bis sie ganz verfault aussahen. Dann den Mund fest verschlossen, zurück ins Abteil. Wir waren bald da.
Der Zug fuhr in Göttingen ein und an dem ganzen Empfangskomitee erst einmal vorbei. Jetzt wurde mir doch unheimlich zumute, aber nun blieb nichts anderes mehr übrig – jetzt mußte ich mit Mut und Stehvermögen durch meine Gaunerei durch.

Ich lief im Zug, die anderen auf dem Bahnsteig draußen, der Tür des langsam anhaltenden Zuges zu.
Die Koffer wurden herausgereicht, und dann kam ich.
Ich stand auf dem Trittbrett mit Herzklopfen, liebenswürdig gelassen. Soweit das ging.
Rudolf Jugert streckte mir die Hand freudig entgegen, und ich sah aus den Augenwinkeln, wie sein Lächeln erfror und absolute Panik sich breitmachte.
»Um Gottes willen, was machen wir jetzt«, schien er zu denken, »die kann doch die Rolle nicht spielen. Die sieht ja fürchterlich aus. Die Sommersprossen, entsetzlich, die kann man ja unmöglich überschminken. Zu viele – und warum macht sie bloß den Mund nicht auf nach meinem dreimaligen ›Willkommen liebes Fräulein Schell‹.«
Ich hatte Mühe, große Mühe durchzuhalten.
Jetzt – doch, jetzt oder nie!
»Danke«, sagte ich und lächelte breit, kurz, innig – alle verfaulten Zähne im Vordergrund.
Verwirrung kam in den Haufen. Keiner wußte, was er mit den Blumen tun sollte. Dieses Geschöpf sah ja lieb aus, aber – mein Gott – wie blöde!
Alle vorhandene Schauspielkunst mußte mobilisiert werden.
Das Kostümchen war schick – sauteuer, von »Fortunum & Mason« aus London. – Das Hütchen auch. Aber die Haare, die ungepflegten, fettigen Schnittlauchlocken, dieses doofe Lächeln und die Zähne, mein Gott, vor allem die Zähne.
Kein Zahnarzt richtet die bis übermorgen. Mit der können wir unmöglich am Montag den Film beginnen.
Stumm schob sich das ganze Empfangskomitee den Bahnsteig entlang, dem Ausgang zu. Ich versteckte mich hinter den Blumen. Borsche nahm meinen Arm. Er hatte Mitleid. »Hatten Sie eine gute Reise?«
Ich dachte, jetzt muß ich schamlos übertreiben, machte den Mund tapfer auf und – fing an zu lispeln. »Tsehr, tsehr gut.«
Jetzt wurde es eisig um mich.
Ich sah Dieter von der Seite an. Hatte er nicht eben gelächelt? Ein großes Empfangsessen war vorbereitet. Dieter saß neben mir. Ich hatte vor, mittendrin zu verschwinden – alles wegzuwischen, die Sommersprossen, vor allem die faulen Zähne –, mich zu schminken, die Haare

frech unter den Hut, und zauberhaft wiederzuerscheinen. Ich wurde bestraft. Mein Toilettenkoffer war am Bahnsteig stehengeblieben. Verschwunden für drei Tage.
Ohne Abschminke ging das Zeug nicht runter. So mußte ich also gestehen, daß ich die Neugierde aller nur ein wenig erschüttern wollte und daß darunter sehr wohl das nette Mädchen war, von dem Jugert in *Engel mit der Posaune* gehört hatte und auf das alle so ungeduldig gewartet hatten.
Besonders Dieter Borsche.

Die Liebe zu Dieter hat lange gedauert, und sie hat uns beiden sehr weh getan. Dieter war verheiratet. Die Kinder, Uschi, seine Frau. Es schien für alle Ewigkeit unmöglich, zusammenzukommen.
Ich fuhr weiß Gott wohin, saß im Zug, Dieter fuhr auf der Autostraße nebenher, bis Ulm – nur, um mich noch einmal zu sehen. Die Scheibe war ganz naß vom Drankleben. In Ulm raste ich aus dem Zug, vergaß alles. Wo ich hinfahren sollte – alles. – Nur in seine Arme. Hunderte solcher Augenblicke sind mir in Erinnerung.
Dr. Holl, unser zweiter Film – und dann sollte ein dritter kommen: *Bis wir uns wiederseh'n*.
Doch Dieters Frau Uschi konnte es nicht mehr ertragen – mein Partner wurde O. W. Fischer. Und sie hat Dieter später doch verlieren müssen. Durch Fordern erreicht man so wenig.
Ich habe ganz spät im Leben noch einen Film mit Dieter gemacht. Dieter saß schon im Rollstuhl.
»Man bringe mir mein Pferd«, rief er durch die Halle, wenn seine Szene zu Ende war. Man brachte ihm seinen Rollstuhl.
Ich habe ihn zutiefst bewundert. Unglaublich, wie er sein Leben froh erhalten konnte.
An seinem Grab standen alle seine Frauen. Ich versuchte mich im Hintergrund zu halten – die Presse machte nach dreißig Jahren dennoch Schlagzeilen aus unserer Liebe.
– Hat er Ihnen so viel bedeutet?
– Ja, sage ich, sehr viel.
Seltsamerweise trage ich noch immer ein Bild von ihm mit mir herum. Es hat mich nie verlassen. Und ich habe gar nichts dazu getan. Es ging

einfach nicht verloren. Blieb immer da. Tauchte immer irgendwie in meinen Taschen auf.
»Ich liebe dich, je t'aime«, steht darauf. Es war aus Paris.

Also doch, scheint Dr. Frings zu denken.
Ich lächle.

– Warum kein Ausdruck, den wir darzustellen haben in unserem Beruf, so viel zu Neugierde Anlaß gibt wie die Liebe. Und dabei ist es doch ganz natürlich. Alle Menschen treffen sich irgendwo. Viele in ihrem Beruf.
Und ich in meinem Beruf habe die aufregendsten Persönlichkeiten kennengelernt. Sagen Sie mir eine Frau, die in den Armen von Gary Cooper kein Herzklopfen bekommt oder in der romantischen Vergessenheit eines O. W. Fischer.
Es ist für uns schwer, dies alles auseinanderzuhalten. Denn wir brauchen die Leidenschaft und Intensität des Gefühls und sollten sie doch nach Drehschluß ablegen wie ein Kostüm. Die Seele aber schlägt Alarm – wir haben nicht zwei – eine für den Beruf, eine fürs Leben.
– Hat der Schauspieler Ihrer Meinung nach eine moralische Verantwortung?
– Wenn er die Wahl hat, unbedingt, wenn er keine Wahl hat, bedingt.
– Was verstehen Sie darunter?
– Wenn ich Verantwortung trage, ich mir Stoffe miterdenken, mitbestimmen kann, Drehbücher, Regisseure, Partner, wenn ich zu einem Projekt ja sagen kann oder nein – dann bin ich verpflichtet, das Beste anzuregen und durchzuführen und keinesfalls etwas, das nur der äußeren Karriere oder dem Geldverdienen dient.
Ich würde zum Beispiel niemals an einem brutalen Film oder an einem Pornofilm beteiligt sein wollen. Ich möchte, wenn es nicht der Einsicht dient, dieses primitive Bedürfnis nicht weitertragen und befriedigen. Ich muß auch die politische Aussage eines Stückes oder eines Films vertreten können. Und wenn ich keine Wahl habe, bin ich dennoch verpflichtet, das Beste zu wollen, das Beste zu geben, selbst wenn ich sehr in Geldnot bin, Charakter zu beweisen.

Wir Schauspieler sind ein wunderbares Volk. Ob in Ingolstadt, Ulm, Berlin oder am Broadway, da ist eigentlich wenig Unterschied.
Die Liebe zum Beruf, die Verwandlung, der ungeheure Einsatz und der Abend, wenn der Vorhang aufgeht – die Gemeinsamkeit mit unserem Publikum, das Erlebnis, wenn es stattfindet –, sind überall gleich.
Leider leben wir in einer Zeit, die Maßstäbe für uns Schauspieler gesetzt hat, die es vielen schwer macht, zufrieden zu sein und zu bleiben.
»Weltkarriere« heißt das geheime Ziel. Wien oder Berlin genügt nicht mehr ganz. Und Weltkarriere ist nicht für alle zu haben. Oft nur aus Zufall.
Das Wesentliche ist jedoch zu haben. Das Wunderbare. Überall. Gestern sah ich eine Aufführung von jungen Schauspielern – selbst zusammengestellt, inszeniert, gespielt. Ein Saal, kein Theatersaal, kaum Dekoration –.
Und dennoch, sie haben uns alle verzaubert.
Ich habe eine große Liebe zu ihnen allen, zu uns allen.

Mein Dr. Frings lächelt wieder einmal.

– Welchen Stellenwert hat die Kunst in der Welt?
– Den höchsten. Nicht nur vom Geistigen her gesehen, auch vom Materiellen. Nimmt man alle Kunst zusammen, Bücher, Platten, Musik, Filme, Theater, Fernsehen, Malerei – so ist die Kunst die größte Industrie, auch der größte Umschlagplatz an Geld – größer als alle Multikonzerne. –
Tröstlich. Wunderbar.
Ein Mozart hätte sich von den heutigen Tantiemen eines halben Tages allein aus Österreich sein ganzes Leben finanzieren können und konnte sich damals das Wenden seines Rockes nicht leisten.
Der geistige Wert der Kunst eines jeden Landes ist von den Politikern noch gar nicht genügend erkannt. Das Aushängeschild, das die Kunst sein kann und sein soll.
Was wäre Italien ohne Fellini und Michelangelo, Amerika ohne Andy Warhol oder Lenny Bernstein, Frankreich ohne B. B. und Molière, England ohne Beatles und Shakespeare, Österreich ohne seinen Walzerkönig.

Wo stünde sogar in der Geschichte die Waage für Deutschland, wären nicht in der anderen Schale zu Hitler Bach, Beethoven und Mozart. – »Von Goethe leben sogar die, die nichts von ihm wissen.«
Jedes Land trägt mehr als alles andere den Stempel seiner Kultur und für die Gegenwart gesehen den seiner Künstler.
Auch der Sport –. Was wäre zum Beispiel Rußland über alle Systeme hinaus ohne seine Sportler – seine Musik – seine Dichter. –
– Darf ich noch einmal auf die fünfziger Jahre zurückkommen? Kann es sein, daß sie heute vor allem auf die Jugend eine Faszination ausüben, weil damals alles am Anfang stand? Am Anfang einer Entwicklung, die jetzt nicht mehr entwicklungsfähig scheint?
– Für mich war es meine eigene Jugend. Natürlicher Zustand anzufangen. Ich habe den allgemeinen Aufschwung weniger empfunden als meinen eigenen. Aber aus der heutigen Sicht haben Sie recht. Es war ein allgemeiner Anfang, Aufbruch.
Man stolperte mit größter Selbstverständlichkeit über Trümmerhaufen zum Theatereingang, man freute sich über jede Veränderung in den Schaufenstern, wenn die staubigen Hüte ausgetauscht wurden gegen den ersten bezaubernden Frühlingshut, man war selig, als die Soldaten langsam aus dem Wiener Panorama verschwanden – das erste Auto war eine nie wiederkehrende Freude, eine Eroberung. Jeder erfand, erbaute sich ein neues Leben. Auch die Industrie – überall Anfang.
Schickedanz ging mit dem Bauchladen durch die Straßen und machte später daraus seinen Quelle-Konzern.
Grundig erzählte mir den Anfang, den ersten Baustein zu seinem Imperium.
Wie die Rache eines Hamlet-Knaben.
Er war nicht älter als vierzehn Jahre, als sein Vater, Angestellter in einem Radiogeschäft, ganz plötzlich starb. Der Junge verband den Tod seines Vaters mit der Lieblosigkeit und Unterdrückung, die dieser von seinem Chef erfahren hatte. »Mit neunzehn, ihr werdet sehen«, schwor er am Grab des Vaters verzweifelt, »gehört der Laden mir.«
Der Besitzer lachte und stellte den Jungen nach Abschluß der Schule ein. Mit neunzehn übernahm er das Geschäft.
Der Grundig-Konzern.
Ilse Kubaschewski, die deutsche Filmzarin, fand als junge Sekretärin direkt nach dem Krieg in einem Schuppen alte Vorkriegsfilme, kaufte

sie für ganz wenig Geld und brachte sie in die Kinos: die Gloria-Film. Neue Filme gab es damals kaum.
– Haben Sie mit ihr zusammengearbeitet?
– Ja. *Dr. Holl* – mein zweiter Film in Deutschland. Ich glaube, er war's, der mir das »Seelchen« eingetragen hat.
Ein zum Tode verurteiltes sterbenskrankes Mädchen wird durch die Liebe geheilt. Was will man mehr. Vier Millionen Einspielergebnis. Die Kubaschewski wollte gleich einen zweiten Film drehen – noch ein sterbenskrankes Mädchen. Ich kämpfte um Besseres – Bestes. *Auferstehung* von Tolstoi.
Ich hatte den Roman für mich und in meinem Kopf bearbeitet. Studien gemacht. Wagte mich auf die Reeperbahn, um eine »Gefallene« zu studieren, machte Notizen, suchte mir Partner, den Regisseur – aber Drehbuch gab es keines.
So blieb mir nichts anderes übrig, als den ganzen Roman der Ilse Kubaschewski vorzuspielen. In ihrem Büro, mit allen Haupt- und Nebenrollen.
»Ilse«, sagte ich, »komm, setz dich hierher.«
Ich schob das große Ledersofa in Position. Schreibtisch etwas zur Seite, schloß die Vorhänge. Ilse war fasziniert, mit welcher Selbstverständlichkeit ich ihr Hochglanzbüro in Besitz nahm. Ich machte sie zum Mittelpunkt, zu meiner Partnerin, zu meinem Publikum.
Ich erzählte ihr die Geschichte, erklärte ihr die Dekoration, malte ihr eine ganze Welt, enthusiastisch und genau – nahm ihre Hand, warf mich in ihre Arme, rutschte auf den Knien zu ihren Füßen, umklammerte sie heiß und verzweifelt und kam mit tränenerstickter Stimme endlich zum Höhepunkt – Happy-End, Befreiung und glückliches Ende.
Ilse war überwältigt. Sie hatte Tränen in den Augen. Die ganze Schminke war verrutscht, wie vorhin in meiner Küche. Sie nahm mich in die Arme.
»Dieser Film, Mariechen, dieser Film bringt gut und gerne sechs Millionen.«
Sie hatte ganz heiße Wangen, hielt mich begeistert fest und sagte ja. Nur als ich jetzt auch noch Helmut Käutner als Regisseur haben wollte, kam die große Geschäftsfrau wieder zu sich und in die Verleiher-Realität zurück.

»Nein, ausgeschlossen! Helmut Käutner produziert zu viele Mißerfolge.«
Helmut war gerade wieder in Ungnade gefallen mit dem an sich reizvollen Film *Weiße Schatten*.
Ich bettelte, versuchte es mit neuem Einsatz – jetzt schon erfolgsgewohnt – aber Ilse blieb hart.
Erst als ich auf die wahnsinnige Idee kam, einen Heimatfilm für Ilse zu drehen, einen Heimatfilm wie *Grün ist die Heide* – falls, ja falls der Film mit Helmut Käutner kein Erfolg, das heißt, sein Geld nicht einspielen würde, fing sie an, heimlich zu rechnen – möglicherweise zwei Schell-Filme und einer davon ein Heimatfilm. – Wunderbar.
»Gut, aber diesen Vertrag mußt du mir unterzeichnen!«
Ich habe unterschrieben. Käutner gegen Heimatfilm. Den Vertrag gibt es heute noch.

Es wurde dann doch ein anderer Film daraus. Der erste mit O. W. Fischer: *Bis wir uns wiederseh'n.*
Seit Jahren besaß ich ein Bild von einem wunderschönen Jüngling. – Eine Kollegin aus Wien hatte es mir gegeben: »Du, falls du mal irgend etwas für den tun kannst, der ist toll!«
Es war gar nicht nötig. Der tat schon für sich selber – O. W. Fischer. Gustav Ucicky sollte Regie führen. – Das Drehbuch war hervorragend – ich war ganz glücklich.
Es wurde in der Vorbereitungszeit ohne mein Wissen vom Regisseur und seiner damaligen Freundin umgeschrieben und verlor an Kraft. So schien mir. Wieder kämpfte ich um Qualität.
Doch diese Kämpfe haben mir auch viel Feindschaft eingetragen. Man darf den anderen nicht das Gesicht verlieren lassen, und das habe ich zweifelsohne getan.
Immer habe ich offen gesagt, was ich schlecht fand. Wußte zu oft und zu schnell vieles besser, hielt Produzenten und Verleihern ihre Absichten vor und war natürlich nur für die Kunst und niemals fürs Geld.
Konnte auch allen Argumenten den Satz entgegenhalten: »Bis jetzt habe ich noch keinen künstlerischen Film gemacht, der sein Geld nicht eingespielt hätte!«
Aber sie kamen natürlich, die Filme, die nicht mehr fraglos einspielten. »Seid vorsichtig, es kommt immer der Tag der anderen«, sagte das Nannerl, Ottos Frau, wenn wir gar zu arg ins Kämpfen gerieten. Aber wie soll man denn ohne Kämpfe auskommen, wenn ein Film wie *Der träumende Mund* unter der Regie von Josef von Baky und basierend auf dem alten Film mit Elisabeth Bergner plötzlich mitten in den Dreharbeiten auf Wunsch von Produzent und Verleih ein Happy-End bekommen soll. Ganz im Gegensatz zum Drehbuch und der eigentlichen Geschichte.
»Die kann doch nicht Selbstmord begehen, die Schell, bei so einem Mann!
O. W. und die Schell, die müssen, um Himmels willen, die müssen sich doch kriegen!«
Wir wehrten uns – Baky, O. W. und ich. Dramatisch.
Ein neuer Regisseur sollte kommen.
Wir hielten – natürlich hielten wir zu Baky.

Der Produzent blieb dennoch der Stärkere. Als der Film fertig war, schnitt er eine Szene aus der Mitte und klebte sie brutal ans Ende. Und das Happy-End war fertig.
Ich lächelte an ganz falscher Stelle und aus ganz falschem Grund meinem O. W. entgegen.
Wir waren machtlos. Das Material, so steht es im Vertrag, gehört dem Produzenten.
Seither verlange ich in meinen Verträgen, daß ich die Schnittkopie einsehen darf, und wenn sie nicht dem von mir akzeptierten Drehbuch entspricht, darf ich die Angleichung verlangen. O. W. Fischer half mir – immer. Das hat uns gleich von Anfang an zusammengebracht.
Er sagte: »Weißt du, allein bin ich zu müde zu kämpfen.« –
– Wie viele Filme haben Sie mit O. W. Fischer gedreht?
– Fünf. Fünf Filme haben wir gemeinsam gedreht. Nein, sechs. *Bis wir uns wiederseh'n – Der träumende Mund – So lange Du da bist – Tagebuch einer Verliebten* und *Das Riesenrad.* Und später, viel später, *Teerosen* von Lotte Ingrisch.
Den ersten Film in Göttingen – wie damals mit Dieter Borsche. Die Wände hatten sich verwandelt. Wie sich alles verwandelt mit jeder Arbeit und mit jedem Menschen. Auch mein Herz.
Er kniete vor mir nieder, der O. W., als ich ihm das erste Mal begegnete. – In der Kantine, im Gästehaus. Vor allen Leuten. Romantisch. Strahlend, ganz sicher zu siegen. –
Er hauste mit Nani, seiner Frau, und dem Kater Micherl im rückwärtigen großen Zimmer und verwirrte mein Leben sehr. Er war auch zum Verwirren.
Schön, unglaublich schön, mit seltsam einsamen Gedanken und Idealen, fremd, ganz anders als alle Menschen, die ich kannte. Aber auch schwierig.
Für mich und mein brennendes Herz war es gut, so wie es war. Ich konnte ihm nur minutenweise nahe sein. In der Garderobe. Auf dem Studiogang – vielleicht einmal eine halbe Stunde auf dem Weg durch die Felder – zum Gästehaus zurück.
Die ganze Liebe floß in die Rollen, und das muß das Publikum gespürt haben. Wir wurden ein Liebespaar.
– Wie stehen Sie zum heutigen Autorenfilm im Gegensatz zu damals?

– Damals hat man versucht, eine Geschichte zu erzählen. Hat in die Geschichte, das, was man sagen wollte, hineingepackt. Die Aussage wurde Handlung.
Theater lebt vom Wort, von der geistigen Auseinandersetzung. Film – es wäre ein Irrtum zu glauben, Film lebe vom Bild. Film lebt von seiner Handlung.
Der Autorenfilm versucht das, was er sagen möchte, oft ohne oder nur mit spärlicher Handlung zu sagen, und die Annahme wird im breiten Publikum verweigert.
Warum. –
Weil wir alle ins Theater oder ins Kino gehen, um etwas mit nach Hause zu nehmen – und wäre es nur eine Illusion.
Wir bezahlen nicht, um beschimpft, verzweifelt, depressiv, oft beschämt oder hilflos nach Hause zu gehen.
Im Kino kannst du nur indirekt belehren.
Schon meine Kinder haben mir nicht mehr zugehört, wenn meine Geschichte nicht den Glanz des Besonderen hatte und nicht irgendwann doch der Prinz erschien.
Das ist nicht nur das Bedürfnis eines naiven, primitiven Publikums – wie Jungfilmer argumentieren würden. Es ist ein menschliches Bedürfnis.
Nach »oben« zu schauen, zur Bühne, zur Leinwand, zum Symbol, zum Idol, zur Hoffnung.
Und wenn ich es schon vollpacke, mein Publikum, mit Problemen, dann muß ich ihm auch einen Weg zeigen, damit wir uns aufrichten können zu irgendeinem Beginn.
Außerdem – der Irrtum der nunmehr ergrauten Jungfilmer ist, immer wieder zu glauben, daß sie ohne den Schauspieler auskommen können.
Sie sehen im Geiste ein Mädchen, gehen auf die Straße, suchen, bis sie es finden, fragen nicht, ob zwei Menschen, die miteinander einen Film zu tragen haben, auch zusammenpassen, ob zwischen ihnen die Spannung besteht, die niemand lehren kann und keine Regie erzeugen kann – Persönlichkeit, Ausstrahlung kann man nicht inszenieren, Spannung, Erotik zwischen zwei Menschen auch nicht. Regie hat Grenzen. –
Es gibt, Gott sei Dank, auch Ausnahmen. Große.

Und ein letzter, wesentlicher Unterschied vom Autorenfilm zu damals – wir wurden nicht subventioniert. Wir mußten uns unsere Erfolge selbst erspielen.
Als ich jetzt mit Paul Scofield in London den Film *1919* drehte, hörte ich unseren Regisseur Hugh Brody zu seinem Kameramann sagen – auf die Frage: »Wo steht die Kamera in der nächsten Szene?« – »Wie soll ich das wissen, ich habe doch noch gar nicht gesehen, was die machen.« Er schickte alle auf eine Zigarette hinaus, und wir arbeiteten, bis er und wir es wußten.
Sicher, es gibt Regisseure, die jede Geste und jedes Gefühl am Schreibtisch zu Hause errechnen, aufmalen und aufzeichnen, – das Lebendige, Spontane allerdings, das, was die anderen einbringen könnten, geht dabei verloren.
Max Ophüls erzählte zwei Geschichten, die ihn, wie er sagte, Regie führen lehrten.
Die eine: Toscanini spielte in einem seiner Filme selbst den Dirigenten Toscanini.
»Wir trafen uns im Konzertsaal. Er war eben in Paris angekommen. Hatte Probe.
Aber er ging nicht ans Pult, ließ die erste Geige für ihn dirigieren.
Das Orchester war wie versteinert. Unsichere, vor Angst zusammengeschrumpfte kleine Herren und Damen.
Toscanini unterhielt sich mit Ophüls leise über den Film. Als die Sinfonie zu Ende war, stand Toscanini auf.
›Meine Herren, ich habe in meiner ganzen Laufbahn kaum ein so fabelhaftes Orchester gehört, ich bin stolz, es dirigieren zu dürfen. Ich brauche keine Probe. Wir sehen uns am Abend.‹ « Im Konzert, so erzählte Ophüls, waren aus den Angstzwergen lauter Könige geworden, einer wie der andere aufrecht, im tadellosen Frack – strahlend, stolz. Toscanini hatte gesagt: »Eines der besten Orchester.« Er dirigierte, und sie folgten jedem Herzschlag.
Die zweite Geschichte: Es war vier Uhr morgens. Frau Ophüls drehte und drehte sich im Bett. »Max, ich bitte dich, komm schlafen. Du mußt morgen früh raus!«
»Ich kann nicht. Ich weiß nicht, wie ich den X von A nach B kriege.«
Er malte im Morgengrauen die Kameraeinstellungen in sein Drehbuch.

»Hab doch Vertrauen zu deinem Schauspieler. Sag ihm, er soll von A nach B gehen, du wirst sehen, er findet seinen Weg.«
Als ich Marie Antoinette bei ihm spielen sollte, ließ er zwölf junge Statistinnen kommen und fragte: »Welches ist deine Zofe?« Er benützte die Phantasie seiner Schauspieler, erweckte sie durch Liebe, Begeisterung und Achtung.
– Haben Sie Ihr Ziel erreicht?
– Mein Ziel erreiche ich erst, wenn ich tot bin. Ich freue mich auf alle, auch die reifen, auch die alten Rollen. Aber das Ziel, daß zum Beispiel zwei Millionen Menschen den Fernseher abdrehen und sagen: »Das war ein schöner Abend«, dieses Ziel versuche ich mir immer wieder zu verdienen.
– Wie sehen Sie den Unterschied Theater, Film, Fernsehen?
– Stellen Sie sich einen Maler vor, der das gleiche Motiv zeichnet, in Aquarell und in Öl malt.
Verschiedene Techniken, gleiches Anliegen.
Alle drei Techniken sollte man nach Möglichkeit beherrschen. Doch es gibt wunderbare Bühnenschauspieler, die nie den Kameraton finden. –
Und es gibt Filmschauspieler, die nichts über die Bühnenrampe bringen.
Meine Aufnahmen zu *Elisabeth von England* von Ferdinand Bruckner unter Noeltes Regie hätten ein Lehrstück zu dieser Frage sein können.
Tagsüber Fernsehaufzeichnungen im leeren Theater, die Bühne Studio geworden.
Filmgeschehen – unbewußtes, leises Dasein.
Am Abend, die Kameras verbannt von der Bühne – die Weite des Hauses – zweitausend Herzen an das unsere gekoppelt – hinaustragen, hinübertragen jeden Ton, laut wie am Fußballplatz. Der Ball unserer Worte muß ins Tor.
Fernsehen braucht die Schnelligkeit, die Flexibilität einer Zeichnung. –
Film die Farben des Unbewußten, des Moments – und Theater die Form, das Festgelegte, Erarbeitete, Wiederholbare, Dauernde.
– Wie ist ihr Verhältnis zur Presse? Ich frag's noch einmal, denn vorhin haben Sie mir keine Antwort gegeben.
Ich schaue ihn an. Lächle.

– Gut, sage ich – im allgemeinen gut. Wenn es auch nicht immer leicht ist, erschöpfend oder überhaupt Auskunft zu geben. Manchmal komme ich mir vor wie ein Pressebüro, wie ein Lieferant für Gedanken, Meinungen oder Anekdoten. Abrufbar. Doch ich versuche mich immer wieder zu erinnern, daß außer unserer Arbeit Sie, die Presse, die Mittler zwischen uns und unserem Publikum sind.
Daß in allem Gesagten viele Mißverständnisse bleiben, viel Zweckgebundenes, viel, sehr viel schlechter Schreibstil, Verdrehungen, Sensationsauslegungen, läßt sich offenbar nicht vermeiden.
Kritik aber ist entscheidend und wichtig.
Berichterstattung zu oft ungenau, nur schlagzeilenbewußt. Im großen und ganzen aber bin ich dankbar, daß wir uns ganz gut verstehen – und daß ich tatsächlich viele Freunde habe.
– Hat es Ausnahmen gegeben?
– In der Berichterstattung? – Entsetzliche.
Meine Hochzeit, ich wurde erdrückt, lieblos und ohne Respekt – das Brautkleid hing in Fetzen, man brauchte die Tränen der Braut – sie waren fotogen, willkommene Schlagzeilen.
Reporter stiegen nachts über die Mauer und in mein Hotelzimmer, um mich eventuell in flagranti zu erwischen – standen zwei Stunden nach der Geburt von Marie-Theres im Zimmer der Klinik und drohten hinter vorgehaltenem Blumenstrauß, »das Ereignis«, wie sie es nannten, zum scheußlichsten des Jahres zu machen, wenn ich nicht die Exklusiv-Rechte jetzt und sofort an diese und nur diese Illustrierte vergäbe. – Und vieles mehr. Doch in der Summe glaube ich daran, daß ein Mensch für sich und die Presse eine Aura schafft, die diesen Menschen trifft. Sie läßt sich nicht verbergen.
Auch in den Medien nicht. – Oder können Sie im Fernsehen die Eitelkeit eines Reporters, Schauspielers, Politikers nicht erkennen – seine Verlegenheit, manchmal Dummheit, Unsicherheit – oder seine Menschlichkeit und Brillanz?
Die Kamera kann man nicht belügen.
Sie fotografiert alles.
– Wenn es einen Teufel gibt, wie heißt er in unserer Zeit?
– Seltsame Frage. – Die Technik vielleicht, das alles und überall Machbare, das immer weniger Räume offenläßt, etwas zu erträumen, zu wünschen, zu ersehen.

Knopfdrücken ist alles. –
Ich glaube, wir begreifen noch gar nicht, wie sehr die Technik unser Leben verändert hat.
Als die erste Mondlandung dokumentiert wurde und große Aufregung herrschte, sah ich einen Reporter einer Frau, die Fenster putzte, eilig vorüberrasend das Mikrofon hinhalten und fragen: »Was sagen Sie zur Landung der Menschen auf dem Mond.«
»Auf meinem Mond waren die nicht!« sagte sie stolz und abweisend. Sie schaute ganz überzeugt.
Aber wie lange können wir »unseren Mond« noch verteidigen, jeden Tag das Bild des Wettersatelliten vor Augen und daß die Erde rund und klein ist. Es hat unser Bewußtsein verändert und wird es noch mehr verändern.
Ich empfand es damals wie einen Schock, als ich die Erde zum ersten Mal vom Mond aus fotografiert sah.
Diesen wunderbaren blauen Stern – von dem keiner woandershin kann. Vielleicht wird dieses Wissen – die Sorge um den Garten Eden, in dem wir leben dürfen – uns vor der Zerstörung bewahren.
Das Miteinander auf dieser Erde wird immer zwingender – keiner kann mehr ganz tun, was er will, keiner mehr ganz ohne den anderen. Eine Nachricht braucht nicht mehr als zehn Minuten um die Erde, und die geistige Wolke der Meinung bildet sich schnell. Sie kann zwingend werden. – Auch für Politiker. Für uns, die Schauspieler, hat diese Technik eine kleine Ewigkeit geschaffen. »Dem Mimen flicht die Nachwelt keine Kränze.« Jetzt tut sie es. Charlie Chaplin, John Wayne und unser geliebter Moser werden noch die Enkel unserer Enkel erfreuen.
– Wie wichtig ist die Politik für Sie?
– Wäre ich nicht Schauspielerin, wäre ich vielleicht gerne Politikerin, obwohl dort Ideen umzusetzen noch schwerer sein dürfte als in der Kunst.
– Haben Sie eine politische Richtung?
– Die der Individualität, die der Freiheit, die des Geistes.
– Gibt es eine Partei, die dem entspricht?
– Nein, sie müßte erst gegründet werden.
Ich versuche, meine Haltung mit meinem Leben zu dokumentieren.
– Wie stehen Sie zur Religion?

– Religion ist ein inneres Bedürfnis. Der Versuch, Gott zu finden. Religion ist geistige Heimat.
Wir brauchen sie. Alles, was wir nicht erklären können, findet Antwort in den Religionen, und irgendwie fließen alle diese Antworten zusammen. Jeder kann seine Religion finden.
Die Welt ist so voller Wunder und Schönheit, daß wir ohne Gott gar nicht auskommen können.
Ein alter Mönch wurde gefragt, warum heute seiner Meinung nach so viele Sekten entstehen.
»Weil die Menschen so viel Angst haben«, antwortete er, »weil sie jeden Tag so viele schlechte Nachrichten hören und darüber vergessen, wie schön die Welt ist.«
– Wie stehen Sie zur Emanzipation?
– Mir ist die Forderung, die damit verbunden ist, nicht ganz geheuer. Wenn auch vieles dafür spricht.
Es ist gut, daß jede Frau heute unabhängig sein kann, und sie darf selbstverständlich für gleiche Arbeit gleiche Bezahlung erwarten. Doch allzu oft arbeitet eine verheiratete Frau nur für materielle Güter, selten für ihre persönlichen geistigen Interessen.
»Kinder kriegen genügt nicht«, sagen die Emanzen. Sicher, Kinder »kriegen« genügt nicht, aber sie zu reifen, glücklichen Menschen zu erziehen, ist eine hohe Aufgabe. Die wichtigste, die es in der Gesellschaft überhaupt gibt. Vielleicht auch die schönste.
Warum wollen wir unbedingt den Männern gleich sein, hocken frisiert und schick in Büros, kaufen im Schnellgang verschwitzt und müde vor Ladenschluß im Supermarkt ein, schleppen atemlos Flaschen und Netze in den vierten Stock, holen abgehetzt unsere Kinder aus Schule und Kindergarten, füttern sie ohne Freude mit Schnellgerichten aus der Tiefkühltruhe, waschen unsere Wäsche am Sonntag und schlafen, reizlos für den Mann, vor dem Fernseher ein, wenn er seine Lieblingssendung Sport mit uns teilen möchte.
Warum nur, warum – ist Hausfrau zu sein, Kinder zu erziehen, einen glücklichen Mann zu haben, kein Beruf mehr?
So wie ich meine Kinder und meinen Mann am Morgen entlasse, so kommen sie mir am Abend zurück.
Wirkliche Emanzipation wird erst sein, wenn wir Frauen das, was uns Jahrhunderte lang aufgezwungen wurde, freiwillig tun. Das Weibliche

wird so sehr gebraucht in der Welt. Sonst laufen wir Gefahr, von Enttäuschung zu Enttäuschung zu gehen, bauen nie unser Leben, nützen es nur, solange es dauert – lassen uns scheiden, wenn es nicht mehr geht.
Und Kinder wachsen auf ohne Eltern, ohne Väter, ohne wirkliches Zuhause, ohne Zeit für ihre Probleme.
Oft rächen sie sich – spätestens, wenn die Welle der Drogen, die Faszination von Gewalt und Terrorismus über sie hinwegrollt.
– Sie selbst aber haben doch auch das Leben einer emanzipierten Frau geführt – mit Ihrem Beruf – als Hausfrau, Ehefrau und Mutter. Sie selbst sind auch geschieden. Wie haben Sie das alles geschafft?
– Es war schwer, sehr schwer.
Darum weiß ich ja um das Zuviel einer berufstätigen Frau. Aber mein oberstes Gesetz, die Pflicht, blieben immer die Kinder, der Mann. Dafür habe ich auch auf vieles in meiner Karriere verzichtet.
– Was halten Sie von Partnerschaft?
– Ich mag das Wort nicht. Wenn wir erst einmal begriffen haben, daß wir zwar alle Menschen, aber an erster Stelle Mann und Frau sind, müssen wir auch die Gesetze unserer Naturen akzeptieren, und die sind nie gleich, nie geschlechtslos.
Ich überlasse dem Mann gerne die Führung.
Ich bin gerne das schwache Geschlecht, weil ich meine Stärke kenne.
– Gilt das auch für Kollegen? fragt Dr. Frings, ein bißchen ironisch, wie mir scheint.
Wie wichtig sind für Sie Kollegen?
– Sie sind – alles. Bei einem Partner wie Paul Scofield braucht man die Szene gar nicht mehr zu spielen, nur ablesen an seinem Gesicht. Theaterspielen ist Reagieren. Auch jede Aktion ist die Reaktion auf etwas Vorangegangenes.
– Welches sind Ihre Lieblingsautoren?
– Ein Problem meines Lebens – so gerne ich lese, soviel ich auch gelesen habe, es war mir nie genug.
Mein berufliches Leben begann mit fünfzehn Jahren, es hat mich durch alle Stadien und Stufen gejagt und hat mir wenig Zeit gelassen. Ich habe immer Menschen beneidet und mich sogar manchmal vor ihrem Wissen geschämt, die alles und jedes gelesen haben. Es gibt allerdings belesene Leute, die nichts wissen: »Dummheit ist nicht, was

man gemeinhin Mangel an Verstand nennt, sondern Mangel an Urteilskraft.«
Dennoch, ich liebe Dostojewski, den ich mehrmals verfilmt habe und mir ganz zu eigen machen mußte, ich liebe alle Theaterklassiker, Tolstois »Tod des Iwan Iljitsch«, Gogol »Die toten Seelen«, Ortega y Gassets »Meditationen über die Liebe«, Dürrenmatt in seinem Denken, Rilkes, Else Lasker-Schülers, Ingeborg Bachmanns Gedichte. »Montauk« von Max Frisch. Nerudas Gedichte. Márquez' »Bericht eines Schiffbrüchigen«, »Die Liebesgeschichte des Jahrhunderts« von Märta Tikkanen. Adalbert Stifter, Peter Rosegger, Esther Vilars »Amerikanische Päpstin« würde ich gern fürs Fernsehen machen. Auf meinem Nachttisch liegt »Der Liebhaber« von Marguerite Duras. Ich freue mich darauf.

– Sie schreiben ein Buch? fragt Dr. Frings.
– Ich versuche es.
– Was und wie –?
– Über meine Arbeit, die Liebe, meine Kindheit. Ein bißchen Karriere.
– Und wie schreiben Sie? An der Schreibmaschine?
– Nein, mit der Hand, Brille und Feder.
– Und wann?
– Um halbsechs früh. Die einzige Zeit, wo es ganz still ist im Haus.
– Tatsächlich mit der Hand?
– Ja, ich kann's mir gar nicht anders vorstellen. Erstens kann das niemand lesen, und zweitens gehört es noch mir allein. Ist es einmal diktiert und abgeschrieben, hat es mich schon verlassen. Wie ein Kind.
– Und was ist das für eine Erfahrung, das Schreiben?
– Schwer, schön, man ist ganz allein. Vor allem die Wahl. Was erzählen. Ich habe sehr viel erlebt.
– Glauben Sie, daß jeder Mensch das Talent hat zu schreiben?
– Der Mensch ist von Gott so vollkommen geschaffen, daß sicherlich auch in jedem diese Möglichkeit vorhanden ist.
Es kommt nur darauf an, von wieviel anderem seine Talente überwuchert sind. Alles Leben hängt von der Wahrnehmung ab, die wir von diesem Leben haben.
– Welche Maler lieben Sie?

– Ich bin kein sehr optischer Mensch.
Doch im Laufe meines Lebens bin ich durch Veit, meinen Mann, der selbst ein guter Maler ist – auch durch meinen Bruder Maximilian –, der Malerei viel näher gekommen.
Ich habe und hatte auch große Malerfreunde. Lernte noch Utrillo kennen, Chagall, Ernst Fuchs, Salvador Dali und Wolfgang Hutter.
Utrillo saß eingepackt in seinem Rollstuhl oben auf dem Montmartre. Sacha Guitry führte mich zu ihm. Ich, Napoleons Luise, machte einen artigen Knicks. Er nahm meine Hand in seine zitternde kalte, um sie den ganzen Vormittag nicht mehr loszulassen. So, als wollte er die Jugend festhalten.
– Darf ich jetzt endlich auf die schweren Zeiten kommen?
– Wenn es sein muß – was wollen Sie wissen?
– Eine Zeitlang war es still um Sie. – Warum?
– Erstens hatte sich die ganze Landschaft des Filmemachens verändert. – Das Fernsehen brach ein. –
Wenige Filme wurden gemacht.
Vor allem andere Filme wurden gemacht.
Eine Filmgeneration trennte sich von der anderen – auch das Publikum –, in die, die ausgehen wollten, die Jungen – der Film –, und die die daheim bleiben wollten – das Fernsehen.
Ich stand in einem Alterswechsel, aus dem jungen Mädchen, der jungen Frau war eine reife Frau geworden.
Der Star verpönt. – Unbekannte Gesichter wurden gesucht – von der Straße – und zu allem kam mein persönliches Leben, das schwer, manchmal sehr schwer war.
Mein Sohn wurde geboren – Scheidung. Eine Scheidung ist immer ein tiefer Einschnitt in einem Leben.
Meine zweite Heirat – unsere Tochter.
Liebe nimmt manchmal alle Kraft, alle Zeit.
Die größte Aufgabe und die schwerste: Meine beiden Kinder einigermaßen harmonisch an meiner Seite hochwachsen zu lassen, die aus so ganz verschiedenen Voraussetzungen und Gefühlen meines Lebens entstanden waren.
– Sie sagten in der Küche, Älterwerden gehört auch zu den schweren Zeiten.
– Für die Frau vielleicht – für die Schauspielerin im Gegenteil. Jung-

sein ist kein Verdienst, Jungsein ist ein Zustand. Altsein dagegen kann ein Verdienst werden oder sein.
Bis fünfunddreißig haben wir das Gesicht, das Gott uns gegeben hat, ab fünfunddreißig sind wir selbst dafür verantwortlich. Wer nicht alt werden will, muß vorher sterben – so einfach ist das. Aber es kann sehr weh tun – ich leugne es nicht –, das Älterwerden.
Für die Schauspielerin allerdings bringen die Reife und später sogar das Alter immer wieder neue Lebenskreise, die es zu erfüllen, zu gestalten gilt – manchmal reicher als ein junges Leben.
Wenn ich an meine Rollen nur der letzten Jahre denke – angefangen von »Tatjana« in Pavel Kohouts *Armer Mörder* am Broadway über Ferdinand Bruckners »Elisabeth von England«, »Jenny Treibel« bis zur »Alten Dame« von Friedrich Dürrenmatt – vor allem die außergewöhnliche Begegnung mit Paul Scofield in *1919* –, wenn ich an die Rollen denke, die vor mir liegen – eine von der Liebe tief verletzte Frau, ohne Güte, hart geworden, erstarrt an ihrer eigenen Sehnsucht, ein französischer Film mit Françoise Fabian – eine zehnteilige Serie, eine Frau mit allem Humor und aller Lebenskraft, Mittelpunkt einer nur durch sie funktionierenden Welt – Thomas Manns *Betrogene* und ein großes Projekt, *The Organ Master*, in London, so ist die Fülle der Gestalten, die auf mich einströmen und einströmen, überwältigend.
Ob mich die Menschen freilich so annehmen wie damals, auf diesem heftigen, arbeitsreichen Weg, bleibt abzuwarten. Nur habe ich die Erfahrung gemacht, was du gibst, bekommst du im allgemeinen auch zurück.

Marianne bringt Salzburger Nockerln mit Eis und heißen Himbeeren. Dr. Frings scheint sich zu freuen. Liebt, wie die meisten Männer, »Süßes«.

– Wer kocht für Sie? – frage ich ihn.
– Ich koche für mich selbst.
– Sind Sie ein Einzelkind?

Er lacht.

– Woher wollen Sie das wissen? –

Schaut mich erschrocken an.
Habe ich ihn verletzt?

– Meine Mutter ist vor einem halben Jahr gestorben–.

Eine ganze Welt in einem Satz.

– Wären Sie gerne früher oder später geboren oder ist es die richtige Zeit?
– Ich dachte immer früher, aber früher gab's keinen Film. Seit meiner Operation vor allem bin ich unendlich dankbar, daß ich in dieser und keiner anderen Zeit geboren bin. –
– Sind Sie lieber Film- oder Theaterschauspielerin?
– Eine Großaufnahme gibt mir die Möglichkeit zu einem Monolog, den nur meine Gedanken schreiben. Das Theater gibt mir das Gesamterlebnis.
– Haben Sie Feinde?
– Ich weiß, daß es eine Menge Leute gibt, die mich nicht mögen, aber ob die sich die Mühe machen, meine Feinde zu sein, weiß ich nicht. Feind sein macht Arbeit.
Jetzt ist es, glaube ich, doch spät geworden.
– Eine letzte Frage: Haben Sie Ratschläge für junge Leute?
– Junge Leute oder junge Schauspieler?
– Wenn Sie wollen, beides.

Mausi, meine Tochter, stürmt herein. Jugend in Person.
– Mami, tschüs – alles o.k.? Sie begrüßt flüchtig meinen nun langsam müde gewordenen Dr. Frings.
– Wen bringst du mit?
– Nicolas Economou, das Genie – und Pit. Ollie ist in der Küche und macht Salat.
– Essen ist bereit – wir sind gleich fertig.
– Worüber sprecht ihr?
– Im Augenblick rasante Frage: Ratschläge für junge Leute.
– Da bleib ich da, vielleicht kann man was lernen, sagt mein Fräulein Tochter überheblich und vergnügt.
Ich verfrachte sie an den Eßtisch.

– Bezauberndes Mädchen –, Dr. Frings versucht sein zweites Kompliment.
Haben Sie ihr Ratschläge gegeben?
– Nein, mit denen ist sie groß geworden.
– Und wie heißen die –?
– Bescheiden bleiben, arbeiten, die Zeit nützen, lernen, lernen, vom Leben, von den Menschen, von der Kunst, immer und überall dem Geheimnis nachspüren, und wenn sie eine gute Schauspielerin werden will, das Publikum lieben. Es gibt alles hundertfach zurück.
– Danke, sagt Dr. Frings.

Er weiß nicht so recht, was er jetzt tun soll, nach diesem langen Nachmittag.
Er steht auf, vertritt sich die Füße, geht zum Fenster und schaut auf den Springbrunnen draußen – als wollte er gar nicht so gerne gehen.
Lachen kommt von drüben am Eßtisch.
Olli klappt die Türe hektisch auf, sagt kurz angebunden und verhältnismäßig höflich »Tag« – und »Mami, kommst du?«, und ich weiß, es ist höchste Zeit wieder Mutter zu sein.
Dr. Frings hält meine Hand. Er nimmt die Nickelbrille von der Nase wie andere Leute den Hut vom Kopf und sieht noch immer so aus, als ob er auf den Bus wartet.
Der vielleicht viel zu Einsame –.

Kindheit – oder die unerfüllbare Chancengleichheit

Ganz klein war Mausi – ich hatte sie auf dem Arm, und sie war ganz leicht.
Der Mond stand hinter der großen Trauerbuche vor unserer Terrasse. Mit ihren kleinen Fingern zwickte sie mich in den Arm. Ich sollte nach links gehen.
Ganz aufgeregt flüsterte sie: »Mami, da!« und zeigte mir den Mond. Er gehörte ihr, sie hatte ihn entdeckt.
Und dann mußte ich wieder nach rechts hinter die glitzernden Blätter, und der Mond war weg. Und immer wieder drei Schritte links, er war da, drei Schritte rechts, er war weg. Sie schob den Mond hin und her. Es war ihr Mond.
Als ich zwölf war, fuhr ich mit meinem Rad eine sandige Straße hinunter ins Tal. Der Kirchturm, das Dorf mit seinen roten Dächern, lagen in der Sommersonne. Ich ließ das Rad laufen. Plötzlich Wurzeln, Steine. Das Bild vor mir zitterte, wackelte, hüpfte –, ich konnte kaum sehen.
Nur weil du auf dem Rad sitzt, zittert es. Ich versuchte mich zu überreden, zu trösten. Es steht ganz sicher still, das Bild mit dem Kirchturm und den roten Dächern. Aber für mich sprang es, rüttelte es, verzerrte sich vor meinen Augen.
Und ich begriff ganz schnell. Meine Welt ist die, die ich wahrnehme.
Die Seele, die sich ihre und nur ihre Welt aufbaut. Wo fängt sie an, ihr Leben zu bauen? Mausis Mond auf unserer Terrasse, ein erster Baustein für ihr Leben.
Die Alm in Kärnten, meine Welt, meine Heimat – Bausteine.
Die Hütte – der weite Blick über das ganze Lavanttal –. Auf der einen Seite bis in die Steiermark, auf der anderen Seite bis in die Karawanken. Schon an der jugoslawischen Grenze. – Weiche, hügelartige Berge.
Es ist seltsam, daß wir vier Kinder, Maximilian, Immy, Carl und ich, mit denselben Eltern, in derselben alten Jagdhütte, mit denselben Hügeln, Wäldern herangewachsen, denselben Weihnachten, Gerüchen, Erinnerungen – jeder ein anderes Leben zu erzählen weiß, mit anderen Freuden und ganz anderen Wunden.
Es ist wohl unvermeidlich, daß auch die besten Eltern Narben setzen ins Herz ihrer Kinder. – Weil das Kind alles nur aus seiner Sicht, seinem Werden, erfährt.

Eine nicht erwartete Reaktion, Ungeduld, eine nicht gegebene Zärtlichkeit wird so gedeutet, wie das Kind sie deuten muß aus seiner nur ihm gehörenden Welt. Und vielleicht zieht es einen falschen Schluß, lenkt sein Verhalten um und entscheidet sehr früh seinen Weg. Der bleibt auch so. Oft bis in die reifen Jahre. Ich muß mich sehr früh zum Alleinsein entschlossen haben. Ich kann mich keiner Gemeinsamkeit, an kein Kindertollen erinnern – Verbindung, Austausch mit anderen. Das kam viel später.

Ich war allein, aber nicht einsam. Im Gegenteil. Alle waren da. Der Tag lief, alles war heiter – man wurde am Morgen auf die Weide gelassen und verstreute sich über die Wiesen. – Himbeeren suchen zwischen den summenden Sträuchern, Fische im eiskalten Bach, durchwaten durchs hellgrüne Wasser an Forellen vorbei, mit den Händen versuchen zu fangen, bis die Finger steif waren vor Kälte.
Oder man ging »heuhupfen« drüben im Heustadel beim alten Bauernhaus. Runter von der höchsten Latte bis tief unten in das ersteingefahrene Heu, fliegend den herrlichen Riß im Zwerchfell spürend, genießen, bis man unten war.

Zigaretten drehen aus trockenem Laub und Zeitungspapier unter dem großen Baum, Kartoffeln ausgraben im nahen Feld, ins Feuer werfen und paffen, bis uns schlecht wurde und die Kartoffeln schwarz waren unter der Glut, und dann heimtreiben mit den Kühen, die weißen Nasen vor den Eltern unter dem alten Hut verbergend.
Dabeisein, wenn Schweinchen kamen, Kälber – Aufruhr, wenn sie geschlachtet werden mußten.
Der erste eigene Gemüsegarten, selber pflanzen, pflegen, ernten. Genau für jeden abgemessen, 2 × 2. – Erdbeeren, erste, eigene. Der alte Kirschbaum neben dem Bauernhaus – unsere Bäuerin in den Zweigen, nach oben schauen, auf Kirschen warten in Bündeln, die sie uns herunterwarf, einem ums andere, und dazwischen erste Neugier, kindliche Erotik. Hatte sie etwas an oder nicht. Drunter.
Morgens aus der Hütte schleichen bis hinter den Wald, wo man wieder lärmen durfte – falls unser Vater nicht längst auf der Jagd war. Da hörten wir dann verschlafen noch im Dunkel die Stimme von Simon, dem Jagdpächter, der heiser und recht laut sein dreimaliges »Herr Schell,

vier Uhr ist's« hinter der Hütte zum Schlafzimmerfenster nach oben rief – der hochgestreckte Hals quetschte den Ton ganz ab.
Dann ging das Fenster auf, Simon sprang zur Seite, der Nachttopfinhalt klatschte naß an ihm vorbei, und bald darauf hörten wir sie mit den verdrückten Morgenstimmen – für uns Inbegriff aller Männlichkeit – davon – und auf die Jagd gehen.
Mutti lief zum Fenster, immer zu spät, und rief noch flüsternd, ebenfalls viel zu laut: »Weidmanns Heil«, und dann wurde es still. Ganz still – noch für eine Weile.
Bis zum Frühstück am Ende der Allee – hinter den Bäumen. Durch taufeuchtes, kaltes Gras, barfuß – die Polentaschüssel im Arm und den Kakao, der überschwappte. Eintauchen in die kühle Baumallee, über Wurzeln und trockene Tannennadeln bis ans Ende, wo wieder die Sonne schien.

»Pst, Papa schreibt.« Was, weshalb, wieso, das wußten wir nicht. Manchmal las er uns vor, und wir begriffen, daß es schön war. Er war allgegenwärtig und immer geheimnisvoll.

In der unteren Stube das kleine Holzbettchen mit Stäben drum herum.
Abends, wenn es schon dunkel war – und nur das Licht aus der Küche kam, durch die halb offene Tür – hörte man die Erwachsenen reden, lange, bis ins Einschlafen hinein.
Ganz geborgen fühlte man sich da. – Jeder Teller, jedes Häferl – noch immer das gleiche. – Opapas Aschenbecher – ein blauweißes Porzellanblatt mit Sprung – der alte schwere Krug für frisches Quellwasser unterhalb der Hütte neben dem Zigarettenbaum – laufen, holen, hungrig vor dem Mittagessen – die heiße Sonne in der offenen Küchentür, der Holzboden ganz warm – und der große Stein vor der Hütte, der heute noch wackelt und immer weiter wackeln muß. Unsere Mutter lag in diesem Kinderbettchen, als ihre Eltern jung waren und der Urgroßvater die Pferdepost hatte in Wolfsberg. Wir alle vier – unsere Kinder und ganz sicher auch die Kinder unserer Kinder.
Das ist Heimat. –

Nur die Bäume sind uns davongewachsen. Die Allee ist heute dunkel und schwer. Papa lebt nicht mehr.

Über den Bäumen
bin ich gestanden.
Sprang über ihre
Wipfel hinweg.

Zwischen den Bäumen
spielten die Kinder.
Sah sie sich haschen
jubelnd im Grün.

Rund um die Bäume
lärmen die Enkel,
Bald an den Wurzeln
liege ich still.

H. F. Schell

Die Chancengleichheit fängt bei den Großmüttern an.
Mütter sind das Zentrum der Welt, und wo Mütter versagen, versagt irgendwann auch die Gesellschaft.
Woher nimmt ein Kind das erste Begreifen, eine Ordnung, in die es hineinwächst – woher die erste Orientierung in diesem Wunderland Leben, woher das erste Vertrauen, daß es dazugehört und wie es dazugehört.

Auch die Väter – wie sie erkennen, lieben, wenn die Mütter sie uns nicht zeigen.
Unser Vater, der uns als Kinder bereits alle Lichter der Welt schenkte. Einfach alle Lichter schenkte. Die roten, gelben, blauen, in den Straßen, auf den Plätzen, Lichtreklamen – und vor allem die weißen. Die gehörten mir.
Die habe ich auch behalten, als die Geschwister kamen.
Sie gehören mir noch immer.

Unser Vater – der die Straßenbahn anhalten konnte und auch machte, daß sie wieder weiterfuhr.
Wir haben ihn bewundert. Er konnte alles.
Er drückte auf eine Schraube an der kalten Scheibe, vorsichtig, lange, intensiv, beschwörend – und sie stand, die Straßenbahn. Wir jubelten. »Jetzt sollten wir doch weiterfahren«, sagte er. »Die Frau da drüben, ich glaube, die muß nach Hause.« Einverstanden. Wir waren einverstanden. So drückte er wieder auf die Schraube – eine lange Prozedur –, wir waren gebannt. Schaffte er es? Er schaffte es.
Er kannte die Stationen, die Geräusche, und wir glaubten ihm – immer. Alles.
Er rettete uns auch im dunklen Wald. Trat hervor wie der liebe Gott nach der Jagd und brachte uns nach Hause in die Wärme der Hütte.
Nachts ging er ums Haus als »Geist Eierspeis«. Die Fensterläden klapperten, der Wind pfiff ums Dach, aber das Gruseln ging nie ins Herz. Er war es ja, der König unserer Kindheit. – Nicht nur gut, nur gütig – auch schwierig, zornig – konnte seine Liebe nicht gleichmäßig verteilen, war viel zuviel in seiner Dichterwelt befangen, gab seine Zeit, seine Güte, wie er sie für sich brauchte, nicht immer für uns, war nicht rundum väterlich, aber seine Briefe, die wunderbaren Briefe, die ich von ihm habe, seine Gedichte, haben das Bild geprägt, daß er der Vater aller Väter war.

Ich war vier Jahre alt. Mutti hatte mich in die Schweiz geschickt zu Tante Elise. Ein schlankes, geliebtes, uraltes Jungfräulein, mit blonden, hochgesteckten, winzig gekräuselten Haaren. Sie hatte wunderschöne Beine und trug auf dem Busen übereinandergenähte Rüschchen, die sie abends neben sich auf das Nachtkästchen legte. Es war etwas Verbotenes, etwas für später. Es roch gut. Im Großvaterstuhl saß der Urgroßvater. Ich krabbelte auf seinen Knien herum und mußte ihn kitzeln – unter dem Kinn. Dafür erschreckte er mich mit einem plötzlichen, unerwarteten, etwas wackligen Gebrüll. Dann konnte ich quietschen, und er freute sich.
Zu denken, daß dieser Schweizer Urgroßvater als Bub vom Dach gefallen war, als er den lieben Heiland an Christi Himmelfahrt an einer Schnur durch den Kamin zum Himmel zog und dafür sein Leben lang hinken mußte, daß dieser Schweizer Urgroßvater zu Fuß nach Paris gegangen war, weil es noch keine Eisenbahn gab. – Und daß meine Kinder zum Mond fliegen könnten, zumindest deren Kinder.
Ich lebte also fast ein Jahr bei Tante Elise und dem Urgroßvater. Tante Elise aß so wenig, daß ihr sechs Kartöffelchen für die ganze Woche reichten.
Ihr Leben war still und mager. Bevor sie starb, wurde sie noch zur Morphinistin. Sie war gestürzt. Der Bruch konnte nicht mehr heilen. Sie hatte Schmerzen. Unerträgliche Schmerzen. Ich ließ sie erster Klasse legen, und sie sollte alles haben, was sie brauchte. Auch Morphium, soviel sie wollte. – Ihr Leben war am Auslöschen. »'s Gritli zahlt alles!« Ich schickte ihr einen blühenden Blumentopf. Er blühte über ihren Tod hinaus, und ich stellte ihn auf ihr Grab. Sie liebte ihr Leben lang einen Mann, der sie wiederliebte.
Nur gestanden haben sie es sich leider erst, als sie achtundsiebzig waren. Da fanden sie es beide zu spät.
Vier war ich, und der Himmel weiß, warum ich gerade von Tante Elise, dem Jungfräulein, erfuhr, wie die Kinder gemacht werden. Das konnte sie ja nun wirklich nicht wissen. Aber ich war beeindruckt. Der Einsiedler oben bei der Waldkapelle, der hat sie unter den Steinen liegen, sagte sie. Da kann man sie holen. Ich stapfte also hinauf zu dem heiligen Mann, brachte ihm einen Riesenstrauß Wiesenblumen, zu groß für meine kleine Hand – sagte »Gruezi« und bat um einen Bruder. Er erklärte mir, viel koste es zwar nicht, aber immerhin einen Bat-

zen. Ich stapfte zurück, trocknete eine Woche den kleinen Kartoffelteller von Tante Elise ab und verdiente mir den Batzen, das Zehnerl, das ich brauchte, um den Bruder zu bezahlen. Brüder kriegt man nicht umsonst. Sie sind und bleiben teuer. Besonders Maximilian.
Als ich das zweite Mal kam, mein Zehnerl fest zusammengedrückt in der kleinen, heißen Hand, Blumen in der anderen, öffnete er das Fäustchen vorsichtig, das Zehnerl verschwand in seiner langen braunen Kutte, und wir gingen in die kleine Kapelle. Kühl war's da drin, feucht. – Das Licht durchs Fenster fiel direkt auf die weißen alten Steine. Ein Kopftüchlein mußte ich umbinden, den Rosenkranz um die gefalteten Hände und niederknien, neben ihm. Und beten.
»So, kann ich's jetzt mitnehmen?« Die Steine sahen so groß und kalt aus, und es schien fast undenkbar, daß all die kleinen Babys darunter lagen, Reihe um Reihe. Nur zum Mitnehmen. Ob er den Stein jetzt hochheben würde und mir eines davon geben?
»Nein«, sagte er, »es ist besser, wenn ich es dir schicke, das Brüderchen.« –
»Oh, das ist dumm«, sagte ich, »es wird schwer gehen. Ich fahre nächste Woche wieder nach Kärnten auf unsere Alm. Die wirst du nicht finden.«
»Doch, doch«, meinte er, »ich finde sie schon, die Alm.«
Ich war nicht ganz zufrieden, aber Brüder sind etwas Besonderes – da muß man auch warten können.
Als ich in Kärnten aus dem Autobus stieg, verstand mich Mutti kaum, so breites Innerschweizerdeutsch sprach ich: »A schöna Gruass soll ich euch usrichte vo dä Frau Düggelin – und ihr chömet denn äs buschi über s'isch net tüer gsi, s'hätt nummä ä baze kostet.« Das war's. Mutti erwartete Maximilian. Er kam, und natürlich war ich überzeugt, daß ich ihn gemacht hatte.
Ich konnte das eben.
Von da an auch allein, auch ohne Einsiedler.
Unterhalb der Almhütte war ein Fuhrweg, in der Mitte ein großer Stein. Fast genau wie der in der Kapelle. Ich brauchte nur das Tüchlein umzubinden, meinen Rosenkranz zu nehmen und beten, viel beten.
Unsere Bäuerin war schwanger. Sie bat mich um das nächstmögliche Kind. Es kam. Ich bekam Schokolade.
Schnell lief die Geschichte herum. Alle schwangeren Tanten baten um

Zuwachs. Jetzt erledigte ich den Kindersegen bereits per Postkarte. Schreiben – beten – Schokolade.
Als ich allerdings unserer Burgerl, die ja keinen Vater dazu hatte – vielleicht, weil sie immer so hohe Absätze trug –, unbedingt ein Kind machen wollte, schritt Mutti ein. Zu spät. Sie bekam ein Kind und mußte runter von der Alm.
Darauf bekam ich endgültiges Verbot, Kinder zu machen.
Das heißt, viel später hab ich sie doch bekommen – auf dem einfachen, normalen, wunderbaren Weg.

Ich habe schon früh gewußt, daß Geld nicht die Schönheit der Tage ausmacht, daß es die Poesie, die Verzauberung, die Phantasie ist – die Luft im Raum, die Sonne in der Tür, die Wärme, die Blumen, ein Deckchen oder ein Wandbehang von Mutti, gestickt mit irgendwelchen Sprüchen, das Knistern und Rauchen in der Küche, die Düfte von Pilzen und brauner Butter – der Wassereimer, die alter Jägerjacken und die Gewehre hinter der Tür, der Donner in der Ferne – Geborgenheit.
Meine Eltern hatten so wenig Geld. Mutti konnte sich nie oder nur ganz selten Seidenstrümpfe kaufen – lange in ihrem Leben. – Aber wir haben das alles nicht empfunden. Ich hielt uns immer für reich. Mutti hat wochenlang Preiselbeeren gepflückt für uns und Schwarzbeeren, hat sie verkauft und damit bezahlt, was sie hatte anschreiben lassen, im kleinen Laden im Dorf – hat für uns hochgeschleppt, was nicht auf einer Alm wächst.
Polenta war billiger als Brot. So aßen wir eben Polenta mit Kakao. Aus allem zaubert sie etwas, bis auf den heutigen Tag. Kein Restaurant kann besser sein. Ich glaube, sie hatte nicht mehr als hundert Mark im Monat für uns alle vier – und das durch unsere ganze Jugend.

Sie waren so voller Ideale – die junge Schauspielerin und der Schweizer Dichter.
In München. Da sind sie einander begegnet.
Sie war achtzehn und gerade engagiert worden zu Falckenberg an die Münchner Kammerspiele.
Er war dreiundzwanzig, strahlend über den Erfolg seiner ersten Uraufführung, eingeladen, im Seminar von Professor Arthur Kutscher aus

seinen jungen Werken zu lesen. Mutti war unter den Zuhörern, sah ihn, war beeindruckt.
Aber nur eben so – jung, kritisch.
Ein paar Tage später. Papa ging eben aus einem Haus heraus. Mutti wollte gerade hinein – in ihre Wohnung. Sie kreuzten sich flüchtig. Er lief seinen Freunden nach: »Wartet auf mich, ich komme gleich, die wird meine Frau.«
Er suchte nach der Tür. »Gretel Noé-Nordberg« stand da. Er fürchtete schon, sie wäre verheiratet.
»Kann ich Sie einen Augenblick sprechen?«
»Jetzt? Ich muß zur Probe. Können Sie morgen kommen, um drei Uhr?«
Als er kam, war die kleine Wohnung voller lärmender, feiernder Jugend.
»Verzeihen Sie, ich hatte vergessen, daß heute mein Geburtstag ist. Können Sie morgen nochmals vorbeikommen?«
Kein Glückwunsch, nur drohende schwarze Augen. So behandelt man einen Schweizer Dichter nicht. Er drehte sich um und ging. Aber er kam wieder.
»Wollen Sie Platz nehmen?« Die Wohnung war aufgeräumt. Pause. – »Nein, danke. Ich möchte Sie etwas fragen.«
Und dann, so feierlich es eben ging in Schweizer Hochdeutsch: »Wollen Sie meine Frau werden?« –
Dem Mädchen blieb der Atem weg. Es schloß für Sekunden die Augen – sah uns alle vier, wie wir da sind, im Geiste –, öffnete die Augen wieder und sagte »ja«.

Was sie dann gemacht haben, haben sie uns nie erzählt. – Jedenfalls, als meine Mutter nach Wien zurückfuhr, um ihrem Vater die Verlobung zu gestehen, wußte sie außer seinem Nachnamen gar nichts mehr. Nicht wie groß er war, keine Haarfarbe –.
»Und die Augen, was für Augen hat er?« fragte unser Großvater.
»Ich weiß es nicht, ich weiß nur, daß ich ihn liebe.«

Als er dann kam und sich vorstellte, schaute der Großvater ihn lange an. Kein Wort. Dann schlug er ihm, dem Vater, auf die Schulter und sagte: »Du g'fallst mir.«

Ob er gewußt hat, wie schwer es für die beiden sein würde? – Aber es war ihm nicht wichtig. Nur der Mensch, der gefiel ihm.

Und dieser »Opapa« – wie habe ich ihn geliebt. Er gehörte zu mir. Er schien alles zu verstehen.
Schon mit eineinhalb Jahren lief ich, so wurde mir erzählt, einmal auf unserer Alm davon. Alles suchte mich. Laufen, rufen in alle Richtungen. Als es dunkel wurde, fand man mich unten im Tal. Am Bach soll ich gesessen haben. – »Um Gottes willen, was machst du denn da?«
»Opapa gehen, Wien weit – dort unten.«
Er fehlte mir. – Er fehlt mir noch immer.

Wenn der Sommer zu Ende ging, fuhren wir nach Wien zurück. – Ich erinnere mich so deutlich des langsamen Einfahrens in die große Stadt. Das Rütteln und Rucken des Eisenbahnzuges, vorbei an kleinen Häusern und Schrebergärten, Fabriken und Viadukten.
Und dann abends der Schatten der Jalousien an der Zimmerdecke, der immer hin und her wandert – vorbeiwandert mit jedem Scheinwerfer auf der Straße.
Eine andere Geborgenheit. Bis heute liebe ich diese Schatten an den Zimmerdecken aller Hotels. Spüren, daß draußen das Leben ist.

Wir wohnten am Kardinal-Nagel-Platz. Nie habe ich gefragt, wer dieser Kardinal Nagel eigentlich war. – Seltsam, es muß ein großer Mann gewesen sein.
All die Schicksale hinter Straßennamen, Brücken und Plätzen. – Lexikon einer Stadt.
Der Kardinal-Nagel-Platz war weit und groß. Im III. Bezirk. An seiner Rückfront ein langgestrecktes, vierstöckiges Gebäude. Wohnungen, kleine und kleinste, wie ich sie später nie gesehen habe – nur in Wien. Das Wasser am Gang. Küche, Kabinett, lang, schmal und dunkel – rückwärts zum Hof.
Nur unsere Wohnung lag über dem ganzen Stock – helle, große Zimmer. Opapa hatte sie so bauen lassen. Sein Sanatorium war nicht weit.
Er war Medizinalrat, ein bedeutender Psychiater.
Im Salon stand die Harfe unserer Großmutter und der Flügel, auf dem

Franz Liszt gespielt hatte. Es gibt Fotografien, die noch nie jemand gesehen hat von Liszt. Auch von Wagner. Sie stehen heute hinter dem Bett in Muttis Berner Wohnung. Der Urgroßvater hatte sie gemacht. Große, imposante Bilder der Zeit.
Auch Anton Bruckner ging im Haus der Urgroßeltern ein und aus. Er verehrte meine Großmutter, die Harfenistin. Immer kam er mit Krapfen, eingebunden ins verschneuzte Schnupftuch.
»I wüßt schon, wen i möcht«, sagte er und schaute sie verliebt an, wenn man ihn fragte: »Na, Meister, ist nix mit dem Heiraten?«
Als der Urgroßvater vom Hochrad gefallen war und nicht mehr gehen konnte, versprach Bruckner: »Mein Portemonnaie steht Ihnen jederzeit zur Verfügung.«
»Kunststück, wenn nie was drin ist«, antwortete der Urgroßvater. Der Salon war voller Geheimnisse, Weihnachten wurde drin gefeiert. Besuche wurden empfangen. Kühl war es, und es roch immer ein wenig geschlossen. Selten.
An den Wänden Zeichnungen der drei Noé-Mädchen von Fröschl. Mutti und ihre beiden Schwestern. Alle mit langen Haaren, in Rötel, im ovalen Rahmen. Sehnsüchtig, bezaubernd, romantisch.
Wir machten Theateraufführungen in diesem Salon, mit Eintritt. Natürlich. Ich spielte immer die Mutter Gottes, Max den Koch – Carl den General und Immy das Baby – das Jesulein.
»Ja Koch, wie siehst du denn aus?« »Schlecht«, sagte der Koch, und dann kam der zweite Akt. Da war ich dann die Königin mit blauem Schleier, Carl der Narr und Max wieder der Koch, obwohl er eigentlich Papst werden wollte.

Weihnachten, unvergeßlich. Ein Fahrrad. Ich hatte mir immer ein Fahrrad gewünscht. Es war etwas wie Freiheit. Durch die Straßen fliegen, den Wind auf der heißen Kopfhaut. Schneller, ein wenig höher sein als die anderen. Aber das blieb unerfüllbar. Damals. Wenn, ja wenn es das Christkind wirklich gäbe … ganz sicher war man ja nicht. Doch Mutti tröstete: »Auch wenn du nicht glauben kannst, daß es das Christkind ist, so ist es doch das Christkind, das den Eltern das Geld gibt.«
Papa setzte sich an den Liszt-Flügel und spielte zur Einleitung Akkorde von »Stille Nacht«.

Feierlich sollten wir singen. Mutti hatte Tränen in den Augen, weil Weihnachten war, und Max fing an zu kichern. Bis auf den heutigen Tag haben wir es noch nie fertiggebracht, über die erste Strophe hinauszukommen.
Mutti schimpfte unter Tränen, Papa spielte für uns zu Ende. Umarmungen, »frohe Weihnachten« – und dann die große Zeremonie. Beim Kleinsten wurde angefangen. Jedes Päckchen flüchtig verpackt. Ah's und Oh's. Viele. Wenn wir endlich bei Papa angekommen waren, war er im Sessel eingenickt oder er tat nur so.
Mutti drängte zur Mitternachtsmette und zum lieben Gott.
Wir wären viel lieber daheim geblieben.
Am Baum hingen, von Mutti gebacken, all die unerfüllten Wünsche. Jahr und Jahr ein Häuschen für Papa – heute steht es in der Culmannstraße in Zürich. Für mich ein Fahrrad, auch gebacken, meist mit zerbrochenem Hinterrad.

An einem dieser Weihnachtsabende in Wien lagen auf meinem Platz nur ein Buch und ein Paar warme, scheußliche Unterhosen. Sonst nichts. Tapfer freute ich mich. Keiner durfte wissen, wie weh es tat. Kein Fahrrad. Da rief Mutti, total unnatürlich: »Paß auf, der Paravent, er fällt um!« Er stand rechts vom Flügel.
Das Herz blieb stehen, gelähmt vor möglicher Freude. Ich sah doch, daß der Paravent ganz still stand. Ein kleines, kleinstes Stückchen eines Rades schaute heraus. Ein Ansatz nur, ein winziger nur von Speichen.
Ich stand in der anderen Ecke beim Baum. Ich wollte gehen und konnte nicht. Der Weg war unüberbrückbar weit. Mutti lief hin, rüttelte, damit er fallen mußte, der Paravent, und da stand es. Das Fahrrad. Symbol eines jungen Lebens.
Ich schlief, die Arme um die Lenkstange, in meinem kleinsten Hinterhof-Jungmädchenzimmer ein und glaubte, es gäbe nichts mehr im Leben zu erreichen.
Mit dem Fahrrad durch die Straßen fliegen. Heimlich den ersten Film sehen. Im Kino am Kardinal-Nagel-Platz. – *Der Tiger von Eschnapur.*

Zu Hause – was klauen. Löffel, Bügeleisen. Beim Trödler verkaufen und dann ein Eis oder »Russen«, so hießen die gesalzenen Heringe mit viel Zwiebeln, die vor dem Greißlerladen in großen hölzernen Tonnen vor der Tür standen.
Der Eisladen und der Laden mit den »Russen« lagen direkt nebeneinander. Die Groschen in der Hand, das schlechte Gewissen im Herzen, konnte ich mich nicht entscheiden, ob Eis oder »Russen«.
Draußen in den Hinterhöfen sangen oft Straßensänger. Dann gingen die Fenster auf, man wickelte einen Groschen in Papier und warf ihn runter. »Dankeschön« kam es von unten. So lernte ich meine schönsten Straßenlieder:

Warum bist du so traurig
und hast die Wangen blaß,
ich seh's an deinen Augen
daß du geweinet hast.

O Himmel, was hab ich getan,
klag an, klag an –
die Liebe war schuld daran.

Du sollst jetzt nicht mehr kla-a-gen
und nicht mehr traurig sein,
ich will das Kind ernähren
und will ihm Vater sein.

Daraufhin wollte ich Straßensängerin werden – oder Nonne. Beides bin ich ein wenig geworden.
Neben dem Salon – Opapas Ordinationszimmer. Selten kamen Patienten. Sie waren wohl alle im Sanatorium. Aber er kam, Mittwochnachmittag.
Wir rasten von der Schule heim. Er brachte die Tasche. Eine Aktenmappe, altes, brüchiges, zerlebtes Leder. Wir mußten warten. Erzählen aus der Schule. Noten – brav, nicht brav –. Und dann endlich der erlösende Satz: »Na, dann bringt's halt amal die Tasche.«
Rennen, übers Parkett schleifen. Wer war zuerst – und dann – Herrlichkeiten – über die ganze Woche im Sanatorium gesammelt.

Die Patientinnen, verliebt in den Herrn Medizinalrat, steuerten auch bei.
Orangen, Datteln, Kuchen, Bananen. Es war herrlich. Es gab ja nicht alles, so wie heute. – Damals.

Zu Hause haben wir Zucker gestohlen aus der silbernen Zuckerdose. Gott sei Dank war der Schlüssel verloren, nur zu weit hinten stand sie auf der Kredenz. Ich spüre heute noch den ziehenden Schmerz in den gestreckten Fingern. Weiter, tiefer, ganz hinten – kaum zu erreichen. Später, als wir schon in der Wallnerstraße wohnten, stand die Zuckerdose auf einem Tischchen neben dem grünen Kachelofen. Mit meiner neuen Freundin, mutiger als ich, haben wir sie oft geplündert.
Wir waren acht, und wir spielten Theater.
Hatten nur eine Schallplatte. Auf der einen Seite »Ich tanze mit dir in den Himmel hinein« und auf der anderen »Schön ist jeder Tag, den du mir schenkst, Marie-Luise«.
Das war unser ganzes Repertoire. Ihr Bruder ging immer verächtlich durchs Zimmer und tippte mit dem Finger an die Stirn.
Als ich nach dem Krieg nach Wien kam, suchte ich auf alten Kinderwegen ihre Wohnung. Ich läutete.
»Ja bitte?«
»Darf ich einen Augenblick hereinkommen?« Alles war gleich, nur der Bruder fehlte. Er war gefallen. Freude, Erinnerungen – sie war einundzwanzig – wie ich.
»Und du, was machst du so?« Der Stolz und die Freude waren zu groß.
»Ich? Ich mache einen Film mit der Paula Wessely.«
Ich versuchte so bescheiden zu sein wie möglich und breitete vor der kleinen Bürgerin mein junges Künstlerleben aus. War recht herablassend und wohl auch ein wenig größenwahnsinnig. –
»Und du?« fragte ich endlich, »was machst du so?«
»Ich, ich bin am Burgtheater!« –
Die großartige Elfriede Ott – Freundin aus Kindertagen.

In diese Wallnerstraße waren wir später vom Kardinal-Nagel-Platz aus gezogen. Wallnerstraße 3. Das ehemalige Palais der Kaiserin Maria Theresia, in dem sie die Bürgerlichen empfing. Unterirdisch führte ein Gang von ihren Räumen direkt in die Hofburg, so daß sie nicht über die Straße an den Wachen vorbei mußte, wenn sie Audienz zu halten hatte. Zu diesem unterirdischen Gang führte aus jedem Stockwerk eine Geheimtreppe. Ganz oben unter dem Dach lag unsere Wohnung, die früheren Dienstbotenräume. Groß, doch niedrig, mit kleinen Fenstern.
Die Haupttreppe war herrlich, wie im Märchen. Eine Prinzentreppe. Das Kinderzimmer lag hinten, wir hatten es viergeteilt mit alten Vorhängen und gleich daneben die schwere alte Eisentüre. Dahinter die »tote Stiege«. Der Wind pfiff durch den langen Schacht. Gruselig war es, kein Licht und die Stiegen gebrochen. Nur die samtene Kordel den dunklen Windungen entlang ließ uns träumen von Kerzenlicht und Roben und heimlichen Botschaften.

Als ich vor Jahren meinen beiden Kindern Wien zeigte, fanden wir die Wallnerstraße 3 umgebaut. Büroräume. Ich fragte nach der eisernen Tür. »Eiserne Tür?« sagten die, »es gibt keine eiserne Tür.« Ich erzählte ihnen die Geschichte. Alle standen um uns herum. »Ja«, sagte ein altes Fräulein, »das ist's, das muß es sein, daß es immer so schrecklich heult hinter meinem Schreibtisch.«
Sie war zugemauert worden, unsere gruselige, alte Eisentüre. Privater Eingang zum Märchen und Wohnort der Geister.
Ich weiß nicht, wie unsere Eltern es fertig brachten, immer wohnten wir in besonderen Häusern, wie später in Zürich in der Villa Wesendonck – Mathilde Wesendonck, Geliebte von Richard Wagner. Meistens in den Dienstbotenzimmern, gemütlich, heimelig und doch von Größe und Schönheit umgeben. Geld hatten unsere Eltern ja keines, aber sie suchten und fanden immer den Rahmen ihrer Seele.
So ganz passen die Jahreszahlen in einem Kinderleben ja nicht zusammen, aber es muß recht früh gewesen sein, als der erste Einbruch meinem Leben eine Wendung gab. Noch immer am Kardinal-Nagel-Platz.
Papa stürzte ins Zimmer und befahl mit schnellen, harten Worten, uns an die Innenwand des Zimmers zu stellen, riß meine geliebten Jalou-

sien herunter. Wir sollten warten. Ich schlich ganz vorsichtig an die Fenster und schaute auf den Platz.
Schwarze Kanonen waren auf das Haus gerichtet. Ich hatte keine Angst, gar keine. Während ich Papa alles verschließen hörte, packte ich aus den Schränken Wäsche und alles Nötige, nahm meine Geschwister an der Hand und schlich vorsichtig mit Papa die Treppe hinunter und zum Haus hinaus. Wir stiegen in ein Taxi.
Ich glaube, es war ein Abschied von der Kindheit, als das Taxi in diesem Putsch-Durcheinander mit uns durch die Schießereien davonfuhr.
Ziel war das Sanatorium meines Großvaters, draußen in Inzersdorf.
Unser Taxi wurde durchschossen. Wir blieben unverletzt. Mutti lag im Krankenhaus und brachte Immy, unsere Schwester, zur Welt. Sie hörte die Schüsse und den Kanonendonner und bat die Hebamme, ihr etwas zum Lesen zu geben. Der Krimi handelte von Schüssen und Kanonendonner, so daß sie nicht mehr so recht wußte, wo eigentlich geschossen wurde. Bis das Kind und Papa endlich kamen.
Wir anderen Kinder waren in Sicherheit.

Langsam fingen die politischen Entwicklungen an, auch für uns Gestalt anzunehmen.
Kämpfe in den Schulklassen. Ich wurde rausgeschmissen. Einer hatte ich angeblich das Nasenbein eingeschlagen. Sogar die kindlichen Geister schieden sich.
Meine Brüder erzählten stolz: »In den Straßen, wenn die anderen ›Heil Hitler‹ schreien, schreien wir ›Heil Motta‹.«
Motta war der damalige Bundespräsident der Schweiz.
Mutti wurde vor dem Stephansdom verhaftet, weil sie protestierte, als Menschen abgeführt wurden. Papa verweigerte die Annahme der deutschen Staatsbürgerschaft. Wir mußten in die Schweiz zurück. Mit zehn Franken pro Person.
Aber Mutti war plötzlich krank geworden, hatte hohes Fieber. Ich saß auf einem vollgepackten Korb in unserer Wohnung im Palais der Kaiserin Maria Theresia und wartete ungeduldig auf die Abreise.
Unten, in den kaiserlichen Räumen, wohnte eine Ariensängerin. Sie wurde eben abgeführt. Ich konnte nicht verstehen warum, da sie doch »Arien«-Sängerin war.
Draußen in den Straßen schrien die Menschen, Juden knieten und

putzten die Straße, trugen Sterne – Läden waren geschlossen – Unruhe, Aufregung überall. Papa stürzte zum großen Tor der Wallnerstraße 3 herein, er war weiß vor Erschöpfung.
»Gott schütze Österreich.«
Er hatte die Rede von Schuschnigg gehört: »Wir müssen weg.«
Die Familie war zerstreut in den ersten Jahren in der Schweiz. Ein möbliertes Zimmer in Zürich für die Eltern. Die Buben in einem Heim in Basel. Immy immer noch sehr klein in einem Kinderheim in Brunnen. Nie hat sie dieses »Paradiesli« überwunden. Und ich in Colmar im Elsaß bei belgischen Schwestern. Es muß unendlich schwer gewesen sein damals, uns alle unterzubringen. Fünf Franken für ein gedruckes Gedicht und wie lange Kämpfe, daß es gedruckt wurde.
Nach Papas Tod fanden wir ein Sparbüchlein. Fünffrankenweise eingezahlt – über Jahre.
Jetzt sind seine Gedichte wieder erschienen.

Langsam klettert der Schatten
an mein Herz.
Die Sonne sinkt.
Die Lüfte kälten.
Bald tragen sie schwarze Flügel.
Brich auf, Herz!
Suche deine Wohnstätte!
Die Hähne fallen ein.

H. F. Schell

1938 kam ich nach Colmar in die Klosterschule. 1939 wurden wir nach Hause geschickt. Nur für ein paar Tage, hieß es. Der Krieg brach aus. Mein Koffer blieb in Colmar. Ich jubelte.
Der Krieg war ausgebrochen, nur damit ich nicht mehr zurück mußte in das Internat. Nicht mehr zurück zu den weißen, lautlosen, ewig betenden Schwestern. Sie waren streng, viel zu streng.
Eine Schwester liebte ich. Sie war schön wie ein Engel. Ihr zuliebe stand ich betend den ganzen Kreuzweg lang auf einem Bein.
Nur ein Mann im ganzen Kloster – Hochwürden. Schön, hochgewachsen, mit dunklen Augen und ganz jung.

Ein Mann unter zweihundert liebessüchtigen, kichernden Mädchen. Damit ihm nichts zustoßen konnte, bedrängt und bestürmt von so viel heißen Gefühlen, mußten wir im Religionsunterricht, bewacht von einer kleinen, dicken Schwester, weiße Handschuhe tragen. Was die helfen sollten, weiß ich nicht.
Fein säuberlich gekreuzt vor uns auf dem Pult lagen die Hände. »Mes demoiselles«, sagte die dicke Schwester und klopfte mit dem Stab aufs Pult, »les yeux baissés, keine Unzüchtigkeit.« Und wir wußten doch gar nicht, was das genau war.
Er allerdings, der angebetete Vertreter Gottes, muß es gewußt haben – er lächelte.
Wenn eine von uns zum Zahnarzt mußte, kam die dicke Schwester mit. Kein Augenblick blieb unbewacht, außer auf dem Bohrstuhl. Der Zahnarzt hatte Erbarmen. Zehn Liebesbriefe warf er in den Briefkasten und zahlte die Marken dazu. Freilich hatten alle Zahnweh im Kloster »Sainte Odile de l'assomption«. – Die Süßigkeiten wurden von da an eingesperrt in gleichgroße, verbeulte Blechschachteln, übereinander in einem großen Eichenschrank verschlossen. Samstag und Mittwoch, nur eine halbe Stunde unten im Speisesaal, durften wir sie öffnen. Tauschen, riechen, einteilen, verdrücken, was nur ging. Die postalischen Gaben von Tanten und Großmüttern. Und dann wieder Abschied von der Blechschachtel bis zur nächsten halben Stunde.
An der Türe Kontrolle, nichts durfte mitgenommen werden. Die kleinen Büstenhalter waren zum Bersten voll und wo sonst überall, das haben die Schwestern nie herausgefunden. Das wöchentliche Bad, eine um die andere – eingesperrt.
Die dicke Schwester am Schlüsselloch – gut, dann eben Handtuch drüber.
Das lange Badekleid, damit wir unsere jungen Körper nicht unkeusch entdecken, einfach ins Wasser getaucht und dann glücklich im Wasser liegen. Träumen vom Heimfahren.
Sogar eine spanische Prinzessin war dabei. Schön wie eben eine Prinzessin. Erste Liebesgefühle, ausströmend in alle Richtungen – auch für die Prinzessin.

Und dann die Nachricht. Drei Tage Urlaub! Ohne Grund, plötzlich. Herrlich für uns – für die Welt Kriegsgefahr.
Ich fuhr zu Onkel Fridolin, dem Bruder meiner Schweizer Großmutter. In Goldau. Gleich neben Schwyz, einem der Urkantone der Schweiz. Er war Arzt, hatte eine große rote Villa aus Ziegel in einem Garten voller Sommerdüfte, viele Kinder, schon größer als wir, und wenn wir ihn besuchten, entledigte er sich seiner vielfältigen Onkelpflichten, indem er uns jedesmal fünf Franken gab.
Die stundenlangen Umwege, die wir mit dem Fahrrad gestrampelt sind, um eben einmal kurz vorbeizukommen!
Er war der Doktor von höchstem Respekt für die ganze Gegend. Oben auf dem Dach hatte er ein Fernrohr. Das stellte er auf die Wohnungen oder das Bauernhaus ganz droben auf dem Berg ein und sah, daß der alte innerschwyzer Bauer nun doch sein Pfeifchen rauchte draußen auf der Bank. Onkel Fridolin galt als allwissend.
Ich weiß nicht, ob sein Fernrohr ihm nicht auch heimliche kleine Freuden in die Nähe seines Herzens brachte.
Für uns Kinder war es herrlich. Er steckte plötzlich beim Neffen- und Nichtenkaffee den Finger in die Schokoladencreme, schaute uns herausfordernd an, streifte den entsetzten Blick unserer Eltern, fragte: »Wer traut sich das?« und strich mit dem Schokoladenfinger über die Stirne. Pause. Faszinierend. Seine Stirne war schwarz. Wir, die Finger zögernd in die Schüssel und über die Stirne. Blick wie hypnotisiert zu den Eltern.
»Aber Fridolin, bitte!« – Sie mußten doch lachen. Wangen, Kinn und wieder die Stirne. Waschen gehen. Sauber machen. Kurzer männlicher Händedruck und die fünf Franken.

Bei diesem Onkel Fridolin also brach der Krieg aus, und ich mußte nicht zurück nach Colmar.
Endlich zu den Eltern nach Zürich, in die Villa Wesendonck im Rieter Park.
Heute ist sie ein Museum und der Park öffentlich. Dort, wo unsere Kinderzimmer waren, sind wieder Büros. Nur das vergitterte Fenster in Maximilians Zimmer ist noch gleich.
Auch die riesige Küche – damals für die ganze Villa – gibt es nicht mehr. Sie gehörte zu unserer Wohnung.

Für uns war es wieder einmal ein Paradies. Der riesige Park, den wir benutzen durften, spazierengehen und träumen. Überall.
Jedes Bett, jedes Stockerl mußte neu erkämpft werden. Von irgendwelchen Freunden bekam Mutti eine Eckbank.
Wieder Weihnachten, Schweizer Weihnachten.
Der Christbaum stand in der Ecke, und seine Zweige legten sich auf die Rückenlehne der Bank. Die Feste blieben immer gleich.
Papa und seine Akkorde, der Max, inzwischen im Stimmbruch, der losplatzte bei jeder Feierlichkeit, inzwischen heftig unterstützt von Immy, Carl und mir und Muttis Weihnachtstränen, die alles ordneten.
– Und eine kleine Maus, die immer auf der Rückenlehne der geschenkten Eckbank entlanglief, sich auf die Hinterfüßchen stellte und mit der roten Christbaumkugel spielte. Wir legten ihr ganz unsinnigerweise von den gebackenen Wünschen ein kleines Eckchen hin, und freilich brachte sie bald ihre ganze Familie mit. Nur Papas gebackenes Häuschen blieb unangetastet, bis es sich eines Tages erfüllt hatte. Genau wie es am Christbaum hing. Unsere neue, alte Schweizer Heimat. Unser Vaterhaus – heute in der Culmannstraße. Ein Weinrebenhäuschen aus der Biedermeierzeit – damals stand es inmitten der Weinberge über der Stadt. Sogar der Geißenstall lehnt noch heute an der Mauer im kleinen Gärtchen, in dem es fast alles gibt an Früchten und Blumen.
Erhalten, geliebt und gepflegt steht es zwischen großen Häusern. Gestützt nur von einem Nachbarhaus aus dem siebzehnten Jahrhundert.
Gleich unterhalb der Universität.
Mäuse gibt's leider keine mehr. Jedenfalls habe ich keine gesehen.
Doch in der großen Küche in der Villa Wesendonck, da waren sie zu Hause. Man gewöhnte sich daran. Wir Kinder fanden es auch gar nicht mehr schlimm. Es huschte halt manchmal an den Beinen vorbei, oder es raschelte, wenn wir nach der Schule Tee und Käsebrote am Ende des Tisches verschlangen.
Nur Mutti hatte den Mäusen den Kampf angesagt. Eine war in einen Kübel gefallen. Nein, wenigstens die konnte man doch nicht weiterleben lassen.
»Heißes Wasser«, sagte Tante Hedi, die bei uns wohnte.
»Nein, um Gottes willen – wenn, dann nur kaltes.«

Die Maus schwamm verzweifelt um ihr Leben. Mutti konnte es nicht mit ansehen. Sie schüttete das Wasser mitsamt der Maus in den Garten.
Zehn Minuten später saß die Maus winzig und gebadet in der großen Küchentür.
Sie war tödlich erkältet und nieste. Mutti legte sie in eine Schachtel mit Watte und pflegte sie gesund. Mäuse hatten es gut bei uns. –

Als der Krieg zu Ende war, war ich schon eine junge, fleißige Schauspielerin, eben im ersten Engagement im Städtebund-Theater Biel-Solothurn.
Ich wohnte in Biel. Es war Frühling. Die Bäume standen in Blüte, wie Brautschleier lagen sie über den Bäumen. Die Luft war warm, und ich saß auf einer Bank am Bieler See und versuchte die Friedensglocken, die über Stunden in der ganzen Schweiz läuteten, in mein Herz einzulassen.
Zu verstehen, zu begreifen, was dieser Friede war, was er für die Welt bedeutete. Ich, die ich den Krieg nicht erleben mußte. Ich versuchte dieses Läuten tief in mir zu spüren, wie einen Beginn, wie ein Erwachsenwerden und ein Wissen, daß ich diesen Glocken genügen wollte – ein ganzes Leben.

Jugend damals – Jugend heute

Oliver schreibt. Mein Sohn schreibt – er schreibt sich den Schmerz, oft die Verzweiflung von der Seele. Die vollgetippten Seiten zeigen in sein Herz. Seines oder auch das Herz der Jugend. Heute.

Oliver H., Berlin
Meine Seele ist ein Orchester, in dem die Musiker dauernd kränkeln.
Ich entferne mich von der wärmenden Illusion meiner Kindheit und suche nach der Unbekümmertheit eines Asterix-Heftes. – Meine Hände sind Kinderhände.
Der Schmerz läßt mich nicht los. Gefühle kommen durch die Hintertür, nehmen mich bei der Hand und schleudern mich gegen die Mauer des Wartens.
Jede Nacht sterbe ich.
Es wird Abend. Jetzt kriechen sie aus ihren Löchern, die Nowhere-Freaks. Die Diskos laufen an. Pforten auf. Mean Street. Sie wollen schreien. »That's life for young people.« Auf in die Illusion. 300 auf dem »one man show trip«. Es riecht nach Angst, deswegen sind sie cool. Zeig ihnen deine Kaputtheit, ist ja in heutzutage. Musikalische Bomben aus Lautsprechern.
In einer Ecke weint ein Mädchen.
Silberne Drogenleinwand, davor die Kinder.
Verwischtes Make-up – noch eine Zigarette.
Raus hier. Stolpern. Wo ist das Auto?
Wegschlafen bis morgen oder heute abend. Aufstehen, dürftig fressen, waschen und fertigmachen. Countdown.
Ich habe noch genug Zeit bis zur Wiedergeburt. Zuviel grübeln ist absolute Zeitverschwendung.
Wo gibt es Antworten zu kaufen? Nirgends.
Mein Gott, gib mir das Recht zu leben.
Ich schwitze, meine Lippen sind trocken. Es ist ein Kreuzgang ohne Kreuz. Jesus ist auf Urlaub. Die Läden sind geschlossen. Man wartet auf den Winter.
Mein Gott, gib mir das Recht zu leben.

Ich drehte in Hamburg. Oliver, mein Sohn, war in Berlin. Er las mir am Telefon oft seine Texte vor. Ich fühlte Härte, Schmerz in seiner Stimme. Der Inhalt glitt immer mehr ins Dunkel. Ich legte den Hörer auf. Was kann ich tun?
Ich muß nach Berlin. Ollie arbeitet als Regieassistent bei Heribert Sasse am Renaissance-Theater in Berlin. Erfolgreich. Ich rief nochmals an, um ihm zu sagen, daß ich komme. Keine Antwort. Ich hatte zwei Tage frei. Wollte eigentlich nach Hause. Immer deutlicher wurde das Gefühl, ich muß nach Berlin. Aber er war nicht da.
Ich saß im Büro der Produktion, rauchen, Kaffee trinken. Immer wieder wählen. Keine Antwort. Ich rief das Theater an.
»Ollie ist heute früh nicht zur Probe gekommen.«
Er war immer zuverlässig. Auch oft über seine Kraft. Warum war er nicht da? Ich wurde unruhig. Eine frühere Maschine. Doch, es gab eine frühere Maschine. Die Produktion brachte mich zum Flughafen. Wie weit es nach Berlin war. Selbst mit dem Flugzeug. Ich wollte nur da sein.
Das mußte ich immer. Durch seine Kindheit, seine Jugend.
Wie viele Nächte lag ich wach, wartete, bis ich die Türe leise schließen hörte. Kam heiter, als wäre es nur eben eine Laune, in die Küche. »Hast du Hunger? Denk dir, ich auch.« Und langsam in solchen müden, schwachen Stunden konnten wir reden. Manchmal bis es hell wurde.
Seine Kindheit war schwer. Meine Ehe mit seinem Vater ging auseinander. Veit, mein Mann, ist kein Kindervater. Zu künstlerisch, zu sehr mit sich selbst beschäftigt. Und ich zerrissen zwischen beiden.
In Berlin erwartete mich der technische Direktor. Wir fuhren erst einmal ins Theater.
Ob sie mir etwas verheimlichen? Wo ist Ollie?
»Er ist heute morgen nicht zur Probe gekommen. Er hat nur angerufen und gesagt, er kommt nicht mehr.«
Einfach so.
»War jemand in der Wohnung?«
»Natürlich. Dort hat man ihn heute morgen noch gesehen.«
»Wie, wann – wer?« Bohrend kam die Angst. Anrufe. Unzählige. – Sein Wagen. Wo ist der Wagen? – Unberührt auf dem Parkplatz. Ich muß in die Wohnung. Handeln, keine Minute verlieren.

Andrea, Heribert Sasses Frau, und der technische Direktor kamen mit. Die Treppen schienen so steil, so viele, mühsam, nicht enden wollend. Die Tür war verschlossen. Drinnen läutete und läutete das Telefon.
»Ollie, ich bin's. Ich bin früher gekommen. Hörst du mich? Bitte mach auf.«
Keine Antwort. Kein Nachschlüssel aufzutreiben. Warten, auf der Treppe – unter dem Dach, Andrea neben mir. –
Ich muß in die Wohnung. Wenigstens sehen, was er mitgenommen hat. Wäsche, Paß, Kleider.
»Mein Gott, gib mir das Recht zu leben.« Seine Worte kamen immer wieder in Gedankenfetzen.
Er war in Not. Ich wußte es. Was hätte mich sonst so instinktsicher mitten in Dreharbeiten nach Berlin getrieben?
Ich spürte Kälte. Bohrendes Warten – wie ich alles spüre, was meine Kinder erfaßt.
Als hätte die Verbindung im Blut nie aufgehört – seit ich sie getragen habe.
Es war nicht das erste Mal. Krisen, immer wieder Krisen. Und doch ist sein Wesen hell und stark, vielleicht gerade deshalb. Die Zeit schlich durch die Minuten.
Die Tür aufbrechen. Doch, sie muß aufgebrochen werden. Es war Sonntag, kein Schlüsseldienst. Sie gab nicht nach, die Tür. Trotz aller Gewalt. Er ist nicht drin. Er würde uns doch hören. Vielleicht hört er uns nicht mehr. Vielleicht kann er uns nicht hören. Ein Mann kam. Endlich. Wir standen im Weg. Wir setzten uns ein paar Treppen tiefer. Kein Schlüssel paßte. Feilen, bohren, stemmen – sie gab nicht nach, die Tür.
Jetzt mußt du ganz still werden, wenn sie aufgeht, diese Tür – und irgendwann wird sie aufgehen – mußt du es ertragen. Was immer es ist.
Andrea ging als erste hinein. Ging durchs erste Zimmer. Ich stand in der Tür.
Die Pflanzen, die er so liebt, lebten. In der Sonne.
Ich stand und erwartete den Schlag. Und in diesem Augenblick habe ich ihn freigegeben, habe ihn herausgerissen aus mir und freigegeben an sein eigenes Werden und Sterben.
»Maria – er lebt, er ist warm.«

Es klang grotesk – hatte sie damit gerechnet, daß er es nicht mehr war?
Andrea lag über einem wirren Knäuel von Decken und Kissen und darunter ganz wenig blonder Haarschopf – fast wie der meines Kindes. Keine Träne. Kein Schmerz. Der war vorbei. Hatte mich zurückgelassen ohne Sohn. Freund vielleicht. Aber nicht mehr mein Kind – diese Schritte bis hin zu ihm, lähmend, unwirklich.
Ich streichelte ihn, drehte ihn vorsichtig zu mir. Er war bewußtlos. Ich hob die schweren, noch nicht ganz ausgewachsenen Männerschultern in meine Arme. – Der Kopf fiel zurück. Ich wußte, ich kann ihn nicht erreichen. Ich wartete. Gleich, gleich mußte ich handeln. Nur eine Sekunde ihn halten. Vielleicht konnte er mich spüren. Die Augen gingen auf, er sah mich nicht. »Mami, wo kommst du her?« Es war kaum verständlich. Und zurück in die Bewußtlosigkeit.
Ein Arzt – um Gottes willen wen? Die Presse. Der Aufruhr. Wem vertrauen? Es war gleichgültig. Nur Hilfe. Drei Sanitäter kamen sofort. Dankbarkeit.
»Ihr seid Väter, nicht wahr, alle drei? Bitte sprecht nicht darüber.«
Wir gaben uns die Hand. Autogramme – gerne. Nachher.
Er hing im Tragsessel, ohnmächtig. Ich hielt seine Hand. Das Gehen war schwer. Es war noch vor meiner Operation. Immer wenn ich Sirenen hörte, wußte ich, daß ich einmal in so einem Krankenwagen sitzen würde oder ich würde es selber sein, die durch den Nebel des Nichtmehr-denken-Könnens diesen Endton hört.
Wir kamen ins Krankenhaus. Ärzte. Rennen. Laufen. Weiße Schwestern.
»Sind Sie nicht –?«
»Ja, bitte nachher.«
– »Was ist geschehen?«
»Wir wissen es nicht. Alkohol – Tabletten – Drogen. Nein. Fischvergiftung. Ich glaube Fischvergiftung.« Ich mußte ihn doch schützen.
Der Magen wurde ausgepumpt. Das Herz war am Aussetzen. Er kam auf die Intensivstation.
Plötzlich Unruhe, Revolte. Sie schnallten ihn an. Er kämpfte mit den Ärzten, immer noch ohne Bewußtsein. Er biß einen Arzt blutig.
»Bitte lassen Sie mich zu ihm.« Schuhe, weiße Plastikschuhe mußte ich anziehen und einen Kittel, dann durfte ich zu ihm. Der Kampf hörte

auf. Ich wußte, wenn sie ihn abschnallen, hört der Kampf auf. Ich bat, ihm eine Beruhigungsspritze zu geben.
»Solange wir nicht wissen, was er genommen hat, ist das unmöglich.«
Um uns herum lagen Sterbende. Andrea wartete noch immer. Ich war ihr so dankbar.
Ich bleibe. Wenn er aufwacht, muß ich da sein.
Die Nacht war so still, als blieb die Dunkelheit und die Einsamkeit stehen.
Nur Atmen, mühsam, schwer, unregelmäßig, um mich. Die Schwestern wurden müde. Draußen auf dem Gang rauchten sie, tranken Kaffee. Sie brachten mir eine Tasse, ich gehörte dazu. Ollie schlief, endlich schlief er. Ich hielt seine Hand. Ich war überwach. Es wurde endlich Tag. Plötzlich saß er aufrecht im Bett, hell wie ein Prinz – aus der Unterwelt entlassen.
»Wo bin ich? Was sind das für Tote?« Und dann, fordernd wie immer: »Ich muß hier raus.« Ich holte die Schwester. Auch die konnte ihm nicht widerstehen. Er bekam seine Zigarette, er durfte sich waschen. Groß und behaart stand er in der Badewanne, und ich wusch den breiten männlichen Rücken und spürte in den Händen noch die Kinderschultern.
Und dann schlichen wir davon. Zu einem Taxi. Ollie im Bademantel, barfuß. Über das Berliner Pflaster. In den ausgestorbenen Straßen stand der Morgen. Wir gingen in die Wohnung. Die Tür noch immer offen. Aufräumen, Kaffee kochen. Langsam kam ein Lächeln in sein Bubengesicht, als hätte er etwas angestellt.
»Was war, Ollie, was war?«
»Ich weiß es nicht, ich wollte nur, daß es aufhört. Der Schmerz. Das Leben.«
Eine Whiskyflasche lag zerbrochen am Boden. Tabletten.
Er hatte alles, sogar Liebe, und trotzdem schien es ihm sinnlos, das Leben. Wenigstens heute, an diesem wirren, verzweifelten Morgen.

– Das Leben ist nicht sinnlos. Du lebst doch. Fühlst du dich nicht leben?
– Manchmal.
– Und sonst –.
– Warte ich.

– Worauf. –.
– Daß es wiederkommt, das Leben.
– Das Leben ist doch da. Wann kommt es für dich wieder?
– Ach, Mami, das verstehst du nicht. Was hat denn das alles für einen Sinn – schau dir doch die Welt an, du mit deiner Harmonie. Du lebst auf einer Insel, siehst nicht, was draußen los ist, willst es nicht sehen. Überall Angst, Aggression, Zerstörung.
– Und wenn ich es sehe? Ich kann doch nur bei mir selbst beginnen.
– Womit?
– Mein Leben und das der anderen zu gestalten.
– Wie?
– Mit den kleinen Dingen, den notwendigen – dem Alltäglichen.
– Du hast es leicht. Du hast mehr Kraft.

Hatten wir es wirklich leichter? Vielleicht.
Wir standen am Anfang – unsere Jugend. Die Welt, so schien es, war am Anfang. Die Zerstörung hinter uns. Es ging ans Aufbauen. Die Wege waren offen.
Als ich die Friedensglocke hörte damals, läuten über ein ganzes Land, da schien mir das Leben weit. Ich brauchte nur anzufangen. Nur den Weg wählen, den ich gehen wollte.
Heute stehen sie vor einer fertigen Welt, die Jungen. Sie spüren zu wenig, daß sie gebraucht werden. Sie zweifeln, ob ihre Existenz überhaupt Bedeutung hat für andere.
Sie zweifeln an sich selbst. Viele. Die meisten.
Sie sind gestraft, weil wir fleißig waren. Wir haben sie in fertige, schön dekorierte Häuser gelegt, mit Kerzenleuchter und Kamin, mit Autos vor der Tür, Rekorder mit acht Jahren, Ferien auf Ibiza, Mofa zum fünfzehnten Geburtstag, Eisschrank und Fernseher.
Nur fleißig sollten sie sein, gute Noten nach Hause bringen, noch mehr erreichen als wir. Aber es gibt nicht mehr.
Sie nehmen es uns übel, und wir nehmen es ihnen übel.
Wir durften alle klein anfangen, damals. Ich durfte von einem winzigen Zimmer mit Kisten und Deckchen, der Waschküche nebenan, die mir schöner schien als jedes Badezimmer – wachsen, verdienen, arbeiten, bis zum heutigen Haus. Mehr oder weniger durften wir das alle.
Es ist schwer, wenn man mit soviel aufwächst und es nicht mehr wer-

den kann. Gerade an dem Punkt des Lebens, an dem man kämpfen, erobern und verändern will – der Jugend.
»Krieg, wir brauchen einen Krieg«, sagte Oliver.
»Aber um Gottes willen, Junge, wir können doch keinen Krieg ertragen, damit ihr euch findet.«

Vierzig Jahre Frieden. Wir wollen, wir müssen ihn erhalten. Aber wohin mit den Kräften? Wofür? Tatsächlich nur für mehr und noch mehr Komfort in einer zerstörten Umwelt? Kaufen, immer noch etwas kaufen, noch mehr Ablenkung, noch mehr Unterhaltung, noch mehr Sicherheit, noch längeres Leben erkauft mit achtzehn Medikamenten zum Frühstück, Pension, und danach zwanzig Jahre verzweifelte Suche nach dem Sinn?

»Darum ist die Musik so laut, Mami. Darum tanzen wir, bis wir umfallen, stürzen ein Bier nach dem anderen, lieben für Stunden, damit wir uns wenigstens leben spüren. Jetzt. Sag doch, wo ist der Sinn?«
Mühsam versuchte ich etwas zu formulieren. Ich schaute auf den Boden. Ich bin beschämt.
Der große Whiskyfleck geht bestimmt nicht mehr aus dem Teppich.
»Der Sinn des Lebens«, ich sag's fast wie eine Entschuldigung, »ist vielleicht, immer wieder nach dem Sinn des Lebens zu suchen. Auf jeder Stufe, in allen Zeiten.«
Oliver schaut mich an, als hätte ich etwas gesagt, mit dem er etwas anfangen kann. Ein Lächeln, Dankbarkeit.
»Wieso warst du eigentlich plötzlich da?«
»Mütter wissen das manchmal.«
»Aha.« – Pause. – »Ich hab Hunger, du auch?«
Und während ich in der Küche aus irgendwelchen Resten ein Frühstück improvisiere, Heringe, Pudding, Ravioli, fragt er so ganz nebenbei: »Glaubst du, der Fleck geht raus?«
»Versuchen wir's halt mal.«
Er ist fast rausgegangen.

Diesmal waren es zwei Tage. Schwere Tage.
Manchmal sind es nur Minuten. –
– »Was gibt's zu essen?« – »Mag ich nicht.« – Weg sind sie. Und manchmal schleichen sie vorbei mit weißen Nasen. Du bist am Telefon, es ist wirklich wichtig. Dennoch. Unterbrechen, nachgehen – warten, bis sie reden können. Da sein, Zeit haben. Immer wieder – nur eine Viertelstunde.
Mausi schluchzte. Ich lag im Schwimmbecken, lernte eine Rolle.
»Der Alois, der Plöschl-Alois.«
»Was ist mit dem Plöschl-Alois?«
»Der Alois hat gesagt, ich bin blöd, und hat der Karin ein Eis gekauft.«
Ich mußte lachen – hab wohl auch nicht recht hingehört. »Na und – ist doch nicht so schlimm, wenn er ihr ein Eis kauft.«
Zwei Jahre hat sie mir nie mehr etwas erzählt. Über Martin oder Mani oder Christoph und vor allem über den Plöschl-Alois.
Elf Jahre war sie alt, und ich hatte nicht damit gerechnet, daß schon ein erster Frühling dieses Kinderherz bedrängte. Vergessen, daß ich auch einmal – die Sonne schien warm auf den Küchenboden auf der Alm – auf Zehenspitzen stand, um dem großen blonden Jungen aus Schweden den Zahn zu zeigen, der angeblich so weh tat: »Der, der da in der Mitte« – bis er mich endlich küßte.
So winzig, daß es noch gar kein Kuß war. Aber ich habe auf den Blonden gewartet. Lange. Und ich weiß gar nicht mehr, wie er heißt. Erst als die Mofas wie Insekten auf dem Hof standen, fing die Freundschaft zwischen Mausi und mir langsam wieder an. Was Männer betrifft. Im Speziellen und im Allgemeinen.

Olympiahalle München. Es ist noch nicht lange her. Ich glaube, ich war die Älteste unter 10 000 jungen Leuten. Oder Omutti, meine Mutter. Ollie genierte sich mit uns. Er saß irgendwo Reihe C, Block X.
David Bowie hatte uns so nahe an einen Turm mit Lautsprechern gesetzt, daß Omutti drohte, demnächst vor Lautstärke vom Stuhl zu fallen. Sie lachte. Ich sah sie nur gestikulieren. Verstehen konnte ich nichts. Auch nicht den Text. Und vorne, zwischen gleißenden, sich drehenden Lichtern, ganz klein, stand David. Seine Stimme größer als der ganze Raum.

Im Anzug, blond, ganz ernst mit seinen hellen durchdringenden Augen –. In 10 000 jungen Herzen brannte seine Energie wie eine kleinere Sonne. Ihr Schreien war wie ein Gebet, das Gott eigentlich hören müßte –.
Und bald trugen sie seine Anzüge. – Ausdruck der Zeit.

Als ich mit David Bowie einen Film machte – »Gigolo« –, als ich von ihm sogar eine Schachtel Pralinen geschenkt bekam und die lässig meiner Mofajugend anbot: »Magst, ist von David Bowie«, – »geh weiter, echt?« – stieg ich in der Achtung meiner Kinder und dieser Jahre sehr. Nicht meine Arbeit, meine Filme. Na ja, manchmal. Meistens nicht. Aber daß ich den kannte, das war schon toll. Mausi lief in Unterröcken, alten Hemden von Veit herum. Ollie hatte fast rosarote Haare. Die alte Smokingjacke durfte nicht genäht werden, die Haare hingen bis zur Schulter. Nie, nie werde ich sie schneiden. Er fand sich unglaublich schön.
»Ich weiß nicht, was heute mit mir los ist. Ich bin so müde. Ich bin so müde.«
»Dann geh doch ins Bett.« –
»O. k. – gute Nacht« – zu schlecht gespieltes Gähnen.
Dann ein Zettel an der verschlossenen Tür: »Bitte nicht stören – bin heute sehr müde.« Weg war er, das Fahrrad fehlte.
Ich mußte ihn holen. Veit fand das richtig. Da saß er, klein unter den Großen in der Kneipe, in der Smokingjacke, die Maß Bier vor sich und die Zigarette lässig im Mund. Sie brennt noch heute, die Ohrfeige, die ich ihm gab.
Es tut heute noch weh. Beschämend. Schluchzend saß ich auf dem Heimweg am Steuer.
Streng, du mußt streng sein, sagen die Väter. Ich habe mit Liebe mehr Erfolg.
Was sollen sie denn tun, die Jungen? Schule, Schulstreß, Numerus clausus. Zu viel Fernsehen, Coca-Cola und Reklame-Heiterkeit und das verdammte Bier in den Diskos, billiger als jeder Saft. Sie tanzen bis zur Erschöpfung, werden müde, als hätten sie eine Leistung vollbracht, glauben es auch. Die Tageskraft ist erschöpft. Kommt die Leere, vielleicht doch einmal eine Droge. Plötzlich sind Farben da, man hört, man fühlt wieder. –

Sich zusammentun unter der Glasglocke des Jungseins, sich verschanzen miteinander, sich gegenseitig Heimat werden und uns ausschließen, uns, die Erwachsenen.

Wir stecken ja selber drin, wir Erwachsene – in diesem Zuviel von allem. Nie genug Zeit für die Kinder.
Fernsehen, Flugzeuge, Autos. Alles hören wir, alles erleben wir, an allem wollen wir, sollen wir teilhaben. Aber es geht nicht, die Seele macht nicht mit.
Sie läßt sich nicht vergrößern, und wenn, dann nur über den inneren Weg, und der ist schwer, wir wissen es.
Mehr als alle Lebens- und Weltprobleme, Arbeitslosigkeit, Frieden, Hunger, Umwelt – ist diese Grenze des Erlebbaren, die wir spüren, die uns zu schaffen macht. Das Leben dreht sich immer schneller, und wir fangen an, nach dem Sinn zu fragen.
Wir haben nicht nach dem Sinn gefragt – damals. Der war da.
Wir haben auch nicht an der Sinnlosigkeit gelitten – an den Dingen ja, manchmal sehr – aber nicht an dem Sinn.
Ich wage es kaum zu sagen, das Christuswort: »Was nützt es dem Menschen, wenn er die Welt besitzt, an seiner Seele aber Schaden leidet.«
Heute könnte es heißen – was nützt es dem Menschen, wenn durch die unendlich scheinende Machbarkeit der Technik alles zu haben, alles zu leisten möglich ist, wenn er den Kosmos und das Weltall durchleuchtet – auf vierundzwanzig Kanälen vierundzwanzig Stunden teil hat an allem – an seiner Seele aber Schaden leidet.

Die einfache kleine Geschichte von den zwei Indianern, die zum ersten Mal mit dem Bus fünfhundert Kilometer zu einer neuen Arbeit weiter südlich gefahren werden: Sie steigen aus und setzen sich an den Straßenrand. »Los, los, an die Arbeit«, sagt der Boß. »Geht nicht«, antwortet der eine und zeichnet eine Blume in den Sand. »Unsere Seele ist noch nicht da.«

Alles war langsamer damals. Sogar das Fliegen. Propellerflugzeug – Schlafkabinen – Auftanken in Grönland – sechsundzwanzig Stunden nach Los Angeles.

Mein erster Flug war eigentlich noch fast gemütlich. Nach London. In Wien gab es keinen Flughafen, auch in Zürich nicht. Nur Baracken. Zwei kleine. Ankunft, Abflug, noch durcheinander.
Keine Kontrolle. Natürlich nicht. Unvergeßlich dieser erste Flug nach London – Beginn meiner internationalen Karriere.

Eigentlich war ich nach Wien gekommen, um Rudolf Steinboeck, dem Direktor des Theaters in der Josefstadt, vorzusprechen.
Das ganze Jahr hatte ich auf diese Reise gespart. Die Gagen waren klein, winzig in der Schweiz, am Städtebund-Theater Biel-Solothurn. Zweihundertzwanzig Franken im Monat. Bis zum fünfzehnten des Monats fütterte uns der Koch vom »Solothurner Hof« durch. – Theaterbesessen und schwitzend saß er bei jeder Premiere in der ersten Reihe. Ein Menü für drei ständig genial diskutierende Schauspieler/innen. Ein Stück Fleisch und Berge von Beilage. Aber ab dem fünfzehnten wurde das Geld knapp. Nudeln mit Maggi. – Bis zum Ersten.
Dann wurde ich nach Bern engagiert. So reich konnte ich nie wieder sein, nie wieder war das Gefühl so groß, jetzt gehört die Welt mir. Der Gagensprung von zweihundertzwanzig auf vierhundertfünfzig Franken.
Die Kollegen fuhren im Sommer in die Ferien. Ich fuhr nach Wien. Burgtheater, Theater in der Josefstadt. Das höchste, was es zu erreichen gab.
Ich saß im Vorzimmer von Direktor Steinboeck.
»Tut uns leid, Herr Direktor ist nicht zu sprechen.« –
»Danke, ich warte.« –
Dreimal am Tag raste der Direktor aufs äußerste beschäftigt an mir vorbei. Jedesmal versuchte ich so etwas wie einen Knicks, um mich vorzustellen, jedesmal flog die Tür hinter ihm zu. Und ich hatte doch das Textbuch von *Faust* in der Hand. Er mußte doch spüren, daß ich ein fabelhaftes Gretchen war.
Nach acht Tagen endlich: »Also, dann kommen S' schon rein«, nahm er mich in sein Büro.
»Ich engagiere Sie, wie heißen Sie, Sie sind begabt.« Er hatte es eilig.
Die acht Tage höflichen, beharrlichen Wartens muß er für Talent gehalten haben. Kein Mensch kannte mich in Wien. Damals.
»Maria Schell«, sagte ich. – Ich hörte mich den neuen Namen sagen. Er

klang gut. Blitzartig wußte ich, daß ich nicht gut Gritli Schell heißen konnte, wie ich mich noch in der Schweiz bei meinem ersten Film genannt hatte. Hier am Ziel aller Träume. Glücklich und stolz ging ich an diesem Abend in den Wiener Künstlerklub. Karl Hartl war da, der große, berühmte Filmregisseur. »Dem darfst du nicht sagen, daß du Schauspielerin bist, der entdeckt so gerne neue Talente.«
»Und wer san Sie?« fragte er, schaute mich an mit seinen schlauen Augen und zwirbelte, zwirbelte höchst konzentriert an seinem viel zu kurzen Bärtchen.
»Ich – Medizinstudentin.«
»Theater spielen möchten S' net? Schad, wenn Sie nämlich eventuell gern Theater spielen möcht'n, däd i Probeaufnahmen mit Eana machen. Können S' a paar Seitn Text lerna?«
Er griff in seine Manteltasche. – Plötzlich studierte er mein Gesicht, sah mich lange an. Ich wurde rot. »Lernen S' lieber die da.« –
In der Manteltasche war noch ein dickes Bündel Seiten. – Es war eine Hauptrolle. Mit Paula Wessely, Oskar Werner, Attila Hörbiger, die Großen, die Größten des österreichischen Theaters.
Ich raste heim, lernte, machte Probeaufnahmen.
Karl Hartl war glücklich – er hatte mich entdeckt – *Engel mit der Posaune*, mein zweiter Film.

»Können S' Englisch? fragte Karl Hartl, als unser Film bereits erfolgreich in den Kinos lief. Er saß hinter seinem Schreibtisch in seinem Wiener Büro und zwirbelte, wie immer, an seinem Bärtchen.
»Ja, ein bißchen«, sagte ich zögernd, wissend, daß er kein Wort Englisch sprach, und wenn, klang es so wienerisch, daß man es nicht verstand.
»Der Korda, wissen S', wer des is, des is der englische Filmzar, möchte Eana und den Oskar Werner haben, die wollen unsren Film *Engel mit der Posaune* noch amoal verfilmen, mit englische Schauspüler – bloß ihr zwei und i, mir soll'n nach London kommen.

Die Maschine hob sich in den Himmel. Die Propeller brummten, es war kalt. Nein, ich hatte keine Angst. Dazu war das Abenteuer zu groß. Zum ersten Mal die Erde von oben. Wie ein Schachbrett lagen die Felder unter mir. Symmetrisch.

Keine Musik, keine Stewardessen mit ihrem liebenswerten, ein wenig eingefrorenen Lächeln und den vielen Erklärungen von Notausgängen, Schwimmwesten und Rauchverbot in den Toiletten. Keine Tabletts mit plastikverpackten Minimenüs und Drinks.
In Frankfurt mußten wir zwischenlanden. Die Luftbrücke nach Berlin hatte vollen Einsatz.
Wir warteten. Militärflughafen. Nichts zu essen. Nur gegen Script-Dollars. Niemand hatte welche. Ich setzte meinen ganzen Charme ein. Flirtete mit einem GI und bekam einen Script-Dollar. Heiße Suppe für alle.
Es war schon Nacht, als wir in London einflogen. Ein Teppich aus Lichtern. Wie ein umgedrehter Sternenhimmel.
Am Flughafen wartete ein Rolls-Royce –. »Are you Miss Schell?« fragte mich der Chauffeur und legte eine Decke über meine Beine. Mein Gott, so alt kann ich doch nicht sein, daß es damals noch keine Heizung in den Autos gab. Vielleicht war er auch nur besonders aufmerksam und vornehm. Jedenfalls hatte ich eine Decke über den Knien. Mein kleines Köfferchen stand neben mir. Ein Schottenrock, zwei Blusen, ein Regenmantel und ein scheußliches schwarzes Seidenkleid mit ziemlich gräßlichen goldgestickten Blumen am Kragen. Mehr hatte ich nicht.
War mir auch gar nicht wichtig. Ich war gewohnt, Röcke und Pullis von irgendwelchen Tanten nachzutragen, und das schwarze, das scheußliche, goldgestickte fanden sie besonders süß an mir.
Kleider kaufen! – Das gab's damals nicht. Mode für Jugendliche schon gar nicht.
Von meinem ersten Filmgeld hatte ich mir meine Hütte auf der Alm gebaut. Die alte verfallene Viehhütte ausgebaut, weit hinten auf einer Waldlichtung, die ich als Kind so geliebt hatte. – Als noch der Himmel durch die mürben Dachlatten schaute.
Heute, wenn ich hochgehe, finde ich Briefe und Zettelchen in die Tür eingeklemmt. »Wir waren da, viele Grüße.« – Und Herzen in den alten Balken.
Der Rolls-Royce hielt vor dem »Claridges«, dem elegantesten und teuersten Hotel von London. Die Portiers sahen aus wie Generäle. Gleich zwei trugen meinen Koffer. Mit würdevollen Verbeugungen wurde ich in mein Appartement geleitet.

Da stand ich nun in meiner neuen Welt. Und wenn ich mich bis jetzt nicht gefürchtet hatte, jetzt, jetzt fürchtete ich mich. Ein Salon, ein zweiter, überall Blumensträuße und Telefone, zwei Badezimmer, und hinten endlich ein Schlafzimmer mit zwei sinnlos riesigen Betten.

Wozu, bitte wozu? In Wien lag meine winzige Wohnung im 3. Stock in der Burggasse. Durch die Küche ging's in ein kleines Zimmer mit hohen Fenstern. Die hatten mir einmal das Leben gerettet, als ich vergessen hatte, den Gashahn abzudrehen. Es gab nur Gas für zwei Stunden am Abend und am Morgen. Sparmaßnahmen nach dem Krieg. Haartrockner hatte ich keinen, so trocknete ich die Haare vor dem angezündeten Backofen. Das Gas wurde abends abgesperrt, der Hahn blieb offen.

Am nächsten Morgen strömte das Gas aus. Das Telefon am Gang läutete. Es muß schon ewig geläutet haben. Ich hörte es nicht. Wieder und wieder. – Im Unterbewußtsein muß es mich dann doch erreicht haben. Ich hob ab, der Hörer fiel mir aus der Hand. Ich realisierte »Gas!« – Nur eines weiß ich noch: »Fenster aufmachen!« Dann brach ich zusammen. An den hohen Fenstern in der Burggasse. Dort fanden sie mich.

Es klingelte, ich wußte nicht recht woher, es klingelte so vornehm. Alles war vornehm im Hotel »Claridges«.

»Herein«, sagte ich, denn mein erster Versuch in englisch: »Come in.« Ein »General« brachte noch einen Strauß Blumen.

»Sir Alexander Korda bittet Sie, jetzt gleich zu ihm in sein Appartement zu kommen. Darf ich Sie bitte geleiten, Miss.« Das Schwarze war sicher ganz zerknittert –, ich ging also so wie ich war mit dem General.

»Miss Maria Schell«, sagte der. In mir kicherte es, gleich klopft es dreimal auf den Boden wie im Theater. Er schob mich freundlich in einen wunderbaren Salon mit Terrasse – Lichter über ganz London.

Wieder so viele Blumen und viele Sirs und vor allem Ladys. Ich stand da wie die Unschuld vom Lande und habe, glaube ich, zum ersten Mal verstanden, daß man gewisse Situationen nur mit Persönlichkeit meistern kann. Auch das Kleid, das oft getragene, muß man halt eben so tragen, als ob es neu wäre. Das geht. Meistens.

Es gab Austern – für mich auch zum ersten Mal, wie das Fliegen. – Und weil es Sir Alexander Korda war, der große Filmmagnat, waren es eben auch Riesenaustern.
Mit großem Mut fragte ich höflich, wie man die ißt.
Sofort Hände, Hilfe von überall. »Süß, Gott wie süß, die Kleine.« – Pfeffer, Zitrone, Tabasco – jeder beglückte mich mit seiner speziellen, natürlich jahrzehntelangen Erfahrung mit Austern. »Loslösen und schlürfen – mit oder ohne Bart. Und dann einfach schlucken.«
Sie blieb stecken, die Auster. Stellte sich quer. Der Mund war voll. Sie konnte weder vor noch zurück. »Du weißt, die ist lebendig!«
Jetzt drehte sich mir der Magen um. Der Pfeffer brannte in der Nase, Tränen standen mir in den Augen.
Aber um nichts in der Welt ausspucken, niemals. Soweit reichte die Persönlichkeit wieder nicht. Die wird geschluckt. Dreimal würgen. Sie war unten. Ich bekam Applaus. – Mein erster in London.
Am nächsten Morgen, es regnete, wie es in London regnen soll – wurde ich in das Büro von Korda beordert. Büro? – Nein, das war kein Büro. Ein Palast. Königin Elisabeth war da aufgewachsen. Nicht sehr gemütlich. – Und wieder Generäle, überall Generäle. »Sir Alexander Korda erwartet Sie.«
London Films. Auftritt wie im Theater. Sir Alexander saß hinter einem königlichen Schreibtisch. Er kam mir entgegen. Umarmte mich so herzlich, daß ich kurz darauf schon als Mrs. Korda eingestuft wurde. Im Hotel, beim Friseur und bei den Sekretärinnen. Aber dem war nicht so.
Ich war zu jung, um überhaupt zu begreifen, daß dieser imposante, amüsante, weißhaarige Mann mich vielleicht ein wenig mehr mochte, um irgendeiner Jugend willen, die ich in sein würdevolles auserlebtes Leben brachte.
Er bot mir einen Siebenjahresvertrag an. Ich lehnte ab.
Er sagte allen Ernstes: »Hübsche Mädchen finde ich dreizehn im Dutzend, aber Talent und Persönlichkeit ...« – Ich zögerte noch immer.
Ich war verliebt und spielte Theater in Wien. Warum noch mehr. Meine Welt war erfüllt. Das Leben hatte begonnen.
Aber dann schaute er mich lange an, und mit gütigen Augen und ungarischem Akzent, würdevoll und weißhaarig, sagte er einen Satz, den ich nie vergessen habe: »Eines Tages wirst du fünfundvierzig sein und

du wirst auf dein Schauspielerleben zurückschauen, und vielleicht wirst du dir sagen müssen: Ich habe eine Chance verpaßt. Und wenn es nur die Chance ist, Englisch zu lernen.« Das habe ich verstanden.
Ich nahm den Vertrag an. Hatte drei Monate Theaterurlaub im Jahr, spielte wunderbare Rollen mit den größten englischen Schauspielern. Meine Liebe in Wien verwandelte sich langsam in eine Liebe in London, eine große Liebe. Ich war achtzehn. Es war eben die Zeit der Liebe.
Groß stand mein Name im Kino am Haymarket neben Trevor Howard, Laurence Olivier, Marius Goring.

Seltsam, was das Leben für Kreise zieht. Im gleichen Kino hatte vor Wochen meine Tochter Mausi Premiere. Ihr erster Film. Nur daß jetzt Marie-Theres Relin groß über dem Eingang stand. – In *Secret Places*.
Mausi saß neben mir im Kino am Haymarket. Mein Herz klopfte so laut, daß ich den Mantel vor die Brust halten mußte. Hatte sie Talent? War es mehr, als nur jung zu sein, umgehen zu können mit einer gewissen Natürlichkeit, hübsch zu sein? Hatte sie die Basis, eine gute Schauspielerin zu werden? Sie hat sie. Gott sei Dank. Jetzt kann sie allein ihren Weg gehen.

Mausi wurde im gleichen Zimmer geboren wie Oliver – in der Frauenklinik in München. Professor Fikentscher hat mich entbunden. Sein Name war immer eine kleine Klippe. Er sprach ihn französisch aus. Oliver stapfte mit seinen kleinen Beinen ins Zimmer, sollte sein Schwesterchen begrüßen, aber interessierte sich nur für den Fernseher. Der linke Knopf ging nicht. Er war fasziniert. – Ziemlich viel Verachtung, was so ein kleiner Bursche seiner vier Jahre jüngeren Schwester entgegenbringt. Alles weiß er besser. Immer der Versuch, mit der männlichen, noch kleinen Welt die weibliche, noch kleinere zu unterdrücken.
Sonntags, wenn Veit und ich ausschlafen wollten, stellte ich nachts ein Tablett vor die Tür. Mit allem, was zu den Kindergrößen ihres Heranwachsens paßte. Über Bussi Bär zu Asterix, von Mars zu Salamettli, vom Wiener Becher bis zum ersten Piccolo. Dazwischen auch gesundes. Sogar manchmal etwas für den Geist. Platten, Bücher, je nachdem.

So war der Sonntagmorgen ausgefüllt. Wir konnten schlafen. Ich glaube, sie hatten fünfunddreißig Bären. Vergammelte, zerrupfte. Einer wurde am Müllhaufen gefunden, genäht, gewaschen, bekam neue Augen und ein neues Hinterteil. Das war Tschidi – der König. Einen fand ich in New York nach der Broadway-Premiere von *Armer Mörder* von Pavel Kohout.

Er saß auf einem der riesigen Müllberge, die manchmal die Straßen von New York säumen.

Ich nahm ihn mit. Keine Reinigung wollte ihn annehmen.

Mutti hat ihn gewaschen und genäht. Groß, er war ja Amerikaner, tolpatschig und in rotem, abgewetztem Plüsch fand er Aufnahme in das Bärenreich. Aber König wurde er nie. Das blieb der Tschidi. Wenn eines der Kinder sich irgendwo auf der Welt alleine fühlt, kommt der Tschidi mit. Ausgeliehen, denn er gehört natürlich Oliver. Mausi durfte höchstens eine strenge Lehrerin sein im Königreich. Wenn jemand nicht gehorchte, wurde er gekreuzigt, und Mausi mußte für ihn beten. Mit bitteren Tränen um Verzeihung flehen. Entsetzlich. – Aber es hat sich gelegt – die Aggression, die Dominierung. Mausi hat gelernt umzugehen mit dem allzu männlichen Gehabe. Sie hat gelernt, weiblich zu sein. Sie wehrt sich, und es gelingt ihr mit großem Charme.

Sogar ihren weißhaarigen, wunderbaren, auch männlich besserwissenden, geliebten Vater hat sie ganz in der Hand. Und er merkt es nicht einmal.

Als Veit einmal wütend aus dem Haus gestürmt war und ich heulend vor dem Kamin saß und in die vermeintlich letzte Glut unserer Liebe starrte, kam Mausi, vier Jahre alt, in ihrem Nachthemdchen zu mir geschlichen. Schob meine Hände auseinander und sagte: »Aber Mami, der Papi, der ist doch wie unser Bernhardiner, der haut auch ab. Du brauchst nur das Tor zuzumachen, dann sitzt er davor.« Er saß vor der Tür, liebevoll wie immer. Aber das zu steuern habe ich nie begriffen.

Was so in den Charakter von zwei jungen Menschen hineingelegt ist, die an unserer Seite heranwachsen. Wie behutsam man ihre Anlagen entstehen lassen muß. Vorsichtig lenken. Werden lassen. Vertrauen.

Sie sind auf dem Weg. Beide. Verschieden und doch ganz nah. Morgen kommt sie zurück. Aus Zypern. Dann ist der Hof wieder voller Mofas, auch ein paar Autos sind schon dabei. Blechruinen, aber sie fahren. Gelegentlich.

Der Frühstückstisch wird leer wie im Zeitraffer. Diskussionen – Musik so laut, daß es einem die Ohren zerreißt, und immer wieder dieser magische, wahnsinnige Rhythmus – Schlag um Schlag.

– Mami, sind wir zu laut?

– Aber nein, macht nur weiter.

– Schade, daß du nichts verstehst von dieser Musik.

– Nein, das tue ich nicht. Aber ich weiß, ob sie gut ist.

– Und wie findest du den X?

– Gut, ehrlich.

– Warum sagt sie dir nichts, unsere Musik?

– Weil sie mich nicht zu mir selber führt. Außer ich will tanzen.

– Mich schon. Das brauche ich direkt. Da kann ich vergessen.

– Ich will nicht vergessen.

– Aber du mußt doch vergessen, die ganze Scheiße – das Leben heute.

– Im Kleinen ist das Leben nicht Scheiße, da kann man anfangen, da wird man gebraucht, da hat man sogar Erfolg.

– Du mit deinen Sprüchen. Mamis großer Ratgeber.

– Aber wenn der Mani in der Scheiße ist, sagst du doch: »Mensch, frag doch meine Mami, die hat immer eine Antwort, meistens schafft sie's sogar.«

– Merkwürdig, die fahren alle auf dich ab.

Und dann kommt er, der Mani, drückt sich weg von den anderen. Steht mit mir in der Küche. Wir reden. Die Verstärker werden noch lauter. Die gleiche Geschichte. Meistens. In etwa.

»Meine Freundin, wissen Sie, die schafft das nicht. Die hat auch niemand. Die Eltern, die sind geschieden – Zuhause, das gab's nicht so recht – ist sie halt ausgezogen. Wohngemeinschaft, Freund – auseinander, zueinander, keine Arbeit. Nichts Gescheites. – Doch, mit mir, da möchte sie schon, aber sie kommt nicht mehr los von dem Zeug.«

»Und du –?«

»Ich – manchmal – einen.«

»Was?«

»Joint.«

»Und sonst?«
»Scheiße – bringt nichts.«
»Liebst du sie?«
»Ich glaub schon – sieht so aus – was halt so Liebe ist.«
»Bring sie her. Bringst sie halt einfach mal mit.«
Zu spät. Sie hatte sich erhängt. Auf dem Dachboden. Achtzehn Jahre jung, lieb, eigentlich gar nicht gemacht für so etwas. Unnötig. Die ganze Jugend stand am Grab, erschrocken, wütend, hilflos. Anzüge hatten sie an und Tränen in den Augen. Bleiche Kindergesichter in Herrenanzügen. In Jeans wirkten sie so sicher. Auch die Eltern hilflos. – »Wir hatten doch ... Zu wenig ...«
Am Abend liegt eine neue Seite auf meinem Bett. Betroffen stehe ich vor der plötzlichen Kraft eines jungen Menschen.

Oliver H., Heberthal
Countdown, auf in eine neue Welt, die Rakete in meiner Seele ist gestartet, ich steige auf, ein alter Satellit auf neuer Umlaufbahn. Kratzer und Narben der Vergangenheit leuchten in einer neuen Sonne, zum Teufel mit der Angst, ich bin verrückt, verrückt nach dem Leben. Wanderer in einer zu besiegenden Dunkelheit, denkendes Ich, denkender Kosmos, unbegreifbar und unendlich erreichbar, mein Gott ist das schön, es explodiert in mir, lebende Energie, das bin ICH! Mein Kreuz leuchtet auf meinem Rücken, die Dornenkrone lacht auf meinem Haupt, wenn ihr mir weh tun wollt, könnt ihr das ruhig tun, ich bin schon verwundet, deshalb kann ich lieben. Schmerz ist Macht, Genesung eine Wallfahrt. Laßt uns nach dem Sinn des Lebens suchen und hört endlich auf, eure Köpfe in ungeistigen, isolierten Schlamm zu stecken!
Kapitel zwei für mich, viele Kapitel für uns, macht doch die Bücher auf in euren Seelen, eine Seite pro Tag! Ihr müßt das Leben verschlingen, nicht euch verschlingen lassen. Nehmt eure Seele, schickt sie auf reale Reisen, in reale Phantasie – wirkliche Hoffnungen! Die künstlichen Träume müssen sterben, sonst werdet ihr künstlich. Ich will keine Plastikhände mehr küssen, ich will Haut, bewußte Haut mit lebendigem Geruch, klärt eure verweinten Augen, dann könnt ihr sehen und die angstverseuchten Blindenstöcke wegwerfen.

Aufstehen, raus, nicht klagen, sondern etwas tun. Euer Kosmos ist so groß, wie ihr ihn haben wollt, tragt ihn auf Händen an die frische Luft. Es ist längst Zeit aufzuwachen! Macht euch nicht zu Sklaven eures Seelenkerkers, betet euch frei, so daß Gott euch finden kann!
In uns – die Zukunft – unsere Verantwortung. Vergeßt das nicht!

Blumen aus russischen Gärten – oder über die Liebe

»Sie haben Moskau angemeldet.«
»Nein, Suzdal.«
»Um Gottes willen – wo soll das sein? Wissen Sie keine nähere Stadt?«
»Doch, Vladimir.«
»Und das ist wo?«
»Richtung Gorki.«
»Aha, Gorki – Sacharow.«
»Nein, Maximilian Schell.«
»Tut mir leid«, sagte das Telefonfräulein, »unbestimmte Wartezeit.«
»Dann machen Sie das Gespräch bitte dringend, gegen doppelte Gebühr. Ich warte. Danke.«
»Einen Moment noch – ich verbinde.«
»Max, grüß dich, drehst du schon?«
»Nein, erst Montag. Die Perücken und die Pferde sind irgendwo auf dem Weg von Buchara nach Suzdal steckengeblieben.«
»Hast du ihn erreicht?«
»Was – man versteht so schlecht. Jetzt ist es besser.«
Ich wage es nicht, ein zweites Mal nach ihm zu fragen. Brüder sind schlechte Liebesboten. Also gebe ich ihm die Sportresultate durch. Immys Ressort, ich bin ein Sportmuffel. Doch für Maximilian ist es das Wichtigste – in alle Weltrichtungen geben wir ihm die Sportresultate durch. »Sport ist eine geistige Disziplin«, sagt er. Als Maximilian unseren Vater einmal fragte: »Was freut dich mehr, wenn ich den Hamlet spiele oder ein Tor in der Schweizer Nationalmannschaft schieße?« antwortete Papa: »Wenn ich ehrlich bin – das Tor.«
»Sag's noch mal langsam, ich muß mitschreiben – für die Kollegen am langen Tisch.«
»Wacker Innsbruck gegen Uerdingen 1:4.
1. FC Kaiserslautern gegen Schalke 04 2:2.«
»Und in Klammern?« fragt Maximilian.
»Gott, muß das genau sein. In Klammern 0:0.
Borussia Dortmund gegen VFL Bochum 3:0, in Klammern 0:0.
Kickers Offenbach gegen Hertha BSC Berlin 1:0.«
»Toll, da wird die Immy sich freuen.«
Die beiden teilen allen Sport – allerdings in Schweizerdeutsch – klingt noch verrückter –.

»Und im UEFA-Cup?«
»Im was –?«
»Muß gleich drunterstehen.«
Und während ich den UEFA-Cup suche, jagen die Gedanken. Warum hat er ihn nicht erreicht? Vielleicht ist er nicht zurück. Wo um Gottes willen ist er?
»Hast du ihn, den UEFA-Cup?«
»Steht nicht drin, Immy wird's wissen. Ich ruf dich zurück.«
»Danke. Wie geht's euch?«
»Alles bestens.« –
Dann kurze Familiennachrichten – Schwierigkeiten bei seinen Dreharbeiten zu *Peter der Große* – Nachrichten für alle, die nicht durchkommen, notieren – Telefonnummern.
Sachlich, liebevoll, wie wir zwei miteinander sind. Das andere, das Stille, Innere, wird gar nicht ausgesprochen. Das ist da. Darum ist es auch so schwer, ihn ein zweites Mal zu bitten.
»Maxli«, sage ich ein bißchen zu leise – »versuchst du's noch einmal?«
»Was?«
»Ihn anzurufen.«
»Heute abend, jetzt muß ich weg. Ruf dich dann an. Wenn ich durchkomme. Alles Liebe, Schöne und Gute, frohe Ostern, schöne Weihnachten, an Mutti, Immy, Hunde, Kinder etc. –« Familienblödeleien. Wärme. Nähe.
Wir hängen ein.
Als Maximilian vielleicht sechzehn war, haben wir uns versprochen, Freunde zu sein. Ein Leben lang.
Einen Geliebten kann man verlieren, einen Bruder nie, sagte Max damals. – Dann müssen wir auch etwas dafür tun.
Seither vergehen nie mehr als acht Tage oder weniger, ohne daß wir telefonieren, uns sehen oder Nachrichten hinterlassen auf Tonband. Und gibt es schwere Zeiten, und weiß Gott, die hat's gegeben, wenn es gar seltene Tränen gibt, einsame Tränen, dann kann ich sicher sein, daß in den nächsten zehn Minuten das Telefon läutet und Maximilian anruft.
Nur unsere Männer und das viele Geleide der Schwestern gehen ihm manchmal auf die Nerven.

Er findet das ein bißchen blöd, was wir so treiben mit unseren liebenden Seelen.
Die Treue zu einer Frau, hat er einmal gesagt, ist eine Beleidigung für alle anderen.
Stimmt aber nicht. Auch er ist treu. Nur anders.
Ob er ihn am Abend erreicht? Ich habe so lange nichts von ihm gehört. Er ist irgendwo in der Einsamkeit. Arbeitet. Und dieses Rußland ist so übergroß. Man findet den winzigen Ort gar nicht auf der riesigen Landkarte. Nur die getrockneten Blumen an meinem Bett und sein Bild – und die Gedanken, die ihn immer wieder suchen und finden, über die Entfernung, die Tage und Monate hinweg.
Es war Winter. Es war spät. Mausi wollte noch nach München, Freunde treffen bei Nicolas. Irgendwelche russischen Freunde – nur für zwei Tage in München. »Bitte, komm doch mit.« Ich raffte mich auf. Wir fuhren nach München. Einundzwanzigster Januar. Der Raum war voller Menschen. Verraucht. Man stand höflich auf. Machte mir Platz auf dem einzigen Sofa. Einer der russischen Freunde saß neben mir. Flüchtige Vorstellung. Mausi verschwand sofort im Gewühle. Höfliche Fragen, Antworten hin und her.
Und plötzlich, halb abgewandt, traf mich Wärme, ein noch fernes Wissen, daß da jemand neben mir saß, der mich suchte – als ob es zu mir gehörte, dieses Gefühl. Seltsam, geheimnisvoll. Ich wagte mich kaum umzudrehen.
Ich wußte um das Unwiderbringliche, ihn anzusehen. Zum ersten Mal. Aufzunehmen. Anzunehmen, diesen einen.
Hunderte gehen durch unsere Lebenstüren, und es geschieht nichts. Einer ist plötzlich da. Und man kann nichts dazu tun, man kann es nicht einmal wünschen.
Etwas in uns entscheidet, wenn aus den vielen Begegnungen eine Begegnung anders ist als alle vorangegangenen.
Eines Morgens wacht man auf und liebt. Und eines Morgens wacht man auf und liebt nicht mehr. Als wäre unsere Seele ganz eigenständig – entscheidet für uns.

Ich plauderte weiter, heiter, glanzvoll. Aber mein Herz war ganz still geworden. Immer drängender wurde diese Wärme, immer deutlicher der Ruf.

»Please, excuse me, I must now go«, sagte er mit russischem Akzent. Er stand vor mir. Ich hielt seine Hand. Um ihn war Licht, so schien mir. Er lächelte. Alles war schön an ihm. »It is pleasure to know you.«
Und dann ging er durch die anderen, und sie machten ihm alle Platz. Fast verbeugten sie sich.
Wer war er. –
Das Reden, das Lachen kam zurück wie eine Welle, als er gegangen war. Aber die Geräusche rannen an mir vorbei wie ein schlecht eingestelltes Radio. Niemand bemerkte meine plötzliche Stille. Nur Nicolas, mein Freund.
Er setzte sich zu mir. Nahm meine Hand.

Zwei Tage später rief Nicolas an: »Sie fahren weg. Morgen. Zurück nach Rußland. Können wir kommen? Er hat nach dir gefragt.«
Plötzlich war das Leben heiter.
Draußen lag Schnee – das Kaminfeuer spiegelte sich in den großen Fenstern – wie ineinandergewachsen. Nicolas spielte auf Mausis verstimmtem Klavier. Nichts Bestimmtes geschah, keine lähmende Wiederbegegnung. Fast kindliches Geben und Nehmen. Über tausend Ekken in russisch, englisch, griechisch, deutsch. Unübersetzbare Pointen wurden umständlich erklärt, woraus neue entstanden. Lachen, Freude. Schamlos viel Essen. Und Wodka, unvermeidlicher, russischer Wodka.
Nicolas wurde eingeladen zum Komponistentreffen in Moskau. Ein Konzert, eigene Kompositionen. Im Mai.
»Nur wenn Maria mitkommt.« Alle waren begeistert. Ich auch. Ich sagte zu.
Nur Mai – wie weit war das entfernt. Würde ich die Freude, die Heftigkeit der Empfindung so lange halten können?

Immy gibt mir die UEFA-Cup-Resultate durch. Ich melde wieder das Gespräch für Maximilian an. Nach Suzdal. Bei Vladimir. Richtung Gorki. Es wird dauern. Aber vielleicht, vielleicht hat er ihn dann gesprochen.
Beinahe hätte ich mein Versprechen, zum Komponistentreffen nach Moskau zu kommen, gar nicht mehr eingehalten. Zu sehr hatte mich die Arbeit an meinem Film mit Paul Scofield in London gefangen genommen.

Das Ende des Films überschnitt sich mit der geplanten Reise nach Moskau. Ich hatte Sehnsucht nach zu Hause. War müde, ausgepumpt – ausgelaugt. – Und die Erinnerung, die so geliebte Erinnerung an eine wunderbare Begegnung, war schmerzlich und zäh verblaßt.
Da riefen sie an, die Freunde. Aus Moskau.
»Sie müssen, Sie müssen kommen. Er ist krank.«
Wie ein Riß war's in der Seele. Alles war wieder lebendig. Der Ruf, die Nähe, das Geheimnis.
»Ich habe nicht einmal ein Visum eingereicht.«
»Das machen wir schon. Khrennikov will Sie auch kennenlernen.«
Zehn Minuten später rief die Russische Botschaft an.
»Sie sind Gast der Sowjetunion. Wir freuen uns.«
Alle standen am Flugplatz. Die alten Freunde. Neue. – Er war nicht da. – Durch alle Empfänge suchte ich ihn, alle Konzerte. Frage zögernd, wie es ihm geht. »Wir wissen es nicht, er ist nicht in Moskau.«
Einsam erschien mir dieses Moskau. Überall in den Straßen. Einsamkeit. Weit, groß. –
Er war nicht da. Ich wurde still, vielleicht sogar traurig – enttäuscht. Wo war er? Ich war doch seinetwegen gekommen. Hatte er unsere Begegnung vergessen? Unsere Winterwärme in München? Ich konzentrierte mich auf die Musik, die Konzerte, die Freunde, die vielen. An diesem Abend war die Uraufführung von Shchedrins neuem Werk »Autoporträt«. Seine Musik traf mich wie ein Schlag. Wie damals, als ich Schostakowitsch zum ersten Mal hörte. In der Pause am Plattenstand in der Halle des großen Konzertsaales kaufte Shchedrin mir alle seine Platten. Er kaufte sie tatsächlich, machte sein Portemonnaie umständlich auf und zahlte. – Ein großes Geschenk.
Ich hätte so glücklich sein können, zufrieden. Wenn nicht etwas in mir nicht aufhören wollte zu warten.
Am dritten Abend – ich war bei Freunden – klingelte das Telefon. Alle verstummten. Er war es. Er wollte mich sprechen. Ich war verlegen. Völlig entblößt kam ich mir vor. Das letzte stille Geheimnis verwundbar offen. So schien mir.
Aber die Liebe und Verehrung, die er offensichtlich von allen bekam, ließ kein ironisches Lächeln aufkommen. Sie freuten sich. –
In einer halben Stunde. »I wait for you downstairs.«

Gott, wie vernünftig ich sein wollte. Alle Bewegungen doppelt langsam, damit keiner merkte, wie schnell mein Herz raste und wie langsam die Minuten sich vorwärts tickten auf der kleinen Uhr. –

Ich stand auf der Straße. Es regnete in Strömen. Zwischen all den scheußlichen hohen Wohnkasernen. Könnte ich hier je leben, dachte ich. – Mit ihm schon. Ich lachte – mein Haar war ganz naß.

Du bist verrückt. Immer wieder bist du verrückt.

Er kam verspätet, er kam durchnäßt, in seiner blauen, kurzen Regenjacke. Auch er lachte. Wieder war so viel Licht um ihn. Seine Hände waren schwarz. Er streckte sie vor sich her – mir entgegen. Radwechsel. »You must forgive.« Ich lief ihm entgegen. Mein Herz war siebzehn Jahre alt.

Die Hand konnte er mir nicht geben, also lehnte ich scheu, glücklich an seiner blauen Jacke und sagte nichts. Und er sagte das möglicherweise Dümmste, was man sagen kann:

»I am sorry, very sorry.« Er meinte das Auto. Drüben – weit – auf der anderen Straßenseite.

Wir fuhren in die Nacht. Der Regen verschleierte die Fenster, die Scheibenwischer flatterten sinnlos hin und her.

Er wollte mir die Umgebung von Moskau zeigen. Aber der Regen war wie eine Mauer. – Wir kamen zu einem Denkmal für die Gefallenen des Zweiten Weltkrieges.

Riesig, regennaß, drohend stand der Panzer auf seinem Sockel. Tausende starben hier, dachte ich, und es war der gleiche Himmel.

Er legte den Arm um mich. Wir müssen zurück.

Am Tag vor meiner Abreise fuhren wir noch einmal hinaus.

Ich erkannte das Denkmal wieder. Es stand jetzt in der Sonne. Aber das Bild von den Tausenden von Soldaten blieb. Die Sonne machte es noch schmerzender. Dann war die Stadt weit hinter uns. Das Land, dieses weite, endlose Land lag vor uns, wie die Landschaft einer Seele. Die russische Seele, wenn es das tatsächlich gibt.

Wir fuhren durch ein kleines Dorf. Draußen standen Datschen, kleine Bauernhäuser mit geduckten Dächern, eins ums andere. Mit ihren kleinen Gärten und den schiefen Holzlatten als Zäune drumherum. Vor den Türen verbeulte Kübel voll mit Blumen.

Er hielt den Wagen an. Stieg aus. Die Babuschka mit dem lieben runden Gesicht kam ihm entgegen. In russisch muß er wohl gesagt haben:

»Gib sie mir alle.« Er zahlte – sie war glücklich. Den ganzen Arm voll Bauernblumen. Das Wasser rann an seinem Anzug herunter. Doch, er hatte einen Anzug an diesmal. – Und dann legte er mir die Blumen in den Schoß. Er lächelte. Fuhr zweihundert Meter weiter. Stieg wieder aus. Nahm sie alle aus dem Kübel, zahlte und legte sie zu den anderen. – Ein drittes, ein viertes, ein fünftes Mal. Als die letzte Babuschka keine Blumen mehr, nur einen Korb Erdbeeren hatte, nahm er den Korb, zahlte und stellte ihn auf den Berg Blumen, unter dem ich schon ganz begraben war. Kein Wort, nur sein Lächeln. – Ich glaube, ich hatte Tränen in den Augen – aber er konnte sie nicht sehen. – Nur Blumen.
Am nächsten Morgen um acht Uhr früh stand er vor dem Hotel. Ich war auf dem Weg zum Flughafen. Zum letzten Mal legte er Rosen in meinen Arm. Sagte nichts. Ich sah Verzicht, Schmerz in seinen Augen.

Endlich Suzdal. »Einen Moment, ich verbinde.«
Ganz weit weg ist die Stimme.
»Hörst du mich?« –
»Schlecht. – Ich hab die UEFA-Cup-Resultate. Hast du was zu schreiben?«
»Warte, ich soll dir etwas ausrichten. – Wann du kommst, er würde sich freuen. Und deine Adresse wollte er wissen? Ist das o. k.?«
Mein Herz ist wie ein Hohlraum.
»Meine Adresse? – Die hat er doch. Er war ja auch da im Winter.«
»Wahrscheinlich hat er sie nicht mit, da, wo er jetzt ist. Soll ich sie ihm geben?«
»Ja, Maxli, ja«, sage ich leise. – Er spürt die Pause – er lacht nicht.
»Wie geht es ihm?«
»Weiß ich nicht, ich glaube gut. Er war lange im Krankenhaus.«
»Weißt du, warum?«
»Ist nicht wichtig, hat er gesagt« – aber Maximilians Stimme klingt rauh.
»Danke.« Mehr kann ich nicht fragen.
»O. k., gib mir die Resultate durch.«
»Danke, danke, schlaf gut.«
»Maxli«, rufe ich noch einmal ins Telefon, aber das Gespräch ist schon

weg. Ich wollte ihn fragen, ob er ihm auch meine Telefonnummer gegeben hat. Falls, nur falls ... –
Er ist krank. Wie tief ich die Sorge um ihn spüre. Plötzlich wie Todesschatten.
Ich denke an Veit. Bald zwanzig Jahre sind wir zusammen. Die Sehnsucht, ganz zu Hause geborgen zu sein, bei einem Menschen, die Einsamkeit auflösen zu können im anderen und nie mehr zurück zu müssen. – Heraus zu müssen aus diesem Kreis.
Es bleibt schon ein großes Stück Einsamkeit anzunehmen – und dort gut zu wohnen ist sicher das Höchste, was wir erreichen können. Nicht aus Trauer. Nur aus Erkenntnis, daß keine Nähe dauert.
Liebesfähigkeit reißt und zerrt uns durch die Jahre. Wie Sterne ziehen wir uns an, kreuzen uns auf unserer Bahn und entfernen uns wieder.

Ich spielte in New York *Wem die Stunde schlägt* von Hemingway für das amerikanische Fernsehen.
John Frankenheimer führte Regie. Jason Robards war mein Partner. Große außerordentliche Schauspieler, Lee J. Cobb, Eli Wallach, Maureen Stapleton. Wir alle probierten, Woche um Woche, in einem vergammelten, riesigen alten Saal, einem Probenraum, irgendwo im siebzehnten Stock unter den Dächern von New York.
Langsam wurden die Worte lebendig.
Nur eine Szene. Die berühmte Schlafsackszene – wir schoben sie täglich hinaus.
Der Sendetermin rückte langsam näher. Irgendwann mußte es sein. »Nach dem Lunch, heute nach dem Lunch«, entschied Jonny Frankenheimer, »nur Maria und Jason, alle anderen Schauspieler können nach Hause gehen.«
Uns war nicht wohl. Beklommen standen wir in dem riesigen Raum, in dem abends, wenn alle gegangen waren, Pop-Konzerte stattfanden und die Jugend auf unseren Gefühlen und Gedanken des Tages herumtrampelte.
»Los, in den Schlafsack«, sagte Jonny Frankenheimer. Alles schwirrte und lief um uns herum – Assistenten, Kameraleute, Aufnahmeteam. –
Und Montgomery Clift, der große, unersetzbare Schauspieler.
Zusammengekauert saß er irgendwo auf einem Kasten und verfolgte

unser aller Arbeit. Fasziniert, glühend, was da am Entstehen war. Auch in den Nächten nach den Proben, während der Aufzeichnungen, fast immer war er dabei.
Monty konnten wir nicht wegschicken. Er blieb auf seinem Kasten.
Jason nahm sein Steirerhütchen vom Kopf, zog seinen Lodenmantel aus und die Jacke und schlüpfte in den Schlafsack. Ich kroch zu ihm hinein.
»Nein, auf der Maria, du liegst auf der Maria, Jason. Ihr habt doch nur einen Schlafsack.«
Also legte sich Jason auf mich. Jonny Frankenheimer und seine Assistenten, das ganze Team lag ebenfalls am Boden, sprach über Kameraeinstellungen, Licht, Blickwinkel.
»Also los, fangt an.« –
Und ich fing an – mühsam – befremdet.
Der Text machte keine Mühe, der war gelernt, gearbeitet. Aber was ist der Text, wenn in den Schauspielern nichts geschieht. Ich fühlte, daß Jasons Herz so müde war. Wozu das alles, schien er zu denken. Ich bin dann schon da, wenn die Kamera läuft. Nur nicht jetzt, nicht heute. Nicht dieses müde Herz aufreißen müssen.
Wie ein übermächtiges Ärzteteam standen sie um uns herum. Jonny Frankenheimer zog uns aus dem Schlafsack. Den einen in die eine, den anderen in die andere Ecke des Pop-Saales, mit den zerfetzten, abgelebten Girlanden der anderen Nächte. Ich sah ihn nur von weitem gestikulieren.
Eindringliche Männlichkeit. Beschwörend redete er Jason in die Ecke. Wie ein Trainer im Ring für die nächste Runde.
Dann kam er zu mir. Auch hier eindringlich. Über die Liebe. Die Hingabe einer Frau für den Mann, den sie liebt. Leidenschaft. »Todesnähe brauche ich – Todesnähe.« –
Und zurück – in den Schlafsack.
Unser Text lief, lief wie am Schnürchen. Aber nichts geschah. Wieder zurück in die Ecke, wieder Regieanweisungen, wieder anfeuern, fast bitten –: »Lieben, ihr müßt euch lieben! Ich spüre keine Liebe.« –
Und wieder zurück in den Schlafsack. –
Ich sah in Jasons Gesicht – dieser schöne, ausgemergelte Christuskopf, dieser große Darsteller – aber auch dieser scheue leidende Mensch. – Schweiß stand auf seiner Stirn. Die Haut war ganz fahl – wie eine

Bitte – nicht dem Schmerz, dem Aufruhr sich aussetzen zu müssen, wieder und wieder – in einem Darstellerleben.
Ich kam ihm entgegen, so gut ich konnte. Nahm ihn behutsam, verzweifelt zärtlich und stark in die Arme.
Langsam öffneten sich seine Augen, langsam durfte ich, mußte ich eintreten in dieses Herz, konnte er dem meinen begegnen. Die Worte waren da, wie vorher, präzise, genau, gedacht, geformt.
Aber jetzt waren wir in dieser anderen Welt.
Jonny Frankenheimer stieß einen Schrei der Freude aus.
»Wahnsinnig, ihr zwei seid wahnsinnig.« Er meinte die Szene. »That's it. That's it!
Das wird nicht mehr probiert. Nur so und nicht anders kann sie sein. Die Szene. Halten, merken. So ist es richtig.« –
Nur einer saß auf dem Kasten – ganz still. Und dann klatschte er in den leeren Saal. Er wußte, was geschehen war.

Vor kurzen Wochen traf ich Marius Goring wieder, mit dem ich ganz am Anfang meiner Karriere in London einen Film gemacht hatte: *So Little Time* –, weißhaarig geworden und, wenn man so will, alt. Aber sein Geist war jung, lebendig wie damals.
Ich hatte ihn geliebt, als ich ein junges Mädchen war. Er gab mir die Fülle aller Sehnsucht, er zeigte mir den Weg, den ich gehen sollte, als Mensch, als Schauspielerin.
Als wir uns wiedersahen, nach so vielen Jahren, er mit seiner zweiten Frau, ich alleine, stellten wir verblüfft und dankbar fest, daß das Leben es richtig meinte, uns damals zu trennen. Ich hätte nicht meine Kinder, nicht die Erfahrungen – wäre einen anderen Weg gegangen. Und er auch.
Wir waren zufrieden. So wie es war. Wie es wurde.
Schnittpunkt Liebe – die Schwelle, über die wir alle gehen, der geistige Besitz, der uns alle verbindet, weil wir sie kennen, die Liebe – wie den Hunger, den Schlaf und das langsame Müdewerden am Leben, das Alter.
Für viele bleibt es ein Leben lang nur einer. Das Maß der Liebe ist darum nicht kleiner.
Wenn ich an unsere Gusti auf der Alm denke, unsere nun nicht mehr junge Bäuerin und ihren Rocher, so ist ihre Liebe eines Shakespeares

wert. Nur nicht so dramatisch. Aber gültig. Fest. Ewig. Der alte Rocher, der mal ein fescher Bursch war. Den zerdrückten, schon lange nicht mehr grünen Hut immer noch unglaublich frech und schief in die Stirn gedrückt.
Einen Druck hatte der um die Taille beim Tanzen, daß einem ganz schön klar wurde, was so ein Mann ist. Und er liebte seine Gusti.
Heute steht er, wie damals, noch immer den Hut schief ins Gesicht, am Tisch. Sein Gesicht gerötet und ungenau geworden. Aber das Mannsbild, das vertrackte, hat immer noch den schlauen, herausfordernden Blick.
Milde ist er geworden, der Rocher – sogar Wasser tut er in den Wein – allerdings nur zwei Tropfen. Er kann ja auch kaum mehr sehen. Aber seine Julia, die Gusti, liebt er immer noch.
»A Bussl gibt er mir schon«, sagt die Gusti, »aber nur wenn's keiner sieht.« Und dabei hat sie das zauberhafte, verlegene Lächeln aller Liebenden.
Und unsere Mutti, unsere geliebte, tapfere Mutti. Sie hat die Liebe, ihre Liebe, zum Dom ausgeweitet. Dunkel, endgültig und ein wenig verzichtend, aber dauernd – ein Leben lang.
Und einer hat die Entscheidung getroffen. Hat sich für die Geborgenheit und für die zwei Zahnbürstl im Glas entschieden – trotz seines großen komödiantischen Talents –, mein Bruder Carl. Seine Palmen, seine Kinder – sein Zuhause. Er arbeitet erfolgreich, aber sein Herz ist verankert.

Es ist eine Lebenskette, die Liebe, an der wir entlangleben, hoffend, daß wir sie ganz begreifen.
Meine Liebe bleibt siebzehnjährig. Und die grauen Haare, die gar nicht kommen wollen, können ihr nichts anhaben.
Der Herzschlag, das Erschrecken, die Wärme, das Träumen bleiben gleich.

Ich stand auf der anderen Straßenseite, in München beim Platz hinter der Alten Pinakothek, wo wochenlang der Zirkus gestanden hatte. Ich wartete. Drüben kauerte mein Kind, den Mantel um die Schultern und starrte auf den großen, weiten Platz, auf dem gestern noch »ihr« Zirkus war. Der Zirkus, der die allerersten Träume vom Zauber der Kunst,

der Verzauberung, wachgerufen hatte – und von der Liebe. Einer war dabei, der diesen Traum in ihrem fast noch Kindsein hatte entstehen lassen. Er war selbst Poesie.
Der Satz von Genet, der im Programmheft stand, wurde ihr zum Leitmotiv:
»Seltsamer Plan: sich zu träumen, diesen Traum greifbar zu machen, um dann wieder zum Traum zu werden, in anderen Menschen.«
Es fing an zu schneien. Die Flocken legten sich behutsam auf den verblassenden Kreis aus Sägemehl – die Zirkusarena von gestern – und auf die dunklen, nassen Flecken, auf denen die Zirkuswagen gestanden hatten. Langsam wurde alles weiß. Wie Vergessen fiel es vom Himmel.
Ich wartete. Lange. Dann ging ich behutsam über die Straße, kauerte mich zu ihr. Meinen Mantel um uns beide gelegt. Jetzt konnte es schneien.
Ich wollte ihre Trauer, ihren Abschied nicht stören. – Ich spürte ihren Schmerz wie meinen eigenen. Siebzehnjährig beide.
Sie nahm meine Hand. Sie fragte gar nicht, wo ich herkomme. Wir spürten das Endliche und daß die Liebe immer wieder anders, aber nicht mehr sein kann. Ausfüllend bis zum Rand unseres Herzens.
Zwei Jahre sind seitdem vergangen. Die Liebe zu ihrem »Verzauberer« ist geblieben.
Auch wenn es zu keiner Gemeinsamkeit führen konnte. Sie hat sie behütet in den Jahren des Wachsens, diesen schweren Jahren, in denen die Natur pausenlos an unser Herz klopft und uns vorantreiben will, uns zu entscheiden. –

»Vorsichtig mußt du sein – der Natur ist jeder recht, du mußt entscheiden –«.
Ich war vierzehn. – Verwirrt schlich ich in der Wohnung herum. Papa machte die Türe auf, sah mein blasses Gesicht, nahm mich in die Arme – einer der seltenen Momente, wo er das tat. –
Ich wußte gar nicht, wie ich es ihm sagen sollte. Ich dachte doch, er hat keine Ahnung von solchen Dingen. Aber er hatte sie. Mehr als ich mir je von einem Vater vorstellen konnte.
Er holte eine Flasche Sekt. Er, der kaum Sekt trank und ihn sich auch nicht leisten konnte.

»Heute ist ein großer Tag. Du bist eine Frau geworden.« – Und dann erklärte er mir alles – wie ein großes Geheimnis. Das größte der Natur.
»Und weil deine Natur«, sagte er, »sich von jetzt an jeden Monat bereit macht, ein Kind zu empfangen, wirst du, wenn sie umsonst für dich gearbeitet hat, auch jeden Monat ein paar Tage lang traurig sein.«
Über Jahre blieb es ernst und augenzwinkernd eine Abmachung zwischen uns beiden, daß ich ihn anrufe, bevor ich mich entscheide. –

Das erste Mal. –
Ich habe ihn angerufen.
Aus Oberiberg in der Schweiz. Meinem Heimatort.
Lauter Wilhelm Tells saßen in der alten Stube im Hotel »Zur Post«.
»Ihr müend nit schriebe«, sagte die alte Wirtin, »wo ihr grad sid« – sie meinte meine Eintragung auf dem Meldezettel –, »ihr müend schriebe, wo ihr herchömet.«
»Ich bin von hier«, antwortete ich. »Mein Urgroßvater ist hier vom Dach gefallen, als er den Lieben Heiland an Christi Himmelfahrt durch den Kamin zum Himmel zog.« –
»Der Fridolin Holdener, das ist dein Urgroßvater?« Sie sagte gleich du zu mir – und zog mich in die rauchige Stube.
»Ja, sid ihr d' Tochter vom Hermann Ferdinand?« fragte ein Wilhelm Tell. Er schlug mir innerschweizerisch auf die Schulter. Alle standen auf. Es war wie beim Rütli-Schwur.
Die ersten selbstbezahlten Ferien! – In Zürich hatte ich am »Rudolf-Bernhard-Theater« gespielt. Ich wollte meinen kleinen Heimatort kennenlernen, den Ort, wo ich einmal nötigenfalls Suppe bekomme – bei jedem Bauern eine Woche lang –, denn Armenhaus gab es da keines.
Oberiberg bei Schwyz. – Ein weites, schönes Skigebiet. Auch heute noch. Vielleicht gibt es inzwischen sogar ein Armenhaus.
Nur – Ski fahren konnte ich nicht. Mit Skifellen war ich einfach losgezogen, mitten durch den verschneiten Wald. Das ging verhältnismäßig leicht. Nur oben über der Baumgrenze. – Wie um Gottes willen kam ich je wieder herunter?
Die Nacht blieb ich in der Oberalm-Hütte. – Junge Leute, derbes Hüttenleben. Einer fragte: »Und du? Welche Abfahrt nimmst du morgen? – Wir fahren über den Stoß. Sauschwer, aber toll.«

Ich war zu feige zuzugeben, daß ich überhaupt nicht Ski fahren konnte. – Endlich schlief alles, eingemummelt im Stroh.
Am nächsten Morgen schien die Sonne heiß auf den Abhang vor der Hütte. Plötzlich ein Skifahrer, braun, schnittig, in kristallklaren Bögen – der Schnee fächerte gegen die Sonne – kam er vom höchsten Gipfel der Oberalm gerast. Blieb vor mir stehen. Strahlte.
»Raymond, wo kommst du denn her?« Normalerweise ist die Frage blöd, aber hier stimmte sie. Wie und wo kam er um Gottes willen her?
Er liebte mich – sehr, war mir nachgefahren aus Zürich. Den ganzen *Faust* von Goethe hat er für mich abgeschrieben. Alt, auf Pergamentpapier. Ein kleines Büchlein. Es liegt auf der Bibliothek in meinem Schlafzimmer mit dem ganzen Krimskrams, gebastelt von den Kindern.
Er nahm mich rücklings zwischen seine Ski und raste mit mir vom Berg – es war entsetzlich – in die Wärme des alten Hotels »Zur Post«.
Feierlich war unser Abendessen. Kerzen, Klavier – draußen die bärtigen, schmunzelnden Alten.
Und ich fühlte, es ist Zeit, Papa anzurufen.
Ich sagte kein Wort über unsere Abmachung – nur daß es mir gut geht. Aber ich hatte seine Stimme gehört.
Raymond brachte mich in mein Zimmer. Die Tür stand offen.
Als könnte der lange Gang mich schützen. – Ich war in seinen Armen, gelähmt, atemlos.
»Bitte, komm später wieder.« – Er ging.
Ich lag auf meinem Bett, eine Stunde, zwei. Augenblicke der Kindheit zogen an mir vorbei. Papa und seine Warnung. Soll ich, darf ich – will ich? – Ich wollte.
Für heutige Verhältnisse war ich bereits eine alte Jungfer. So stand ich also auf in meinem rosaroten Nachthemd, stolperte über den dunklen Gang und gegen die Tische, wartete, bis der nächtliche Lärm verebbt war, und suchte tastend seine Zimmertür. Ich klopfte, so leise, so leise, daß ich auch noch hätte fliehen können. – Keine Antwort.
Der Mond schien tatsächlich auf sein Gesicht, der Mond der wunderbaren Schneenacht draußen. – Und der Kerl schlief. Tief, ruhig. – Er schlief.

»Raymond«, sagte ich leise. Mein Hals war ganz trocken. Keine Antwort. »Raymond, kommst du?«
Es war schön, es war zärtlich, ein bißchen fremd schon, aber schön. – Und es blieb eine Liebe, bis der Beruf mich wegholte in andere Städte, andere Welten. Manchmal, ganz selten, höre ich von ihm. Er ist eben ein Schweizer.

Für meine große Tochter

Schlaf mein Kind, schlaf ein!
Tränen können Erlösung sein.
Schluchze sie ruhig ins Kissen der Nacht,
Haben so viele vor Dir gemacht …
Schlaf mein Kind, schlaf ein!

Schlaf mein Kind, schlaf ein!
Möchtest am liebsten zum Himmel schrein.
Gibt Dir das dumme Herz nicht Ruh,
Schlägt Dich und schlägt Dich immerzu …
Schlaf mein Kind, schlaf ein!

Schlaf mein Kind, schlaf ein!
Muß denn die Liebe so schmerzvoll sein?
War er so lieb? – Der Schmerz nur gibt
Uns von selber, was man so liebt.
Schlaf mein Kind, schlaf ein!

Schlaf mein Kind, schlaf ein!
Könnte ich doch in Dein Herz hinein!
Wiegte Dich sicher und leise zur Ruh,
Schlösse Dir Schmerzen und Augen zu.
Schlaf mein Kind, schlaf ein!

Im Oktober 1943 H. F. Schell

Daß Liebe sterben kann, daß Liebe überhaupt sterben kann. Das ist vielleicht noch unbegreifbarer, als daß sie entsteht.
Wie tief, wie endgültig glauben wir zu lieben am Anfang unseres Le-

bens. Wir ertragen es auch noch ein zweites, ein drittes Mal, immer noch glaubend, daß es diesmal endlich bleiben wird. Die zwei Zahnbürsteln im Glas. Lebenslang. – Jetzt glaube ich es nicht mehr. – Ich weiß um die Gnade der Liebe. Ich rechne damit, daß sie uns verlassen kann. Auch in uns selbst.

Ein alter, betrunkener Mann, auf einer nächtlichen Straße in London, stolperte direkt in meine Arme. Er lallte verklärt – er sang es beinahe: »Das Schönste in der Liebe ist immer der Anfang, darum fangt immer wieder an. Wie Blumen, die blühen, welken, aber wieder blühen.«
Blumen aus russischen Gärten. Dieses Spüren einer Seele. Dieses beständige Erinnern an Augenblicke der Vollkommenheit. Ist nicht Erinnerung auch Gegenwart für die Zeit des Erinnerns? Beinahe fürchtet man »Realität«.
Wer sagt, daß wir uns in der Umarmung am nächsten sind?

»Hier Postamt Reitmehring. Sind Sie die Frau Schell – persönlich?«
»Manchmal. –«
»Mir ham a Telegramm für Se, aber des is in englisch – soll ih's Eana trotzdem durchgebn?«
»Von wem ist es denn?«
»Keine Unterschrift.«
»Und der Text?«
»Ser are flauers in se raschn Garten, se are wäting for you. – Hallo, san Sie noch da? Solln mas Eana morgen früha mit der Post zustelln?«
Ein Telegramm von ihm: »Blumen aus russischen Gärten – sie warten auf dich.« Und ich weiß nicht einmal, ob ich im Deutschen du zu ihm sage. – Mein Herz rast, die Gedanken auch. Max hat ihm die Adresse gegeben.
»Mit der Post, ja. Danke. Vielleicht komme ich auch noch vorbei.«
»Persönlich? – Se warn scho lang nimma da.«
»Wie lang habt ihr auf?«
»Bis fünf.«
Ich schaue auf die Uhr. Es ist zehn vor fünf. Ollie kommt um Viertel nach fünf in Ebersberg an mit der S-Bahn aus München. Ich muß ihn abholen. Ob ich die Post noch schaffe?
Abends eine Einladung der Bavaria. Fünfundzwanzigjähriges Jubi-

läum. Ich bin Tischdame von F.J. Strauß. Ich muß, ich sollte pünktlich sein – wenigstens einmal.
Was zuerst tun, denken, träumen. – Die Straße nach Ebersberg, hundertmal gefahren mit ihren vielen Kurven, sie scheint wie gerade. Vorsicht, langsam fahren.
Die Post ist schon geschlossen. Fünfzehn Minuten bis Ebersberg.
Ich drücke eine Kassette in den Recorder. Die Fünfte von Schostakowitsch.
Weit, groß fließt die Musik mir zu.
Er wird am Flughafen stehen – irgendwann – vielleicht bald – auf diesem riesigen, kühlen Flughafen in Moskau. Mit Rosen vielleicht. So wie damals, als ich abgeflogen bin. –
Er ist krank, ich hab's doch an Maximilians Stimme gehört. Im Krankenhaus. Wie, wie kann man helfen.
Die Musik drängt, bringt Bilder – Gott sei Dank, jetzt fahre ich langsamer.
Wie in der Mitte dieser geistigen Landschaft, voll herber Einsamkeit, Würde und Wärme – wie in der Mitte Rußlands – steht dieser eine.

Aber das andere Bild will auch nicht weggehen. – Einen gab's, der für alle stand. Auch in der Weite eines faszinierenden Landes. Gary Cooper. Und es war der gleiche Himmel, die gleichen Sterne – das Licht, die Sonne. Er war ein unglaublicher Mann. Gütig, weise, und doch noch immer inmitten der kindlichen Direktheit, die Amerika ausmacht. Auch er krank, langsam sterbend.
Durch ihn habe ich dieses Land begriffen, eine Mentalität verstanden. Verstanden auch, daß es die Mentalität ist, die uns prägt.
Mein Gott, die Geschichten, die er mir alle erzählt hat. Dieser aufrechte, große, männliche Mann. Gary Cooper – ein Gesicht Amerikas.
Wenn ich, die Stanislawski-Schülerin, mit meinem Drehbuch in der Ecke saß und nach langer, manchmal übertriebener Vorbereitung konzentriert in die Szene ging, stand Gary nur in der Tür. Füllte den Raum, ganz. Ich hatte Mühe, dagegen anzukommen.
Und der alte Richy spielte dazu auf seiner Ziehharmonika, ein Überbleibsel aus Stummfilmzeiten. Gary nahm ihn überall mit. Manchmal ging er mir ein wenig auf die Nerven, der alte Richy, wenn er immer

wieder hinter mir herschlich, um mich, wie er meinte, in Stimmung zu spielen. Gary schickte ihn dann gütig weg: »Geh deinen Whisky trinken und bring uns auch einen.«
Eine ganze Goldgräberstadt war aufgebaut für unseren Filem *The Hanging Tree*. Sie lag im Abendlicht. Wir saßen oben auf dem Hügel, das Whiskyglas in der Hand.
»Weißt du, wie St. Helena entstanden ist«, fragte Gary, »da wo wir jetzt drehen? –
Die Goldgräber waren unterwegs. Der Hafen von San Francisco war voller verlassener Schiffe. Alles hatten sie verkauft für Werkzeuge, die Goldgräber. Ein Treck von Tausenden und aber Tausenden von Menschen. Drei Burschen hatten sich aus dem langen Zug gelöst. Machten Feuer oben auf dem Hügel. Fanden Gold. Goldnuggets, einfach so neben dem Fluß. Sie waren halb wahnsinnig vor Freude – aber sie hatten Angst. So trampelten sie das Feuer aus. Gliederten sich ein in den kilometerlangen Menschenzug und wollten wiederkommen, wenn alle vorbei und weiter südlich gezogen waren. Aber am Ende der Menschenkette entzündete sich das Feuer, einige stiegen hinauf – nur um Tee zu kochen, nichts weiter. Und fanden die herumliegenden Goldnuggets in der Erde neben dem Fluß. Der Goldrausch begann. Manche wurden so reich, daß sie sich eigene Opernhäuser bauten.
Da haben sich meine Eltern kennengelernt. Aus Irland kommend«, sagte Gary stolz.
Ich hielt seine Hand. Seine wunderschönen Hände. Immer sind es die Hände an Menschen, die mich faszinieren.
»Auch ich kenne solche Geschichten, nur von der anderen Seite. Vier der Brüder meines Urgroßvaters aus Oberiberg in der Schweiz sind ausgezogen, die neue Welt zu suchen. Abschied fürs Leben. Wir haben nie mehr von ihnen gehört.«
Gary – nein, er war nicht wie ein Vater zu mir – er war mehr. Eine der größten Begegnungen meines Lebens.
Er starb wie ein König. Jeden seiner Freunde verabschiedete er, ließ sie kommen – sie saßen an seinem Bett. Jedem gab er etwas mit in sein Leben. Einfach, stark – ohne Tränen.
Seine siebenundachtzigjährige Mutter mußte ihn zu Grabe tragen.

Das Tatü-tata der Servicewelle von Radio München, mitten in den zweiten Satz der Ersten Sinfonie, reißt mich aus den Gedanken. Auf der B 4 Richtung Stuttgart ein Stau und an der Grenze von Salzburg eine Stunde Wartezeit.
Salzburg … immer verbunden mit Maximilians *Jedermann*. –
Oliver steht schon da – vor dem kleinen Bahnhof in Ebersberg, mit seinem Köfferchen und der Gitarre.
Sie haben ein Atelier in Schwabing, Marie-Theres und Oliver, gemeinsam eingerichtet – und da hausen sie, studentisch, romantisch, wenn sie in München sind.
Oliver studiert Musik, Gesang, Gitarre, später vielleicht auch Komposition.
»Servus Muata – du, fahr langsam – ich muß mit dir reden.«
Die Viertelstunde im Auto. Wir lieben sie beide.
»Aber heute bin ich spät dran. Ich muß weg.«
»Wohin denn um Himmels willen schon wieder?«
»In die Bavaria. – Soll ich die Musik abdrehen?«
»Nein, nein, laß nur. Ich mag diesen Schostakowitsch – überhaupt die Russen.«
Ich zünde mir eine Zigarette an. Meine Hand zittert.
»Hast du was gehört – aus Rußland meine ich.«
»Ja, ich habe ein Telegramm bekommen. Heute, nach so langer Zeit.«
Ich bin verlegen. Zu direkt diese Frage. Aber meine Kinder wissen immer alles von mir, wie ich von ihnen.
»Und – was steht drin? Brauchst es mir nicht zu sagen.«
»Es liegt noch auf der Post. Er war im Krankenhaus.« Jetzt zittert auch meine Stimme: »Ich glaube, ich muß nach Moskau.«
Ollie nimmt mir die Zigarette vorsichtig aus der Hand. Ein Blick, ein Händedruck, flüchtig, ganz zärtlich.
»Und der Veit …?«
Wieso der Veit? Er nannte ihn nie Papi. Das hat nicht geklappt mit den beiden.
»Wenn ich fliege, fliege ich doch zum Max.«
»Mami, ich kenn dich – du bist treu oder untreu, auch in Gedanken. – Eine glückliche Frau ist nicht untreu, hast du immer gesagt –.«
»Eben. –«
Aber ich bin trotzdem glücklich. Doch, ich bin glücklich. Daß wir es ge-

schafft haben, Veit und ich, uns unsere Liebe zu erhalten. Trotz schwerer Zeiten, trotz beruflicher Trennung, trotz vieler Kämpfe, vor allem künstlerisch.

Wir fahren durch den Ebersberger Wald – Ollie ist ganz still geworden. Er raucht.

Silvester 1964. Tournee *Nora oder ein Puppenheim* von Ibsen. Alle saßen wir in der Hotelbar im »Mannheimer Hof« nach der Vorstellung und warteten auf das neue Jahr.

Um Mitternacht wurde es dunkel, alle Lichter gelöscht – draußen läuteten die Glocken, alle umarmten sich, und Veit steckte mir fordernd, zärtlich, schnell und heimlich einen Ring an den Finger. Ein schmaler Goldring mit einem kleinen Brillanten. Ich werde ihn mein Leben lang tragen.

Ich war verwirrt, es war zu schnell. Am 19. November 1964 erst hatten wir uns bei den Proben zu *Nora* kennengelernt – Veit spielte meinen Helmer –. Und jetzt, als die Lichter wieder angingen, war ich verlobt. Doch, ich glaube, so sagt man zu so etwas. Aber noch verheiratet. Mit Horst Hächler, dem Vater von Oliver.

Ich hatte ihn zwanzig Jahre aus meinem Leben gestrichen. Aber gerade letzte Weihnacht hat Oliver die Initiative ergriffen, hat ihn einfach angerufen und ihm frohe Weihnachten gewünscht.

Ich habe ihm immer Zeit gelassen. Er mußte es selber wollen. Er hat seinen Vater nie bewußt gekannt.

»Hier Hächler«, sagte eine Stimme.

»Hier auch Hächler«, sagte Ollie.

Es war sicher schwer für beide, aber sie haben sich gesehen und ich glaube, gemocht. Er hat Kinder, ist verheiratet. Und er weiß, vielleicht wächst alles noch einmal zusammen in der menschlichen Reife, die man sich entgegenbringen kann. Als ich sechsundzwanzig war, war das Zerrissensein in der Liebe schmerzlich geworden. Ich wollte nicht mehr leiden, nicht mehr Leiden zufügen. Ich wollte so gerne mit dem Mann, den ich liebte, über eine Piazza gehen, Tauben füttern, Schaufenster anschauen, keine heimlichen Briefe mehr, anrufen, wann man wollte, keine Trennungen, aufbauen, gemeinsam. Doch, ich wollte die zwei Zahnbürstel im Glas, dastehen sollten sie, gelb und blau, vielleicht sogar im eigenen Haus.

Er war jung, gleich alt wie ich, sehr attraktiv, hochgewachsen, mit wunderschönen Händen und manchmal sehr zärtlichen Augen.
Aber Hamburger. An sich schon ein Problem – und er hieß Horst. – Schwer, sehr schwer zärtlich auszusprechen.
Während der *Letzten Brücke* lernten wir uns kennen.
Wir waren drei oder fast vier Monate abgeschlossen, weit weg von allem, irgendwo in Jugoslawien.
Hitze, türkischer Kaffee, alte Männer im Schatten von Olivenbäumen – und unsere kleine Filmgruppe in der Arbeit und auch an den Abenden aufeinander angewiesen.
Morgoliewo hieß das Dorf, das Tage nach unseren Dreharbeiten unter Wasser gesetzt werden sollte, wo es auch heute noch liegt, am Grunde eines Stausees. Ich nahm eine roh gezimmerte alte Kinderwiege mit aus diesem ausgebrannten Dorf. Sie steht noch immer neben dem Kamin, und manchmal geht ein ferner Gedanke durch die Zeit und das Schicksal, das sie wohl gehabt haben muß.
Horst machte Feuer an diesem Abend. Irgendwo spielte Musik, das Lied aus der *Letzten Brücke*, irgendwo tanzten welche, und das Wunder, sich zu mögen, fing halt einfach an.
Aber es war schwer – es wurde immer schwerer. Obwohl ich diesem Mann viele gute Stunden danke und vor allem Oliver, meinen Sohn.
Horst wollte viel erreichen, das Äußerste und Beste. Er baute das Haus, in dem ich heute noch lebe – bald sind es achtundzwanzig Jahre her. Er machte Filme mit mir und für mich, aber es wollte nicht recht gelingen, das Gemeinsame. Und darunter fängt jede Liebe zu leiden an.
Ich habe es ihm sicher auch nicht leicht gemacht. Ich hatte große Erfolge, war viel in Amerika, hatte Begegnungen, die unvermeidbar waren –, und er blieb zu Hause. Er quälte sich. Oft saß er stundenlang weggedreht von seinem Schreibtisch, schaute hinaus in den Garten, sah die Bäume wachsen, die er alle gepflanzt hatte, und wartete auf die Erfüllung seines Lebens.
Heute ist er ein erfolgreicher Produzent, und die Schmerzen, die vielen Schmerzen um einander sind überwunden.
Die Sinfonie ist zu Ende. Ollie dreht das Radio ab. – Pause.
»Mami, woran denkst du? Wir sind gleich zu Hause.«
»An ihn, an Veit, auch kurz an deinen Vater.«

»Er ist nicht mein Vater – er ist o.k., aber er ist nicht mein Vater. Und Veit auch nicht.«
»Es gibt eben Männer, die sind keine Kinderväter. Zu sehr beschäftigt mit sich selbst. Vielleicht selber noch Kinder.«
»Glaubst du, ich werde ein Kindervater?«
»Vielleicht – weil du keinen hattest.«
»Ich bin sehr froh, daß wir jetzt allein sind. Mit dir. – Deine Träumereien, o. k.«
Ich denke nach. Dankbar. – Wer kann uns unsere Träume nehmen.
»Über was wolltest du mit mir reden?«
»Ist nicht wichtig.«
»O. k. – dann, wann immer du magst.«
»Auch weißt du, die Manu, die kennst du doch, die aus Geiselfing. In Baldham ist sie aus meiner S-Bahn ausgestiegen. Sie hat mich nicht gesehen. Mit hängenden Schultern ging sie den Bahnsteig entlang. – Müde, traurig. Und ich kann ihr nicht helfen. Wie kann ich ihr helfen?«
»Warst du einmal bei ihr zu Hause? – Sie wird nicht wissen, wo sie hingehört, sie sucht einen Weg – vielleicht findet sie ihn nicht.«
»Das ist es ja.«
»Dann zeig du ihn ihr doch.«
»Will ich ja, aber sie versteht mich nicht. Sie weiß gar nicht, wovon ich rede. Ich brauche jetzt einfach ein Mädchen, mit dem ich reden kann, das zu mir steht, mit dem ich etwas aufbauen kann.«
Gott, denke ich, ist seine Zeit der Zahnbürstel schon da, von der man sich die Lösung aller Probleme verspricht? –
»Diese jungen Mädchen heute. Ich verliere meinen Glauben an die Liebe«, sagt Ollie.
»Leider gibt es die Liebe nicht zu kaufen, in Zellophan verpackt im Supermarkt. Aber man kann den Menschen herbeiträumen. Glauben, daß es ihn gibt.« –
»Das dauert mir zu lang.«
»Nicht immer erwarten, daß der andere einem das Lebensgefühl gibt. – Unabhängiger sein.«
»Ich will ja unabhängig sein – und trotzdem zu einem Menschen gehören.«
»Das wollen wir alle. Aber wir können es nicht zwingen – und in der

Zwischenzeit können wir nur weiter glauben, weiter träumen und den Zaun des Bewußtseins weiterstecken. Tag für Tag.«

»Mami, du bist unerträglich mit deinen Sprüchen. Aber ich hab dich lieb.«

Wir halten vor dem Haus. Geschrei. Urtöne. Frantischek, der Bernhardiner, gebärdet sich als John Wayne. Revolver im Halfter jagt er die Katze durchs Haus. Tausendmal habe ich gewarnt und gebettelt, nehmt die Katze nicht ins Haus. Latzikatz, der Tigerkater, brachte seinen Harem mit, von dem Tag an, als die erste Schale Milch vor der Türe stand. – Lieb, aber bestimmt, habe ich sie vor die Türe gesetzt. Immer wieder. Sehr zum Protest der Kinder. Jetzt war die Katastrophe da. Frantischek verwandelte sich in eine Westernarmee. Durch die Küche, die Treppe hoch – in mein Schlafzimmer. Die Katze schrie sich die Wände hoch, Vasen flogen, die ganze unerledigte Post mit einem Faucher vom Tisch. Aufgebäumt mit Katzenbuckel stand sie drohend auf meinen Briefen. Und keiner konnte dieses Kalb von Bernhardiner halten. Ein Satz – die Pfoten hoch – der letzte Rest flog vom Schreibtisch – jaulend sprang die Katze über den Frantischek – die Treppe hinunter und aus dem Haus. Frantischek stand wie eine Lokomotive schnaubend, hoheitsvoll und mit wildem Ausdruck vor mir. So, als hätte er eine Schlacht für uns gewonnen. Und wir würden das alles wieder nicht honorieren. Wir unverständigen Menschenkinder. Er wußte, jetzt kommt ein furchtbares Donnerwetter. Aber er nahm es auf sich. Doch, dieses Luder von Katze – das mußte einmal sein.

Erst jetzt bemerkte ich, daß Mausi zitternd im Nachthemd neben mir stand.

»Ich hab Fieber, Mami.«

»Wieso?« – Blöder kann man nicht fragen.

»Weiß ich nicht.«

»Hast du Halsweh?«

»Ja, ich glaube, es ist wieder Angina.«

»Komm, heul jetzt nicht –.« Meine Vernunft war angeschlagen.

Fiebermesser – Medikamente holen, Rudi anrufen. 38,6° – o Gott, das wird noch steigen.

Dr. Rudolf Englert, unser geliebter Freund und Hausarzt seit vielen Jahren. Wo ist er – nicht zu Hause.

Absagen, ich muß absagen. Herr Ministerpräsident wird mir verzeihen.

Aber da steht Mutti im blauen Abenddirndl da. Vom Friseur zurück. Bereit, die Bavaria zu erobern. – So schön sieht sie aus.
»Was ist denn los, Kinder?« fragt sie ordnend, zusammenfassend – gewohnt, in allen Situationen majestätisch einzugreifen.
»Frantischek wollte die Katze fressen – Mausi hat Fieber – ich hab die Haare nicht gemacht, und ich glaube, das Auto ist auch auf Reserve. Ollie«, flehe ich, »bleibst du bei der Mausi? Wir kommen ganz schnell zurück.« Ich weiß, was jetzt kommt. – »Kommt überhaupt nicht in Frage – ich bin verabredet. Die soll endlich erwachsen werden.«
Die großmütterliche Majestät greift ein. Vorsicht, sie kann auch zornig werden. Am Heiligabend hat sie einmal Ollie eine geknallt mit der Bemerkung: »Weihnachten ist ein Fest des Friedens.« Damals flog die Türe ins Schloß.
Wir haben Ollie die ganze Nacht im Schnee gesucht. Und fanden ihn morgens in der Sauna. Eingestellt auf fünfundzwanzig Grad. Friedlich schlafend.
»Wenn deine Mutter dich einmal um etwas bittet, dann hast du das auch zu tun. Verstanden?!«
»Was heißt hier einmal. Pausenlos bin ich für alle da. –«
Omutti lacht. Aber es klingt nicht sehr gemütlich. Mir ist auch nicht zum Lachen.
»Ich bleibe ja allein«, brüllt Mausi schluchzend, »ich bleib ja allein.«
»Ollie, Mausi hat Fieber!«
»Na und – mir geht's auch nicht gut –.« Und wieder fällt die Türe ins Schloß.
Ruhig bleiben, auf alle Fälle ruhig bleiben.
Die Heißwickler brennen auf der Haut. Mutti steht noch immer da in ihrem blauen Dirndl. Wie die Königinmutter. Aber sie sagt nicht: »Also gut, dann bleibe ich da«, was sie sonst immer ausnahmslos tut. Zu sehr muß sie sich auf den Herrn Ministerpräsidenten gefreut haben.
Der Schlüssel in der Türe – Oliver kommt zurück. Er steht da, dunkel, drohend. Der Höhepunkt ist unvermeidbar.
»Oliver –«, sage ich – er weiß, wenn ich Oliver sage, gibt's jeden Moment Krach. Trotzdem knallt er mit betont männlichen Schritten durchs Haus. Jetzt packt mich der Zorn. Vorsichtig, leise sage ich: »Oliver –.«

Er schaut hoch zu mir. Ich stehe auf der Treppe. Die Heißwickler nur halb oben, meine Autorität untergrabend: »Es gibt Situationen, da muß man füreinander da sein.«
»Aber nicht heute.« Nochmals fliegt die Türe ins Schloß.
Pause.
Ich hock auf der Treppe. Jetzt ist es nicht mehr aufzuhalten. Ich heule – es schüttelt mich richtig.
Tief innen spüre ich, daß es nur wenig mit dem Kinderkrach zu tun hat. Er ist krank. Angst um ihn. –
Taktik, doch, ein wenig Taktik ist auch dabei.
Mich hilflos sehen hat sie immer stark gemacht, meine Kinder.
Mir helfen können – dafür wird alles andere unwichtig.
Jetzt müßte eigentlich auch Max anrufen.
Mutti drückt mir ein Glas Wein unter die vorgehaltenen Arme, hinter denen das große Heulen langsam verebbt.
»Darf ich doch nicht. Wenn wir fahren.« –
Mausi kuschelt sich zu mir auf die Treppe. Sie fiebert.
»Um Gottes willen, geh ins Bett.«
»Ich mach das schon, Mami, ich bleib auch allein.«
Da geht unten die Tür auf. Ollie steht da. Sein Zorn möchte weiter männlich toben, aber er schafft es nicht.
Er sieht uns beide so jämmerlich dasitzen. Kurze, gütige Entscheidung. So ist er immer. Er kann nicht weh tun. Niemandem.
Er kommt gefaßt, langsam die Treppe hoch – hockt sich zu uns. Legt den Arm um uns beide.
»Ich hol dir das Telegramm, der Franz gibt's mir. Der sortiert noch Post. Wenn du zurückkommst, ist es da. O.k.? – Und klar bleib ich bei der Mausi. Und jetzt haut schon ab, ihr kommt zu spät.«
Ich weiß, es ist gut.
Die zweite Hälfte Haarwickler hoch, ins Kleid. Parfüm übers Ganze und los. O Gott, meine Augen. Total verschwollen. Schminke nützt nichts. Also Brille, die blaue Sonnenbrille. – Und los.
Die Kinder umarmen mich. Scheu –. »Laß sie, sie hat Probleme.«
Wir fahren durch die Nacht. Sterne überall. Mutti neben mir. Vorsichtig nimmt sie meine Hand. Leise gebe ich den Druck zurück. Wir sind selten zärtlich zueinander. Sie war zu jung. Mutterliebe drückte sich anders aus. Unkomplizierter, praktischer. – Wäre eines von uns mit

einem unehelichen Kind nach Hause gekommen, so hätte Papa »alles verstanden«, aber Mutti hätte es aufgezogen, das Kind.
»Bitte fahr langsam«, wiederholt sie sanft, innig. Auch Zärtlichkeit kann penetrant sein.
Sie kennt es. Bei der Einfahrt in München, dort, wo vor dem Mittleren Ring immer drei Runden Rot sich stauen, dort kommen die Wickler runter. Und bei jedem weiteren Rot werden die Haare gebürstet. Aber heute bürste und bürste ich unter dem Fahren.
»Ich bitte dich, hör auf, fahr rechts ran. Du machst mich ganz nervös.« Energischer Ausbruch.
Also fahre ich rechts ran. Im Nu ist alles o. k. Nur die Augen, was mache ich mit den Augen.
Ich kenne diese Augen, durch zwei Ehen – sechzehn und zwanzig Jahre lang. Wenn das Rad des Nichtverstehens sich dreht und dreht. »Du hast gesagt – ich hab gesagt – so hab ich's nicht gemeint – du verstehst mich nicht –.« Bis die Tränen fließen. Inklusive Versöhnung dauert das alles bis vier Uhr morgens – und dann um sechs Frühstück für die Kinder.
Ich kenne sie – wir kennen sie alle – diese Tränen.
Wir kommen an. Die Bavaria ist erleuchtet.
Ein alter Kumpel von ganz am Anfang fährt mein Auto weg. Er bringt die Zeit zurück. Ausgerechnet in Halle 4/5 findet das Fest statt. Die Halle, in der viel Schweiß – Angst ums Gelingen – hinauf zu den Beleuchterbrücken stieg und es denen da oben so heiß machte. Vierzigmal bin ich um diese Halle gerannt – um endlich gebrochen und außer Atem, wie es die Szene verlangte, in O. W. Fischers Arme zu fallen. *Solange Du da bist* hieß der Film.
Glänzend stehen wir vor der Mauer der Fotografen, Mutti strahlend im blauen Dirndl. Ich mit wenigstens blauer Brille und der rettenden Einsicht, daß wieder einmal nur Persönlichkeit helfen kann.
Unter den aufgebauten Fotografen Freunde, alte Bekannte. Auch mit durch die Jahre gegangen. Wir umarmen uns. – Die wissen wie ich um die Dauer dieses Berufes und um den Kampf.
Die Wände sind voll von Fotomontagen aus fünfundzwanzig Jahren Bavaria. Meine ganze Vergangenheit aufgeklebt. Meine eigene und die der anderen.

So viele Freunde. Menschen. Allen begegnet im Laufe meines Lebens, meiner Arbeit. Und alle haben ihre Geschichte – Erinnerungen.
Herr Ministerpräsident ist noch nicht da, Gott sei Dank. – Er ist verspätet.
Hände schütteln, umarmen. Fragen: »Wie geht's, was machst du?« – »Danke, mir geht's gut.«
Großartig aussehen würde ich, haben sie alle gesagt. Dennoch, die Brille bleibt oben.
Endlich kommt er, der Strauß. – Eigentlich bin ich seinetwegen gekommen. Ich wollte ihm die Hand geben.
Als ich sie hielt, seine Hand, war es plötzlich ganz still um uns. Nur einen Herzschlag lang. Wir brauchten keine Worte. Marianne ist nicht mehr da. Wann immer er vertrauen konnte, daß man nicht auf ihn achtete, war sein Auge wie erloschen. Das Gebäude seiner bäuerlichen Kraft wie am Einsinken. Mehr Trauer gibt es nicht. Ganz kurz traf sich unser Blick. Er zwinkerte mir zu, als könnte er es wegwischen. Viele Jahre kennen wir uns. Beinahe Nachbarn.
Und dann hält er eine seiner kraftvollen, scheinbar improvisierten Reden, voller Humor, Wissen und Menschlichkeit.

Irgendwann, zwischem geräuchertem Lachs und Kalbsmedaillon, fällt mein Herz in die Tiefe.
Der Regen ist da, das Denkmal und seine schwarzen Hände. – Und die Blumen – die Blumen aus russischen Gärten. Ihn wiedersehen. Das Licht um ihn. Sein Lächeln. – Dieser fernen Landschaft seiner Seele begegnen.
Ich bitte Mutti, die Kinder anzurufen. Sie verschwindet im Gewühle. Langsam, so denke ich, kannst du dich auf den Heimweg machen. Aber das geht nicht so leicht.
»Darf ich noch etwas bringen, gnädige Frau?«
»Ja bitte, meine Mutter.« – Da sitzt sie brav auf einem Stühlchen draußen bei der Garderobe und wartet. Der junge Mann bringt sie zu mir.
»Mach dir keine Sorgen. Alles in Ordnung mit den Kindern.« – Nach einer Stunde sind wir draußen und fahren durch die Nacht.
Jetzt endlich kann ich die Brille runternehmen.
Mutti, alles verstehend, schläft bald ein. Sie, die ihr Leben glaubte zu

meistern, indem sie nur einen Mann liebte. – Bis daß der Tod uns scheidet. – Er hat sie geschieden. Sie hat weitergeträumt von dem einen, unserem Vater, dessen Ring sie trägt für ihr Leben.
Das habe ich auch gewollt, erhofft – als ich den schmalen Goldring mit dem kleinen Brillanten plötzlich unerwartet am Finger trug – in jener Silvesternacht. Die Glocken läuteten noch immer. Geschrei, Ballons, Glückwünsche.
Veit hielt meine Hand. »Du mußt meine Frau werden.«
Er fragte gar nicht, er sagte nicht »möchtest du« oder »was würdest du sagen, wenn –«, er sagte einfach »du mußt«. – Wir waren wie ein Atem. Viele Jahre lang.
Das Mausi kam. Das Kind unserer Liebe. Es kam, weil ich ein anderes verloren hatte. Im sechsten Monat. Allein geboren mit Mutti.
Seine winzigen Finger hielten meine umklammert. Es wollte leben – aber es gab keine Hoffnung.
»Es kommt gleich zurück«, sagte Veit – und es kam zurück, das Mausi. Marie-Theres – aus dem Rosenkavalier.
Alles Gemeinsame war randvoll von Poesie, Kreativität, auch Kampf, fast immer Heiterkeit und nie enden wollender Zärtlichkeit und Leidenschaft.
Da passen zehn Leben rein in diese Zeit. Gedichte, Zettelchen, Blumen unterm Kissen, im Rollenbuch, am Steuerrad, versteckt im Koffer für jeden Tag der Trennung.
Einmal, Veit inszenierte in Basel, kam ich ihn, wie in jeder freien Minute, besuchen.
Er hatte kein Zimmer und kein Geld, nur eine leere Kammer bei einem Freund. Am Boden standen Kerzen. Drei Kisten, zwei kleinere, eine größere. Ein Buffet, königlich aus der Tüte, und auf den Kisten Tempotücher bemalt mit Blumen, Herzen, Gedichten für mich. Ich kam wie in einen Saal, ich, Königin in Basel.
Jetzt ist mein ganzes Haus voll mit seinen Bildern. – Gemalt, als Horst vieles, zu vieles mitnahm und die Wände neues Leben brauchten.
Auf einem steht: »Je t'aime – 21.7. 19 Uhr, 7 Minuten, 30 Sekunden.«
Er ist ein eigenwilliger Maler, ganz besonderer Zeichner. Menschen, die er oft einfängt in kurzen Minuten, sind wie aufgeschlüsselt erkennbar in ihrem eigentlichen Wesen.
Beruflich war's schwer. Ich hatte es schwer. Die Loslösung aus der er-

sten Ehe – Depressionen – kein rechter Erfolg. Zurück nach zwanzig Jahren auf die Bühne.
Als ich Veit kennenlernte, damals bei den Proben zu Ibsens *Nora*, mußte ich bei der Premiere in dem riesigen Theater an der Wien nach zwanzig Jahren Filmarbeit versagen. Ich raste durch den Abend wie in einer nicht enden wollenden Großaufnahme. Ich pumpte und übersteigerte das Gefühl, weil ich keine anderen Wurzeln kannte. Ich konnte nicht festhalten, formen – als eben nur Augenblick und Augenblick zu einem Ganzen aneinanderreihen. Wie es der Film verlangt.
Ich mußte von vorne anfangen. Mühsam, schwer.
Und da stand Veit in jeder freien Szene hundertvierzigmal in der Kulisse. Feilte, forderte. Jeden Tag. Kritisch.
Als ob man ein Kleid schneidert und es bereits trägt. Abend für Abend.
Ich habe viel von ihm gelernt. Er ist ein meisterhafter Regisseur. Bis in jedes Detail gehen alle seine Inszenierungen. Aber er ist ein harter, dominierender Lehrmeister. Man muß sich beugen unter seiner Sicht.
»Wenn du ihn liebst, dann mach halt, was er sagt«, sagte Mutti, als ich heulend, müde geworden und verzweifelt vor ihr saß. Die Präzision, die Genauigkeit der Abläufe war mir fast unmöglich. Ich war gewohnt, nach intensiver Vorarbeit mich dem Unbewußtsein zu überlassen. Die Kamera verträgt nur wenig Form.
So spielte ich, eingezwängt in erarbeitete Abläufe, Bewegungen, sogar Betonungen unverändert bis zur letzten Vorstellung. – Aber der Glanz fehlte.
Nun endlich hab ich's gemeistert. In all den Jahren, die seither vergangen sind. Mir abgefordert, jede Form zu füllen, die Gesetze zu kennen, die diese drei Medien verlangen. Theater, Film und Fernsehen.
Uns aber hat es viele Kämpfe gekostet. Zu einem Teil sogar unsere Ehe. Ich bestand auf meiner Filmerfahrung, er auf seiner Theatererfahrung. Er hatte seine Welt, ich die meine. – Lange Jahre haben wir sie zusammengelegt, gekämpft darum, sie fruchtbar zu machen. Filme gemeinsam gemacht – in eigener Produktion –. Theatertourneen. Wir wollten uns keinen Tag trennen. Aber es wurde unfruchtbar. Nach Jahren. – Manchmal qualvoll.
Jeder gab für den anderen zu viel auf.
Veit hatte sein Wiener Theater für mich aufgegeben. Sein Atelier-

Theater, eines der besten Theater in Wien. Picasso, Kokoschka, Edward Albee, Edward Bond. Meistens Uraufführungen – Wiederentdekkungen. Er füllte das kleine Theater am Naschmarkt mit seiner Persönlichkeit, hatte Jugend, Schüler um sich – und natürlich auch Frauen, die ihn anhimmelten und verehrten und es immer noch tun. Obwohl er jetzt ein weißer Krautkopf ist. Aber nicht weniger faszinierend.

Aus dieser Welt hat unsere Liebe ihn gerissen. Hinein in eine nicht mehr funktionierende Filmwelt.

Jetzt hat er wieder seine Welt. Das Torturm-Theater in Sommerhausen – erfolgreiches Theaterzentrum.

Verlage vertrauen ihm, vor großen Bühnen, ihre Uraufführungen an. Karten muß man vier Wochen vorher bestellen. Schauspieler sind glücklich, bei ihm arbeiten zu können.

Er hat Ausstellungen, Konzerte, sogar eine Galerie. Seine eigene.

Aber wir beide – wir mußten einen neuen Weg finden. Und die Liebe ist dennoch geblieben. Ein wenig anders. Freilich. Aber tief, nahe und gut. Ein Drittel der Telefonrechnung geht sicher auf dieses Konto.

»Mutti, aufwachen, wir sind da.« –

Verschlafen, aber gleich ganz wach schaut sie aus dem Fenster und in den schwach erleuchteten Hof.

»Nein, nein, ich habe nicht geschlafen. Nur ein bißchen vor mich hingedacht.«

»Ich auch.«

Die Kinder sind noch wach. Sie haben sogar Besuch. Katja ist da. Ein sehr liebes Mädel. Mausi liegt eingemummelt auf dem Sofa. Mit Wärmeflaschen oben und unten.

»Rudi – Dr. Englert – war noch da und hat mir eine Spritze gegeben, das Fieber ist runter.«

»Und du glaubst«, sage ich, »er erlaubt dir auch bis zwei Uhr früh Filme anzuschauen?«

»Wieso, ist doch ein Film von dir. –«

»Was ist denn das wieder für eine Logik.« Ich umarme sie, sie ist tatsächlich nicht mehr heiß.

Es läuft *Die letzte Brücke.* –

»Wir wollten ihn Katja zeigen.«

»Kann ich das ausmachen?« –
»Nein, Mami, nein, du stirbst gerade. Ist ja gleich aus.«
»Wer bringt mir ein Glas Wein?« – Endlich kann ich etwas trinken. Ollie bringt gleich die Flasche. Ich stürze ein Glas –, die drei lachen mich aus. Mutti auch.
Oliver legt seine Hand auf meine. Es knistert. Recht unauffällig sollte es sein. Ich werde rot. Alle grinsen.
»Machst du's nicht auf, das Telegramm?« –
»Nein«, sage ich, »später.«
Ein zweites Glas. Frankenwein. Auch da Veit mein Lehrmeister.
Die Tränen sind noch immer nahe. Jetzt aber vor Freude. – Sein Telegramm. Als hätte er es in Händen gehalten.
»Maximilian hat angerufen.«
»Wann –?«
»Gerade als du weg warst.«
»Und was hat er gesagt?«
»Das Flugticket und das Visum liegen bei der Austrian Airlines. Freitag, 11.30 Uhr geht die Maschine nach Moskau. Du fliegst über Wien.«
Einen Herzschlag lang dreht sich alles vor Freude. »Ollie, bitte noch ein Glas.«
»Max sagt, du mußt kommen. Er braucht dringend Kondensmilch und den alten Toaster. Kalt ist es auch. Stiefel sollst du mitbringen und den gefütterten Mantel – und Zigaretten.«
Maximilian – mein großer Bruder, immer löst er wortlos die Sehnsüchte seiner Schwestern. –
»Mami, was ist los, fliegst du?«
»Ja, ich glaube schon.«
Das Telegramm wird ganz feucht in meiner Hand. Und während ich am Bildschirm nun endgültig sterbe, umarmen mich die Kinder. Ich glaube, ich bin ganz blau.
»Mami«, sagt Oliver, »weißt du, was passiert ist? Katja ist das erste Mädchen, das mir eine Rose gebracht hat.«
Ich schaue Katja kurz an. Ihre Augen sind ganz dunkel.
Siebzehnjährig. Wie mein Herz.

Wo bleibt die Seele – oder über den Tod

Jeder Tag, an dem du nicht an deinen Tod denkst, ist ein verlorener Tag, sagt Tolstoi. –
Irgendwann steht man in der Mitte des Lebens – es kann sehr früh sein – es kann sehr spät sein, möglicherweise kann es sogar nie geschehen.
Der Augenblick, in dem wir zum ersten Mal erfahren, daß unser Leben begrenzt ist.
Der erste innere Tod.
»Bis du es endlich, endlich weißt, daß dich des Todes Pfeil getroffen –.« Wendepunkt, der den Rest unseres Lebens bestimmt.
Ob uns dieser Tod Furcht einjagt oder ob er uns stark macht. Mich hat er stark gemacht. Ich habe aufgehört, mich vor der Begrenzung zu fürchten.
Tod ist ja keine Erfahrung. – Wir haben nur die Erfahrung des Sterbens anderer Menschen – des Sterbens von Blumen und von Tieren. Aber selber haben wir den Tod nie erfahren.
Wir kennen Kälte, Hunger, Liebe – aber den Tod erleben wir, glaube ich – erst im Augenblick des Todes.
Und möglicherweise kann man sich entschließen, das Leben zu leben, bis dieser Augenblick eintritt.

Ich war einmal mit Horst auf einer kleinen griechischen Insel – Kalymnos. Es gab noch kein Hotel. Wir wohnten in einem alten Bauernhaus.
Es war Osterzeit – Gründonnerstag – Markt, großes, buntes Volkstreiben. Schafe wurden gekauft, Hunderte von Schafen – dazu bestimmt, um fünf Uhr morgens als Osterlämmer geschlachtet zu werden. Und jedes, das verkauft war, bekam ein rotes Kreuz auf die Stirn. – Gezeichnet.
Ich wußte, daß diese Tiere nur noch Stunden zu leben hatten. Aber die Schafe kümmerten sich nicht darum. Sie blökten, rieben sich an den Gittern der Balkone – fraßen weiter.
Um fünf Uhr früh wurden alle zur gleichen Zeit getötet. Ein immenser Todesschrei zerriß das Dorf.
Sie haben mich tief beeindruckt, diese Tiere – das rote Kreuz auf der Stirn, haben sie den Tod nicht wahrgenommen. – Für sie hat das Leben gedauert bis zu dem Augenblick, in dem der Tod sie traf.

Und ich fühlte: Der Tod ist nichts Schreckliches, wenn ich ihn annehme, in dem Augenblick, in dem er da ist. Das Schreckliche ist, daß wir Menschen uns vor ihm fürchten –, obwohl wir das Phänomen des Todes jede Nacht erleben.
Jede Nacht legen wir uns bereitwillig ins Unbewußte – nehmen an, daß wir wieder aufwachen – Erfahrungstatsache, weil es bisher so war, aber keine Gewißheit.
In jeder Nacht lassen wir uns ein auf dieses Weggehen aus allem, was unser Leben ausmacht. In jeder Nacht erleben wir einen kleinen Tod.
Seit diesem Tag wußte ich, ich kann mich entscheiden – diese Erkenntnis einer Endlichkeit zu akzeptieren – diesen zweiten Teil meines Lebens mit doppelter Kraft in meine Hände zu nehmen oder den Gedanken an den Tod wegschieben bis zu seinem wirklichen Eintreten.
Der Tod ist vielleicht der Trick der Natur, viel Leben zu haben – wenn nichts sterben würde, würde nichts leben können.
War das die »Mitte meines Lebens«, von da an ich nicht mehr jung war, nicht mehr an meine Ewigkeit in dieser Welt glaubte?
Was war meine erste Begegnung mit dem Tod? Wann – wo –.

Ich spielte das Aschenbrödel in Bern – ich war achtzehn.
Auf der Vormittagsprobe saß der Kollege Hollitzer – er war Mitte fünfzig, und er kam mir damals sehr alt vor – er saß als Tod auf dem Grab der Mutter – tröstete das Aschenbrödel mit halbgelerntem Text – und im Schneegestöber senkte sich leise das goldene Kleid – auf der Probe war's freilich grau – vom Himmel herab.
Mittagspause.
Um drei Uhr trafen wir uns wieder – Hollitzer fehlte.
Er, der gerade den Tod gespielt hatte, war an Herzschlag gestorben.
Die Probe wurde abgesagt. – Ich fragte: »Wo ist er?« Er war in die kleine Friedhofskapelle gebracht worden. Ich fuhr zu ihm. Saß zwei oder drei Stunden an seiner Seite – ganz dicht, nahm seine Hand – sie war noch warm – und habe nur gehorcht, geforscht, gefragt: Wo ist er jetzt?
Und ich begriff zum ersten Mal, daß er in mir selbst zu leben begann.

Er, der vorher nur ein Kollege war, wurde nun in der Suche – in der Zwiesprache mit der toten Hülle – zu einem Freund.
Ich sehe jetzt noch sein Gesicht – bin ihm über den Tod hinaus wirklich begegnet – wußte plötzlich viel mehr von ihm, als ich sonst von ihm hätte wissen können, an seiner Seite – in der kleinen Totenkapelle.
Ich habe die Antwort gefunden und gespürt – sein Geist ist in mir.
Für mich eine erste Erklärung der Ewigkeit – in anderen weiterzuleben. Hollitzer, den ich unter den vielen Kollegen vielleicht vergessen hätte, lebt in mir weiter.
Ich glaube, jeder stirbt den Tod, den er verdient.

Mein Großvater, er war kurze Zeit krank, wußte als Arzt, daß der Tod nahe ist, nahm Abschied von seiner zweiten Frau – Tante Anni nannten wir sie – sagte zu ihr: »Ich hab noch ein, zwei Tage, weißt, die machen wir uns jetzt zu den schönsten unseres Lebens.«
Er hat ihr über alle Tränen hinweggeholfen – über den Schmerz – hat sie zu einem großen letzten gemeinsamen Erleben geführt. Und als die Zeit gekommen war, sie angeschaut, ihre Hand genommen und ganz ruhig gesagt: »Na alsdann, gemma halt hinüber!« Hat den Kopf zur Seite gelegt und ist gestorben.

Friedrich Merz, mein Freund, ein großer Pionier – lag da, ganz still – kaum mehr Atem in ihm.
»Er wird Sie nicht erkennen«, sagte sein Enkel.
»Ich will nur seine Hand halten, er wird mich spüren.«
Die Tür schloß sich, ich war mit ihm allein.
Er drehte das Gesicht zu mir. Es leuchtete.
»Friedrich«, sagte ich leise, »ich möchte dir danken, du hast mir viel gegeben. Du hast der Welt viel gegeben –«
Ich hielt seine Hand. Sie war glühend heiß.
Das schönste Lächeln, das ich je sah.
Am nächsten Morgen war er tot.
Siebenundneunzig Jahre. Ein großes Leben.

In der Vorbereitung zu Ferdinand Bruckners Stück *Elisabeth von England* waren für mich die Berichte über ihre letzten Lebensjahre und -tage erschütternd.

Sie starb drei Tage aufrecht stehend, gehalten von Höflingen, mit dem Finger im Mund. –

Manche sterben in verzweifelter Auflehnung.

Doch Menschen, die sich mit dem Phänomen des Lebens, des Alterns und des Sterbens wirklich auseinandersetzen, sie sterben nicht erbarmungslos und schrecklich, selbst wenn das Schrecklichste sie trifft.

Ernst Ginsberg, der große Charakterdarsteller, verlor durch eine Lähmung am Ende auch seine Sprache. Eines der letzten Gedichte in seinem Buch *Abschied*:

Als ich die Sprache verlor, hab ich die Sprache gefunden.
Also sei Gott uns gnädig: Wir Sterbenden werden gesunden.

Jede Begegnung mit dem Tod ist eine Begegnung mit dem Leben.

Mein Vater wurde mir im Tod wiedergegeben.

Schwierig wie er für mich war, schwierig wie ich für ihn, haben wir uns ein Leben lang nacheinander gesehnt, konnten uns aber nie ganz finden.

Das geht weit zurück in meine Kindheit.

Ich glaube, für meine Eltern bin ich zu früh gekommen – meine Mutter neunzehn, mein Vater fünfundzwanzig. – Alles voller Ideale, voller Hoffnungen auf ein großes Leben – voller Träume. Sie hätten Zeit gebraucht, miteinander zu leben, einander zu entdecken, aneinander zu wachsen.

Zu früh die Kinder – verbrauchten fast alle Aufmerksamkeit –. Als erstes ich – ein Hochzeitsnachtkind – fast störend für ihre Zweisamkeit.

Mutti mit vier kleinen Kindern verzichtete auf ihre großen Möglichkeiten als Schauspielerin.

Papa zog sich in seine Dichterwelt zurück.

Er blieb immer ein Geheimnis.

Früh im Leben erfolgreich, wurde ich ihm noch fremder. Er konnte dem jungen, unbeschriebenen Geschöpf, das plötzlich solchen Zulauf bekam, die Anerkennung nicht geben, die andere mir gaben.

Ich fing an, alles, was ich tat, für ihn zu tun, um dieses Ja von ihm zu bekommen. Es wurde wichtiger als alles andere – ich konnte es nie erreichen.

In der Wahl meiner Liebe suchte ich unbewußt immer und immer wieder dieses Ja und ging immer wieder zu jemandem, der nein sagte. – Hielt dieses Nein für Kraft, aber in Wirklichkeit war es nur Widerstand gegen meine eigene Kraft.
Erst mit neunundzwanzig war ich frei – lernte, ohne Anerkennung meines Vaters zu leben. Fiel wie aus der Liebe zu ihm.
Und möglicherweise bin ich geworden, was ich bin, weil ich diesen Kampf mit ihm führen mußte, Tag und Nacht, bis in meine Träume.

Ende 1971 – er war schon sehr krank, kam die Anfrage des Landestheaters Salzburg, in seiner Komödie *Auf Befehl der Kaiserin* unter Maximilians Regie die Kaiserin Maria Theresia zu spielen.
Vielleicht eine Brücke zu ihm.
Mein Vater bekam damals den Ehrenring der Stadt Salzburg. Papa war noch auf den ersten Proben. Es muß ihm eine tiefe Genugtuung gewesen sein, seine beiden Kinder in einem seiner Stücke arbeiten zu sehen.
Während einer Probe – ein Anruf –. Ein Schlaganfall hatte ihn halbseitig gelähmt. Die ganze Familie in Salzburg – zerrissen zwischen Proben und Krankenhaus.
Papa schon recht fern.
Bezauberndeweise hat er trotz der Nähe des Todes eine Krankenschwester sehr verehrt.
Kaum noch eine Reaktion von ihm. Aber wenn sie kam und sagte: »Na, Herr Professor, wie geht's uns denn?« – schnapp, schloß sich seine Hand und hielt die ihre fest, wie eine ferne Erinnerung an sein letztes Gedicht, das er kurz vor dem Schlaganfall am 21. Dezember 1971 geschrieben hatte. Wir fanden die Seite in die Schreibmaschine eingespannt:

Ich kann nur mehr von Küssen träumen,
und Bilder bauen vom Genusse.
Wo ist die Jugend, die es glaubte?
Man nimmt ein Weib und stirbt im Kusse.

In der Nacht vor der Generalprobe ist er gestorben.
Am nächsten Mittag fuhr ich hinaus auf den Friedhof, bat, ihn noch einmal sehen zu dürfen.

Man fuhr ihn zu mir heraus – im Sarg – in diese große leere Aussegnungshalle.
Ein wahnsinniger Schmerz packte mich – nie mehr hin können zu ihm. Plötzlich stand Maximilian hinter mir – er war mir nachgefahren – wußte um diese Abtrennung – nahm mich in den Arm. Abends spielten wir Premiere.
Max ging als Regisseur vor den Vorhang, erzählte dem Publikum von Papas Tod und bat das Haus und die Schauspieler, an diesem Abend – wie es sein Wunsch gewesen wäre – besonders heiter zu sein.
In der Garderobe las ich noch einmal tief getroffen, was Maria Theresia auf ein Stück Papier gekritzelt hatte – nach ihrem Tod in ihrem Gebetbuch gefunden:
Kaiser Franziscus mein Gemahl hat gelebt 56 Jahr, 8 Monat, 10 Tage, ist den 18. Augusti 1765 gestorben ½10 Uhr abends, also gelebet Monate 680, Wochen 2958, Täge 20778, Stunden 496992. Mein glücklicher Ehestand war 29 Jahr, 6 Monat, 6 Tage. Um die nämliche Stund, als ich ihm die Hand gegeben. Auch an einem Sonntag ist er mir plötzlich entrissen worden. Macht also 29 Jahr, Monat 335, Wochen 1540, Täge 10781, Stunden 258744.
Jedes meiner Geschwister hatte zu diesem starken, außergewöhnlichen Mann eine besondere Bindung, die auch jedes für sich ertragen und verarbeiten mußte und die das mitgeformt hat, was wir geworden sind. Die Unauflösbarkeit der Verbindung blieb über den Tod hinaus.
Mein Vater hat uns allen einen Stempel aufgedrückt.

Manche Menschen sterben nie. Sie gehen nur weg – sind nicht mehr erreichbar –.
Wenn der Moment des Todes nicht in uns stattfindet, findet er gar nicht statt.
So bleibt Romy Schneider in meiner Erinnerung.
Romy war fünfzehn. Die Reinheit und die große Kraft dieses halben Mädchens machten mich betroffen. Immer, wenn sie mich brauchen würde, wollte ich für sie da sein – so wie ich das mit Käthe Gold erleben durfte.
Ich hielt Romy immer für eine außergewöhnliche Begabung, konnte sie tief und genau verstehen, ihren Konflikt, ihre Suche, anders zu sein, anders zu werden. Fast gesetzmäßig brauchten wir uns an den Schnitt-

punkten unseres Lebens. – Wenn wir heiraten wollten, uns wieder haben scheiden lassen, und wenn Kinder kamen.
Einmal, als ich Mausi erwartete und mich sehr wehren mußte gegen den Einbruch der Öffentlichkeit, der Presse, der Neugierde, verschanzte ich mich im Haus – spielte manchmal am Telefon mein eigenes Dienstmädchen – wehrte die neugierigen Journalisten mit Schweizer Hochdeutsch ab.
Eines Tages wieder so ein Anruf.
»Kann ich Frau Schell sprechen?«
»Nein, sie ischt nicht da.«
»Wissen Sie, wo sie ist?«
»Ich weiß es schon, aber ich darf's nicht sagen.«
»Ich muß sie dringend sprechen. Bitte sagen Sie ihr doch einen ganz lieben Gruß von Romy Schneider.«
»Romy, entschuldige bitte, verzeih mir, aber ich sitze hier und erwarte, wie du weißt, ein Kind ...«
Sie erwartete ihren David und hatte wieder einmal die gleichen Probleme wie ich.
Diese Gleichzeitigkeiten waren immer da – flüchtige Begegnungen auf einem Flughafen, ein trauriger Blick in einer großen Gesellschaft, ein Signal: »Aha, ihr geht's nicht gut, mir geht's nicht gut« –, manchmal bis ins Morgengrauen heitere Erzählungen über unsere »großen« Lieben.
Und dann unsere letzte Begegnung in Berlin.
In ihrem Film *Die Spaziergängerin von Sanssouci.*
Ich spielte eine Episode, hatte einige Tage zu drehen, wohnte im gleichen Hotel. Wir freuten uns über das Wiedersehen, schoben einander Zettelchen unter die Tür: »Wenn du Zeit hast, ich bin da –.«
Wir trafen uns in ihrem Appartement – redeten bis vier Uhr früh. Das ganze Zimmer voller Bilder von David und Sarah, ohne Rahmen, aufgerollt und verbogen von der Sonne.
Und Bilder von Laurent Petin, viele Bilder.
Ich ließ mich täuschen – konnte nicht spüren, daß es ihr nicht gut ging. Im Gegenteil, ich hatte das Gefühl, ich kann beruhigt sein, sie hat nach dem grauenhaften Tod von David das Schwerste überwunden. Sie erzählte von ihrer großen Liebe, von Laurent. Zeigte mir, wie aufgeschnitten ihr armer Körper war durch die Nierenoperation –.

Aber ich hatte das Gefühl – es geht ihr halbwegs gut. Zum Abschied sagte sie leise: »Bitte ruf den Laurent an, auch wenn ich nicht da bin. Hier ist unsere Privatnummer.«
Am nächsten Morgen, als ich wegfuhr, fand ich unter meiner Tür einen Brief. Einen Moment erschrocken – warum betont sie so viele Male, daß ihr unser Zusammensein so notwendig, so wichtig war?
Nach ihrem Tod gab es in der Presse viel zu viele Kommentare. Als sie begraben wurde, hatte ich in Zürich Proben für den *Besuch der alten Dame.*
Ein paar Wochen später war ich dann in Paris, um meine Tochter einzuquartieren – ihr erstes Jahr im Ausland.
»Auch wenn ich nicht da bin, bitte ruf den Laurent an.« Ich rief ihn an. Wir trafen uns.
»Sie haben das Grab von Romy aufgebrochen. Wir müssen sie umbetten. Bitte komm mit mir.«
Im Morgengrauen fuhren wir – Laurent, sein Bruder, Mausi und ich – zusammengepreßt in einem kleinen 2 CV zu dem verlassenen Dorf, in dem Romy ihr Alter verbringen wollte.
Im Garten von Romys Haus pflückten wir Lilien, die sie noch selbst gepflanzt hatte.
Viertel vor sechs auf dem Friedhof – der Bürgermeister, zwei, drei Männer.
Nebelfetzen zwischen den Gräbern und über der alten Friedhofsmauer. Die Kirchenuhr schlug sechs.
Der Sarg wurde herausgehoben – eine welke Rose lag darauf.
Im ersten Morgenlicht trugen wir ihn ein paar Friedhofsgassen weiter.
Die Männer senkten ihn in die Erde. So tief, daß David noch Platz haben sollte, bei seiner Mutter zu liegen.
Ich warf ihr einen Ring nach, ein Geschenk von Veit zu Mausis Geburt. Dann wurde der Sarg einbetoniert – für alle Ewigkeit geschlossen.
Und so habe ich meine kleine Romy doch noch zu Grabe getragen. Romy hat ihre Ruhe gefunden.

Das Schwerste ist – die Fülle zu verlieren, zu spüren, wie das Leben dunkel wird – Ängste um dich herum – und tief in dir drinnen Isolation, Getrenntsein von allem – wie hinter einer Scheibe aus schwarzem Glas. Du kannst noch hindurchsehen, aber nicht mehr hindurchfühlen. Du stehst hinter dem Leben, das Leben ist drüben, du kannst nicht hinaus, nicht hinüber. Du stehst vor einem Spiegel, schaust in dein durchsichtiges Gesicht und erkennst dich nicht mehr. Nicht einmal dich selbst. Du hältst etwas in der Hand und weißt nicht, wo du es hinlegen sollst. Du willst einen Brief schreiben und kommst niemals über die Anrede hinaus. Du bist ausgeschlossen – auch von dir selber.
Was ist das – ich wußte es nicht, als es mich traf. – Ich dachte, das Leben sei für immer davongelaufen.
Die emotionelle Überspannung in meiner Ehe mit Horst zeigte mir die Probleme so übergroß, daß ich dachte, sie seien nie mehr zu lösen, sie müßten so bleiben. Immer. –
Ich spielte ein Stück in Paris. Der Text rann an mir vorbei, mein ganzer Körper war naß vor Versagen – nur irgendwie noch funktionieren, irgendwie noch äußerlich ablaufen lassen, das, was man Leben nennt.

Ich ging auf den Champs Elysées. Der Volksmund sagt: »Die Nerven reißen.« Genauso habe ich es empfunden. Ein Riß, ein Zerreißen, aufblitzend hart wie ein elektrischer Schlag. Und dann war die Seele weit fort. Sie war an keinem guten Ort. Heimatlos, tastend getrennt von allem.
Mutti stand, wie in allen schweren Stunden meines Lebens, plötzlich da. Sie nahm mich bei der Hand, regelte alles, brachte mich nach Hause.
Maximilian sagte: »Komm, wir machen eine Autofahrt, draußen ist Frühling.« Er zeigte mir, wie zufällig, drei Sanatorien. Im letzten blieb ich.
Es war alles gleich. Nur fallen dürfen, nicht mehr kämpfen müssen. Nur nicht mehr so tun, als ob es noch ginge. Versagen, fallen, aufhören.
Professor Walter Simon kam. Er sprach mit mir. Nur kurz – er wußte und weiß alles.

»Wahrlich, keiner ist weise, der nicht das Dunkel kennt, das unentrinnbar und leise von allen ihn trennt.« Er sprach es ganz ruhig – still vor sich hin.
Max und Immy bekamen einen Lachkrampf – sie waren ja gesund – für sie waren Bäume Bäume, das Licht Licht, der Frühling Frühling. Jeden Tag kamen sie. Wir gingen lange Wege. Ich trottete hinter ihnen her im Kielwasser ihrer Unbeschwertheit.
Sie redeten über vieles – alles lebendig. Und ich überlegte nur, wie ich sterben kann, ohne ihnen weh zu tun.
Das war die erste Depression. Es kam noch eine zweite. Ich bete, daß nie mehr eine kommen möge.
Das ist die einzige Krankheit, die ich fürchte. Und es ist eine Krankheit, nur schlimmer, viel, viel schlimmer – sie erfaßt den ganzen Menschen.
Man kann sich nicht mehr helfen.
Wenn die Seelenkraft aufhört, erscheint das Leben wertlos.
Und in einem solchen Lebensentzug ist der Tod sehr nahe.
Auch Romy war in solcher einsamen Dunkelheit – sie konnte das noch eine Zeit überdecken, zudecken, zulieben – aber sie fand nicht mehr aus dem Dunkel heraus.

Jede Begegnung mit dem Tod ist eine Begegnung mit dem Leben. Und wir entscheiden uns fast immer für das Leben.
Ich war einmal in einem Sanatorium eingeladen. Krebskranke Frauen auf dem Weg zur Heilung. Es wurde viel geredet – und viel gejammert. Sie stellten ihr Leid in den Mittelpunkt der Welt und wollten nicht begreifen, daß ohne dieses Leid sie vielleicht nie zu den Menschen geworden wären, die sie jetzt eine Chance hatten zu sein. Irgendeine Tür der Erkenntnis, eine Dankbarkeit brennt auf, daß wir da sind, daß wir leben – der erste Apfel, das erste Hochsitzen im Bett, das Stückchen Himmel vor dem Fenster – sie werden zu Kostbarkeiten.
Das Wesentliche trennt sich vom Unwesentlichen, das Maß wird richtiger. Krankheit ist eine Gnade – auch der Schmerz. Ohne sie kann unsere Erkenntnis nur schwer wachsen, wäre das Leben nur einfach ein So-dahin-Fließen ohne Hürde, ohne aufgerüttelt zu werden zu neuen Gedanken, Erkenntnissen und immer wieder neuem Anfang.
Gibt es einen anderen Sinn, als nach dem Sinn des Lebens zu suchen.

Gewiß, die Pflicht, die Kinder, das Haus, der Beruf – aber wir, ganz innen, wir als Menschen – wir müssen versuchen den Zaun des Bewußtseins jeden Tag ein bißchen weiter zu stecken.
Wächst man aus so einer schweren Zeit heraus, so kann ein neues Leben beginnen. Aber kommt man durch? Ist einer da, der hilft, und läßt man sich helfen? Kann man sich helfen lassen?

Meine Schwester war mit Walter Kohout verheiratet, einem außerordentlichen Schauspieler.
Es genügte ihm offenbar nicht mehr, eine Fernsehrolle oder eine Theaterrolle nach der anderen zu spielen, er konnte sein Leben in seiner Arbeit und in seiner Kunst nicht mehr steigern. Die Wiederholungen wurden ihm leer.
Und daraus, so glaube ich, bildete sich ein Todeswunsch, der seine Krankheit und das Versagen seines Körpers sehr beschleunigte – er wollte sterben, er sah keinen Sinn mehr.
Als wir in Salzburg bei den Festspielen 1979 unter Maximilians Regie Schnitzlers *Weites Land* spielten, stand ihm der Tod schon im Gesicht. Wenn ich mich hinter der Bühne leise auf meinen Auftritt vorbereitete, sah ich ihn im Augenwinkel meiner Konzentration auf und ab rennen, schneeweiß, schweißüberströmt.
Ich versuchte, Immy auf seine Bedürftigkeit aufmerksam zu machen. Aber da war dieses Phänomen des Festhaltens am anderen.
Sie wollte es einfach nicht wahrhaben, sie mußte über seine Krankheit hinwegsehen, weil sie den Tod nicht akzeptieren konnte.

Am 14. Januar 1980 bekam er durch unglückselige Umstände eine falsche Spritze und dadurch einen anaphylaktischen Schock. Immy versuchte, ihn mit Mund-zu-Mund-Beatmung am Leben zu erhalten. Er kam aus diesem, seinem ersten Tod, noch einmal zu sich, hatte noch Kraft, ihr zu danken.
Immy rannte um Hilfe. »Sagen Sie ihr, daß sie die beste Frau der Welt ist.« Das war sein letzter Satz, als die Notärzte kamen. Man brachte ihn ins Krankenhaus Neuperlach.
Maximilian rief mich an.
Ich raste nach München – fand Immy in grauenhafter Verzweiflung.
Gemeinsam landeten wir auf der Intensivstation, wo Walter mit künst-

licher Beatmung und Herzmassage am Leben gehalten wurde. Viereinhalb Monate lang waren wir die meiste Zeit an seinem Bett. Viereinhalb Monate war es für Immy der Kampf um sein Leben, für mich der Kampf um seinen Tod.
Ich konnte früher als meine Schwester erkennen, daß das Leben nicht mehr zurückkommen kann, von wo es eigentlich schon fortgegangen war. Wir fingen an, uns an diesen Zustand zu gewöhnen – wir waren dem Tod näher als dem Leben – auch durch die anderen, die Kämpfenden, Sterbenden um ihn herum. Man kannte ihren Atem, ihren Herzschlag, ihre Angst, ihr Alleingelassensein.
Und dann fehlte wieder einer an irgendeinem Morgen.
Dieses Leben bekam für uns eine seltsame andere Wirklichkeit, der Ausnahmezustand wurde uns alltäglich.
Das Pflegepersonal, die Schwestern, die Ärzte, sie wurden zu Freunden. Jeden Tag brachte ein anderer Essen mit – und Wein. Und wir kochten nachts. Wärmten auf, was wir mitgebracht hatten – auf dem Vorbau vor den Apparaturen improvisierten wir einen Eßtisch mit Tellern, Gläsern, Kerzen – manchmal lachten wir sogar.
Immer war da das Pochen der Monitore, der Radaranzeigen. Und immer wieder rannte eine Schwester hinaus, weil ein Piep-Signal anzeigt, daß da ein Husten entstanden war, der abgepumpt werden mußte, ein Puls anfing zu rasen. –
Der Tod war so nahe.
Immy und ich hingen nur am Monitor von Walter. Das war das Stück Leben, das sie noch von ihm hatte.
Sein Herzschlag war zum Rhythmus der Apparatur geworden. Manchmal nur noch schwach, verebbend.
Aber sie weigerte sich – er muß leben.
Es war erschütternd, fast unheimlich, mit welcher Kraft sie versuchte, ihn zurückzurufen. Sie setzte ihm Kopfhörer auf, hoffte, daß er seine Lieblingsmelodien erkennen würde – Mozart, Mahler, das Carnegie-Hall-Konzert von Judy Garland, das er oft vor Vorstellungen gehört hatte.
Und manchmal schien sie recht zu behalten.
Da konnte man ihn ansprechen und ihm sagen – vorsichtig, leise, eindringlich: »Walter, du mußt leben wollen! Willst du leben? Gib uns ein Zeichen –.« Und da konnte es passieren, daß er die Augen ein wenig

schloß, um dieses Zeichen zu geben. Oder Tränen liefen über seine Wangen, weil er vergeblich versuchte, uns etwas mitzuteilen – wir wissen ja nicht, was in einem solchen Zustand in uns Menschen vorgeht.

Wir brachten Walter nach Innsbruck in die Klinik von Professor Gerstenbrandt, der sich ausschließlich mit solchen Fällen befaßt. Menschen im Koma, Menschen, die eigentlich nicht mehr von dieser Welt sind. So viel Leid – ich kann es gar nicht schildern.

Die Natur ist ja gütig, sie läßt den Kranken, den Geschädigten im Unbewußten – aber wir, die anderen, die wir auf ein Erwachen warten – Monate, Jahre lang.

Dann kam der 18. Mai. Ich war für ein paar Tage zu Hause. Ich hatte Karten für die Bayerische Staatsoper für mich und die Kinder. Als ich ins Auto einstieg, hatte ich plötzlich das Gefühl, ich muß nach Innsbruck.

Jemand anderer fuhr mit den Kindern nach München – ich raste zu Immy.

Immy wohnte in der Wohnung von Alf Brustellin, der ein paar Monate später so tragisch auf der Münchener Leopoldstraße im Taxi verunglückte.

Die Wohnung lag in einem schönen alten Haus, seinem Elternhaus – ich lief hinauf und fand Immy wie immer verzweifelt, aufgelöst. Wir fuhren sofort in die Klinik. Walter war nur noch ein Skelett. Ich betete still, daß es ihm in der nächsten Krise vergönnt sein möge, hinüberzugehen.

Wieder waren wir bis fünf Uhr früh bei ihm – gingen dann nach Hause, um zwei, drei Stunden zu schlafen – wie jede Nacht. Machten uns aus Verzweiflung eine Riesenschüssel Nudeln mit Kräutern und Knoblauch – saßen heulend da – tranken Wein und fraßen die Nudeln in uns hinein. Dann fielen wir erschöpft ins Bett.

Um zehn vor neun klingelte das Telefon. Wie bei jedem Anruf schreckte Immy aus todesähnlichem Schlaf auf: »Was ist?« »Bitte, kommen Sie sofort, wenn Sie ihn noch sehen wollen.«

Wir rasten – in irgendwelchen Kleidern – durch alle Rotlichter. Immy rannte mir den langen Krankenhausgang voraus, ich kam nicht so schnell nach. Die Hüfte tat weh.

Auch spürte ich das Ende. – Sie stürzte in sein Zimmer, stürzte zu-

rück in meine Arme und schrie wie ein verendendes Tier: »Er ist tot« – und in mir war nur Dankbarkeit, daß er tot war. Immy, dieses arme Geschöpf, hat danach zwei Jahre einen Kampf mit dem Leben, mit dem Tod, mit Gott, ihren Erkenntnissen und dem Unbegreifbaren geführt, wie er heftiger nicht sein konnte.
Und wir um sie.
Vielleicht deshalb, weil sie ihr Leben auf diesen Mann Walter eigentlich recht mühsam eingestellt hatte, ihren Beruf fast gänzlich aufgegeben, um mit ihm alt zu werden.
Darum war die Ablösung so ungeheuer schwer, sie wollte und konnte nicht verstehen, daß zwei Menschen auseinander müssen, die nur im anderen den Sinn für das eigene Leben sahen – wo es doch so viele gibt, von deren Liebe nur noch die zerstörerische Kraft bleibt, auseinanderzugehen.
Vielleicht hatte – aus heutiger Sicht – Walters Tod den Sinn, daß Immy wieder zu ihrer Arbeit und zu sich selbst gefunden hat.

Ich möchte meinen Weg zu Ende gehen, was er auch bringt. Ich möchte alt werden, sehr alt, um auch in der Müdigkeit des alternden Lebens manchmal noch an klaren Tagen einen Gedanken zu begreifen, um eine Erkenntnis reicher zu werden. Nicht weggerissen werden – ohne Bewußtsein hinausgeworfen.
Ich möchte keinen unerwarteten Tod – nicht abspringen müssen von dem rasenden Zug des Lebens, möchte hineinwachsen dürfen, welken dürfen wie Blumen, die ihre Zeit kennen. Unser Kärntner Pfarrer auf der Alm predigte einmal von der Kanzel: »Alle Menschen müssen einmal sterben. Vielleicht auch ich.«
Vielleicht auch ich. Das ist es genau. Wir glauben es ja nicht. Nicht wirklich. Vielleicht auch ich.
Eine Situation auf der Straße, so schnell, so rasant – ein Ausweichen, ein dankbares Aufatmen, ein Gott sei Dank, ein Innehalten für Sekunden. Und dann weiter. Der Tod kann uns so plötzlich streifen, daß man erst hinterher begreift, wie nahe er war.

Wir drehten in Brasilien *Traumschiff*. Rio – alle gingen an Land. Man hatte uns gewarnt: keinen Schmuck, keine Handtaschen, nichts Wertvolles. Straßen – Enge – wo der Karneval noch einfach war – Tau-

sende von Menschen, alles Rhythmus, Hitze. Ich wollte in die Altstadt. Wir nahmen ein Taxi. Der Mann war nicht freundlich. »Handeln, den Preis aushandeln«, hatte einer geraten. Ich versuchte es. Gestikulierend in der brütenden Hitze. Er blieb bei seinem Preis.
Immer steiler den Berg hinauf, alte Mauern, berstend von Blumen. Eine klapprige blaue Straßenbahn kämpfte sich hoch. Jungen, die während des Fahrens rauf- und runtersprangen, braune, schwitzende, lachende Halbkinder, immer vor unserem Taxi her.
Oben auf dem Zuckerhut beim Christus – Nebel. So dicht, daß wir einander kaum sehen konnten.
Am Heimweg wieder in der Sonne – die Vavellas. Ein kleines Tal und darüber eine langgestreckte Hügelkette, steile, ausgetretene Wege, graue Bretterhütten, übereinandergetürmt, ausgetrocknet, wenig Farben, schweigend, brütend in der Hitze. Abgesperrte, äußerste Armut. Eine Sandstraße.
»Nein, das sollten wir nicht. Nicht da hineinfahren«, dachte ich.
Wir fuhren nicht hinein, nur auf den nächsten Hügel. Hinüber, hinunter schauen. Keiner grüßte auf unseren Gruß zurück. Mir fiel es gar nicht auf. Kinder kamen. Kleine, dunkelhäutige Kinder. Ich hatte keine Süßigkeiten, aber Kleingeld. Es wurden immer mehr. Den anderen wurde unheimlich.
Zurück zu unserem Taxi. Die Fenster des Autos standen offen. Die Kinder wichen zurück, als der Fahrer versuchte, vorsichtig auf der abschüssigen Straße zurückzustoßen. Plötzlich ein Griff durchs Fenster, mein Kopf wurde herumgerissen, festgehalten, eingeklammert. Ich sah in das Gesicht eines jungen Mannes, kräftig, kindlich noch. Es war schweißüberströmt – wahnsinnige Angst im Blick – ungeübt, jung, vielleicht das erste Mal.
Die Kinder schlichen davon. Ich konnte nicht denken. Kein Laut, aber auch keine Angst. Der erste Gedanke: Autogramm, idiotisch, er will ein Autogramm. Blitzartig ein Erinnerungsfetzen – Berlin, Massen, Fensterscheibe eingeschlagen, aus dem Wagen gerissen werden. Sonst kannte ich keine körperliche Attacke.
Aber hier – Stille, Warten, gelähmt warten.
Dann das Messer an der Halswurzel, tief, schmerzend, bereit zuzustechen. Mausi war die erste, die Geld hinhielt. Er nahm es. »Mehr!« Wir verstanden seine Sprache nicht, aber es hieß »mehr«! Abgewürgt

holte ich mein kleines Mäppchen aus dem Ausschnitt. Nicht die Creditkarten, mit denen kannst du nichts anfangen! Das Geld – vielleicht hundert Dollar. Er nahm es, schrie: »Mehr!« Beatrice Richter werkelte hinten wie ein Huhn herum, leerte ihre Taschen auf den Boden, gab ihm die leere Tasche, riß sich die Ringe von den Fingern, schmiß sie unter sich. Lambert Hamel gab ihm, was er hatte. Bei jeder noch so leisen Bewegung spürte ich den Druck des Messers bedrohlicher.
Keiner sprach. Keiner schrie. Er wollte mehr, wir hatten nichts. Lambert hielt ihm das schneeweiße Handtuch aus dem Fenster.
»Astor« stand darauf. Es war wie ein Hohn. –
Astor, der Luxusdampfer, und hier die verzweifelte Armut.
Jetzt erst setzte die Angst ein, jetzt erst begriff ich die Gefahr. Nicht Angst um mich. Was konnte noch geschehen. Daß sie Mausi aus dem Auto schleppten. Daß Lambert Hamel versuchen könnte, sich zu wehren.
»Los, fahren Sie!« Der Fahrer konnte nicht. Nur rückwärts. Er tat, als ob er nicht hört und sieht. Ich versuchte, das Fenster hochzukurbeln. Das Messer drang tiefer. Ich versuchte, die Hand wegzudrehen. Das Messer stach sofort zu. Der Fahrer rührte sich nicht, sagte kein Wort.
Der junge Mensch schrie: »Mehr!« Zorn kam in sein Gesicht, ängstliche Hast. »Mehr!«
Mausi war ganz ruhig. Sie weinte nicht. Hätte ja sein können, daß sie fleht, jammert, wegläuft.
Ich konnte den Menschen nicht hassen. Ich sah dieses verzweifelte, ganz zerrissene Gesicht. Nur eines blieb zu tun. Mit ihm reden. Ich konnte keine Sprache mit ihm sprechen, die wir beide verstanden. So sprach ich deutsch mit ihm, streichelte die Hand, die das Messer gegen meinen Hals hielt und sagte immer wieder: »Komm, jetzt ist's genug. Wir haben nichts mehr. Hör auf, geh nach Hause. Komm, sei ruhig, ganz ruhig.«
Als hätte ihn etwas gerufen, etwas, das er hätte brauchen können für sein armes Leben. Nicht Strafe, nicht Haß, nicht Kampf. Wärme, Mitleid. Er ließ los. Ich drehte das Fenster hoch. Der Fahrer, plötzlich wieder lebendig, stieß zurück. Holprig, über einen großen Stein. Alle Fenster zu, weg, nur schnell weg.
Es ging nicht schneller. Noch einmal eine Attacke, wie eine Welle von

Zorn. Der Bursche stürmte auf das Auto zu, schlug auf die Scheiben ein. Weg, nur weg, zurück auf die Straße, zur Grenze, wo das Leben normal schien. Dann war es geschafft. Polizei kam uns entgegen. Der Fahrer stieg aus, machte ein Mordsspektakel.

Ich war mir nicht sicher – er hätte uns nicht dorthin fahren dürfen.

Als wir auf das Schiff zurückkamen, hatten wir beschlossen, niemandem etwas zu sagen. Wir wollten die schöne Reise nicht mit etwas belasten, das viel zu ernst war, um Schlagzeilen zu machen. Heute ist es vorbei, und ich erzähle die Geschichte auch nur, um an diesem Erlebnis in Rio zu zeigen, wie schnell du dem gegenüberstehen kannst, um das du ein Leben lang herumdenkst. Wie schnell es dich treffen kann.

Das Ende. Jung oder alt.

Als wir nach Hause kamen von dieser Reise, holte uns Trudi, meine Sekretärin, vom Flughafen ab.

Sie war sehr still. Mir fiel es nicht auf. Wir erzählten und quatschten, glücklich, bald zu Hause zu sein.

Mausi hatte einen Nymphensittich, schon bald zehn Jahre. Er kannte nicht nur unseren Schritt, er kannte das Geräusch des Autos, wenn sie von der Schule heimkam.

Fidobim sehen! Den Freudenschrei schon in den Ohren, fuhren wir durch den Ebersberger Forst.

»Mausilein«, sagte Trudi, »ich muß dir etwas Trauriges sagen. Fidobim ist heute morgen gestorben.«

Ein Schrei und wieder ein Schrei und noch ein Schrei, nein, nein, nein. Ich nahm sie in die Arme. Sie riß sich frei.

»Trudi, fahr an den Rand. Fahr in einen Seitenweg.«

Das Kind rannte über die Straße hin und her. Ich mußte es einfangen, festhalten. Sie wäre mir unter ein Auto gelaufen. Ich spürte den wahnsinnigen Verlust. – Der erste Tod.

Als wir nach Hause kamen, nahm sie Fidobim in ihre Hände, als könnte sie ihm Wärme geben. Sie wollte allein sein. Als sie wiederkam, sagte sie nur: »Jetzt soll er schlafen. Er will schlafen.«

Jetzt, vor ein paar Wochen, kam ich in die Küche, wo Fidobims Käfig nie weggeräumt worden war. Alle hatten Gläser in der Hand.

»Du kriegst erst etwas zu trinken, wenn du gesehen hast, weshalb wir feiern«, sagte Mausi – und jetzt war ich es, die heulte. Ein frecher, gelber Schopf, weiße Federn, ein hoher Piepser, lustige Kinderaugen. Fidobim ist zurückgekommen, auch wenn er jetzt Flohli heißt.

Wir hatten einen Schäferhund, er hieß Seppi.
Er war ein verwunschener Prinz mit großen, sehnsüchtigen Augen. Er legte seinen Kopf so zauberhaft, so hingebungsvoll und voller Zärtlichkeit zu mir, wie es ein Liebhaber nicht vermag.
Als er noch gar nicht sehr alt war, bekam er eine Hinterhandlähmung, begann die Hinterläufe nachzuschleppen und konnte sich schließlich nur noch mit den Vorderläufen bewegen. Wir versuchten alles, um ihm zu helfen, aber es gab nur noch einen einzigen gütigen Entschluß – ihn einzuschläfern.
Ich rief unseren Tierarzt an, bat ihn, gelegentlich vorbeizukommen – gelegentlich.
Und ich fing an, mich sehr zu fürchten, daß er kommen könnte.
Dann stand er plötzlich da – ein junger Mann: »Ich soll den Hund einschläfern.« Es traf mich wie ein Kind, das seinen ersten unfaßbaren Schmerz empfindet.
Wie Mausi mit ihrem Fidobim. Mein Schluchzen hörte nicht mehr auf.
Meine Mutter sah mich schluchzen, fing auch an zu weinen.
Unser alter Gärtner, der Onkel Goggi, wie die Kinder ihn nannten, kam dazu und fing ebenfalls an zu heulen. Der junge Arzt stand ganz verdattert in der Tür: »Es tut mir leid, dann komme ich eben ein andermal wieder.«
Ich stammelte: »Nein, bleiben Sie, wenn Sie schon da sind. Es muß ja sein.«
Ich holte ein Tablett mit Schnaps, und erst einmal haben wir alle einen großen Doppelten gekippt, und noch einen.
Wir saßen auf den Stufen vor der Eingangstür. Onkel Goggi stand vor uns mit seinem Schubkarren und würgte: »Ihr miaßts'n zammschiebn, damit i net so a groß' Loch grabn muaß!« Seppi kam tröstend herangekrochen, spürte, daß wir verzweifelt waren, er wußte ja nicht, daß es sich um ihn handelte.
Als ich zwei Doppelte getrunken hatte, sagte ich: »Jetzt holen wir alle Schokolade, die wir im Haus finden.«
Wir fanden glücklicherweise fast ein Kilo. Und dann legte ich, mit der

Schnapsflasche auf den Stufen vor dem Haus sitzend, meinen Arm um Seppi und gab ihm eine Schokolade nach der anderen – er schmiegte sich immer enger in meinen Schoß, immer noch zärtlicher.
Und Onkel Goggi stand mit seinem Schubkarren bereit und heulte und wischte sich immer wieder die Augen ab: »Na, des kann i net, na, des geht net, und das mach i net! Aber wenn's es jetzt macht's, dann miaßts'n zammschiebn, damit i's Loch net so groß grabn muaß.«
Allmählich ging die Schokolade zu Ende, wir waren alle schon ganz blau. Als Seppi das vorletzte Stück Schokolade übersättigt aus seinem Maul heraushängen ließ und ich sah, daß es ihm im nächsten Moment schlecht werden würde, gab ihm der Arzt eine Beruhigungsspritze. Er schlief in meinen Armen ein, und ich streichelte ihn. Nach einer Weile erst bekam er die Todesspritze. Es dauerte nur kurz. Onkel Goggi schob ihn zusammen und brachte ihn in sein Grab.

Es gibt schon einige Hundegräber oberhalb der Mauern zwischen den hohen Bäumen. Als Mausi drei oder vier Jahre alt war und wir einen kleinen Hund begraben mußten, ging sie jeden Tag zum Grab und wollte es aufmachen, um zu schauen, ob der liebe Gott schon die Seele an einer weißen Schnur in den Hundehimmel hinaufgezogen hatte.
Vielleicht hatte sie gar nicht so unrecht mit dieser Seele. Denn so wie alle Materie in dieser Welt bleibt und nichts aus der Welt fallen kann, sondern sich nur verwandelt, so wäre es doch durchaus denkbar, daß auch der Geist nicht aus der Welt fallen kann, sondern sich wieder sammelt und verwandelt und wiederfindet in irgendeiner neuen Form.
Alles ist belebt von diesem Geist. Nichts wird aus sich selbst. Alles ist Teil des Ganzen. Alles wird geboren aus etwas, verwandelt in etwas. Wir können keine Blume erschaffen, kein Leben, auch nicht das kleinste. Wir können es nützen, benützen, erkennen, nachahmen, aber erschaffen können wir es nicht.

»Das Alter ist die einzige Alternative zum Tod«, hat Fritz Kortner gesagt, »und da zieht man dann doch das Alter vor.«
Gewiß, schön sind wir vielleicht nicht mehr, Wehwehchen drücken, müde wird man.

Aber sonst ist alles da. Der Tag, der Morgen, der Frühling, die Kunst, Menschen, Bücher, Musik – und die Liebe.

Kürzlich ein »Salut« für Bette Davis. »Bette is never so good as when she is bad.« Salut für Bette Davis. Alle waren da, sie zu ehren. Hunderte berühmter Namen, Gesichter, die unser Leben begleitet haben. Regisseure, Produzenten, Schauspieler. Filmausschnitte wurden gezeigt, ganz jung – die Kollegen auch ganz jung – da saßen sie, alt geworden, man konnte das Leben ablesen an ihren Gesichtern. Gut, schwer, bestanden, verfehlt, manche dem Tod schon ergeben.
Und mich packte eine tiefe Liebe zu ihnen allen, den weißen Haaren und den Falten im Gesicht – und ich war glücklich, dazuzugehören. Einverstanden.

»Der Schmerz ist die Vergeistigung der Welt«, hat Papa in einem Gedicht gesagt.
Nicht fürchten. Einverstanden sein.

Der Alternde

Mein Herz ist wie ein Boot, das abends ruht.
Die Segel eingezogen, zugedeckt.
Es schaukelt müde auf der Wellenflut,
Und wartet, daß der Frühling es erweckt.
Doch immer dichter fällt der Schnee darauf.
Und gelbes Laub streut schon der kalte Wind.
Vielleicht erdaure ich die Blüten noch,
Die in der Erde zart verborgen sind.
Mein Herz ist wie ein zugedecktes Boot,
das weiß im Dunkel eines Hafens ruht.
Zu Nebelrauch verglomm das Abendrot.
Und leise schaukelt die gekühlte Flut.

H. F. Schell

Karriere – am Rande

Begegnungen – Ereignisse – Jahreszahlen – Lebenssplitter – und alle unvergessen

1888

Die Urgroßmutter

Meine Karriere begann beinahe gar nicht.
Auf der Kette, die sie trägt, die Urgroßmutter, steht auf der größten mittleren Koralle ein Spruch, den mein Vater später für mich hat eingravieren lassen auf einer kleinen Goldplatte – zu meinem achtzehnten Geburtstag.

Mach mich nicht blind, o Herr, im Ruhm –
und wollest auch in meinem Leid ein gleiches tun.

Heute trägt sie meine Tochter, bekommen wie ich, zum achtzehnten Geburtstag.

Diese Urgroßmutter liebte einen Lehrer, heimlich und voll heißer Liebe. Es war Frühling.
Zum Herbst wurde der Lehrer versetzt. Sie verzweifelten schier ob der Trennung und schworen einander ewige Treue.
Die Urgroßmutter aber hatte einen jüngeren Bruder. Zwölf oder dreizehn oder so.
Er war eifersüchtig, grenzenlos eifersüchtig – denn er war in der Klasse dieses Lehrers der Schlechteste.
Je mehr die beiden sich heimlich trafen, desto mehr haßte er ihn und desto schlechter wurde er in der Schule. – Der verliebte Lehrer war die Ursache aller Nöte seines jungen Herzens. –
Selig, daß er versetzt wurde, schwor der Jüngling ewige Rache und Rettung seiner Schwester aus den Armen des Verführers. Sie aber verzehrte sich vor Sehnsucht. –
Der erste Brief kam. – Fast ein Zufall, der Junge hielt ihn als erster in Händen. Zitternd.
Über dem Teekessel dampfte er ihn auf.
Empörend dieses Gerede von Ein-Leben-lang und so. –

Er verbrannte ihn. Der zweite kam, der dritte, er verbrannte sie alle. Die Schwester verfiel in Melancholie. – Nichts, kein Gruß, nicht einmal eine Adresse.
Er sah die roten verweinten Augen seiner Schwester, sie fing ihm auch an leid zu tun. Aber jetzt konnte er nicht mehr zurück.
Und dann, endlich, lernte die Urgroßmutter den Urgroßvater kennen.
Er hatte die Pferdepost in Wolfsberg und war in jeder Weise ein stattlicher Mann. Sie verlobten sich – sie erst noch schweren Herzens, aber dann wurde es leichter und leichter, bis sie eigentlich wieder ganz froh war, die Urgroßmutter.
Nach einem Jahr kam der Lehrer zurück.
»Warum nur, warum hast du mir nie geschrieben?« fragte sie, »ich hätte doch nie einen anderen genommen!«
»Ich, dir nicht geschrieben? – Liebste, wie kannst du so etwas glauben. Woche um Woche, oftmals zweimal am Tag!«
»Um Gottes willen, wo sind sie denn geblieben, die Briefe?«

Einer wußte es, einer mußte es gestehen, doch es war zu spät. Der Pferdeurgroßvater gab sie nicht mehr zurück, die Urgroßmutter.
Hätte der junge Mann nur ein bißchen bessere Noten gehabt, ein bißchen mehr Begabung für Mathematik, hätte er den Lehrer nicht zu hassen gebraucht. Die Urgroßmutter hätte ihre Briefe bekommen und den Lehrer geheiratet. –

Aber dann – gäbe es mich nicht.

1925

Der Lorbeerkranz

Aus »Der Knabenspiegel« von Hermann Ferdinand Schell

Meine erste Premiere. In München. Das Theater war ausverkauft. Welch ein hochgeschwelltes Gefühl für einen Poeten, der zwar diesen Abend im sogenannten Scheinwerferlicht der Öffentlichkeit stehen sollte, in Tat und Wahrheit aber auf den Socken ins Zimmer schleichen mußte, weil er die Miete nicht bezahlen konnte. Ich war genau dreiundzwanzig Jahre und drei Monate alt.

Doch wie gesagt, die Premiere kam, der Literaturhistoriker Kutscher saß da, der gefürchtete Theaterkritiker Dr. Mahler, der scharfe Iros. Herzklopfen meinerseits und etwaige Bangnis. Als ich in der Pause im Vorraum die geistreich mächtigen Häupter sich wiegen sah, stiegen Furcht und Trotz auf. Doch siehe da, der Abend wurde ein Erfolg. Ich bekam einen Lorbeerkranz, der mir bis an die Brust reichte. Mit rotweißen Schleifen – Schweizer Farben – und eingeprägten Goldbuchstaben: Dem jungen Autor K. u. Co.

Das sah großartig aus.

Nach der Premiere erschien der Direktor: »Ich gratuliere! Der Effekt war eindeutig! Die Karriere ist da! – Sie müssen nun die Darsteller und ihre Freunde einladen. Nehmen Sie auch Leute, die Ihnen teuer sind, mit, lieber Schell!«

»Ist denn das Sitte?«

»Und ob! Das sieht blendend aus! Das hilft Ihnen! Und überdies ist es eine absolute Notwendigkeit!« bestimmte der Direktor. – Er unterhielt neben dem Theater einen Restaurationsbetrieb. –

»Herr Direktor, ich habe nicht das Geld dazu!«

»Keine Bange, junger Mann, das verrechnen wir dann mit Ihren Tantiemen – 10 Prozent!«

Rund 24 Personen, wenn ich mich recht erinnere, vergnügten sich auf meine Kosten köstlich und ließen mich demzufolge sogar hochleben. Um zu sparen bestellte ich nur geröstete Leber! –

Hochzeitsbild der Eltern Maria Schells:
Die Mutter, die Schauspielerin Margarete von Noé-Schell (geb. 1905),
und der Vater, der Schriftsteller Hermann Ferdinand Schell (1900–1972)

Maria Schell als Kind (geboren am 15. Januar 1926),
mit dem Bruder Carl (geb. 1928)

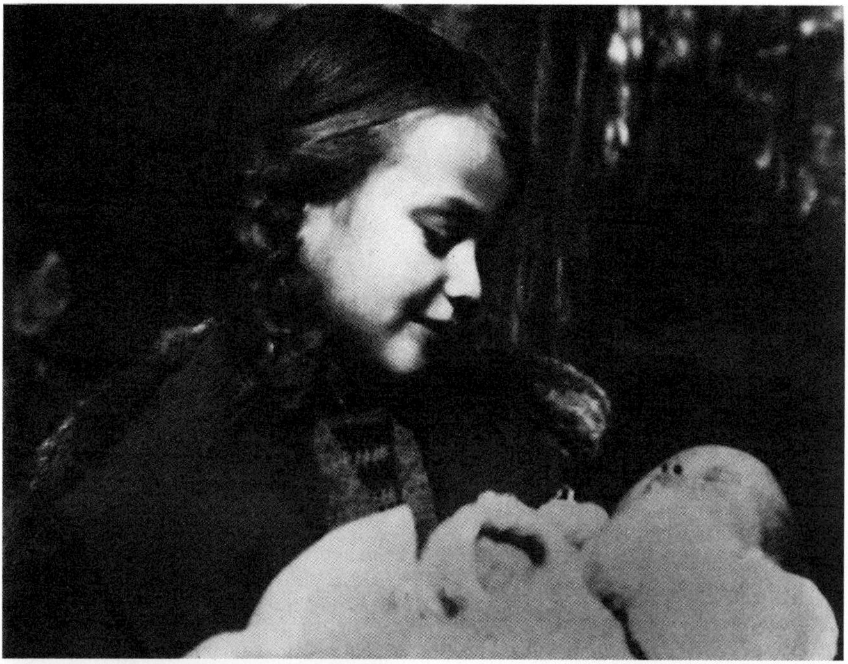

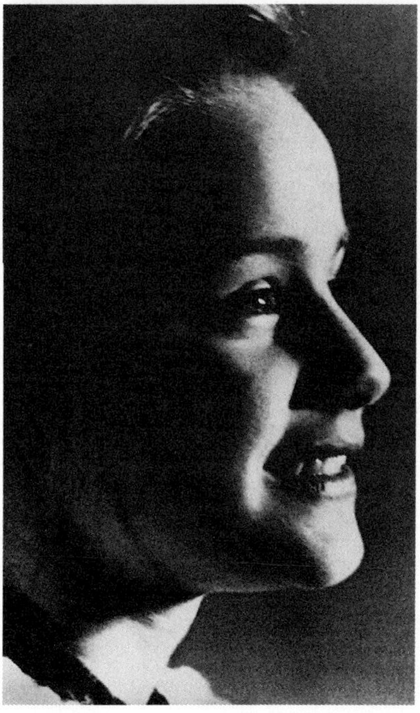

Mit der Schwester Immy auf dem Arm (geb. 1934)
Maria Schell im Alter von zehn und zwölf Jahren

Theater in der Schweiz: Ophelia in *Hamlet*
Gretchen in *Faust*

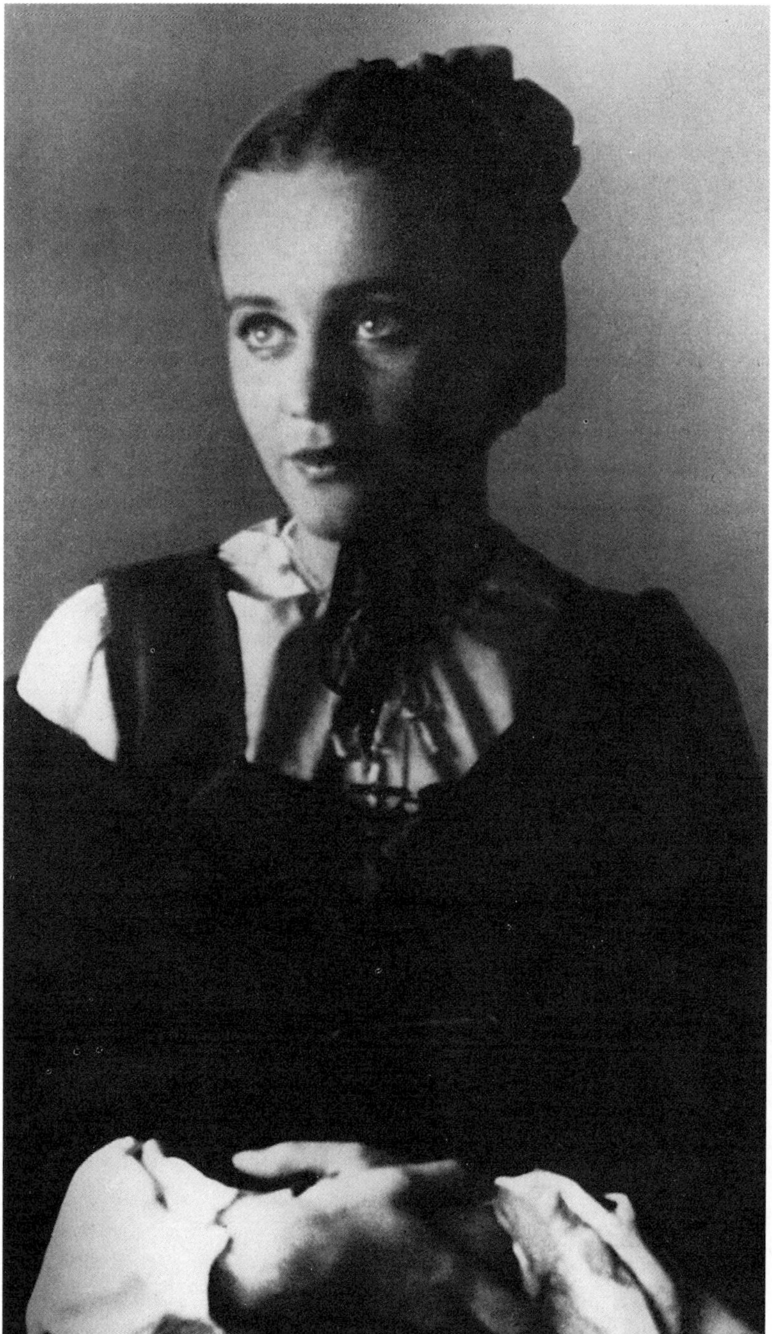

Erste Filmrollen: *Es kommt ein Tag*, 1950

The Angel with the Trumpet, 1949
Dr. Holl, 1951, mit Dieter Borsche
So Little Time, 1952, mit Lucie Mannheim

Solange Du da bist, 1953, mit Hardy Krüger und O. W. Fischer
Tagebuch einer Verliebten, 1953

Bei der Abrechnung zählte mir Direktor K. die Auslagen vor. Zuletzt murmelte er nur noch:
»Ein Lorbeerkranz – 35 Mark!«
»Aber Herr Direktor«, stotterte ich, »den haben Sie mir doch geschenkt!«
»Junger Mann, das ist Propaganda. Das ist geradezu für Sie vorausgedacht! Eigentlich wären Sie mir noch fünf Mark schuldig, aber die schenke ich Ihnen!«
Die Lorbeerblätter haben wir in unserer jungen Ehe so nach und nach beim Kochen aufgebraucht.

1926

Geboren am 15. Januar 1926

Kindheit

Mutti behauptet, wir wären alle zur gleichen Zeit geboren. Der Professor habe sich bei ihr bedankt. – Das weiß sie ganz genau: »Jetzt komme ich doch noch rechtzeitig in die Oper«, hätte er gesagt. Es muß also vor halb acht gewesen sein. Astrologen behaupten, das könne nicht stimmen, sonst wäre ich niemals Schauspielerin geworden.

Wenn ich an meine Kindheit denke, die erste Kindheit, dann ist der Himmel blau, ganz hell. Und reine kühle Luft – fast ein wenig kalt.
Und ich stehe mitten drin in dieser Welt – ich wandere durch diese ersten Lebensjahre, als müßte ich alleine an irgendein Ende.

1933

Urania Wien

Mein erstes Auftreten

Mein erstes Auftreten.
Mit sieben Jahren. An der Urania in Wien.
Ein Märchen. *Die Prinzessin, die einen guten Menschen suchen ging.* Ich war nicht etwa die Prinzessin – ich war der Hofnarr.
Die Prinzessin und ihr Narr kommen auf der Suche nach dem guten Menschen auch ins Schlaraffenland. Im Schlaraffenland gab es, wie in jedem Schlaraffenland, Milch und Honig, gebratene Hühnchen – und einen Apfelstrudel, der aus einem Backofen wuchs – natürlich nicht bei der Probe.
Da, bei der Premiere, ich war wie versteinert, war er tatsächlich da, der Apfelstrudel – wuchs lang und länger aus dem Ofen heraus und ich hatte den katastrophalen Satz zu sagen: »Apfelstrudel mag ich nicht«.
Alles in mir begann zu revoltieren, entschlossen verweigerte ich den Satz – trotz heftigen, zornigen Zuflüsterns aus der Kulisse packte ich den Apfelstrudel mit beiden Händen, den Mund zum Bersten voll, stopfte den Rest in Hosen- und Hemdentaschen und rannte von der Bühne.
Draußen johlten erst die Erwachsenen, dann die Kinder.
Ich bekam Applaus. Den ersten.

1938

Wien – vor dem Krieg

Schule

Das Klassenzimmer war voll viel zu lauter junger Mädchen – ich mittendrin. Über dem Katheder das Kreuz. Jeden Tag das Gebet am Morgen. –
Heute, mitten in dem Lärm, kommt eine ältere Schülerin mit gerahmten Bildern unter dem Arm. –
»Kann ich bitte das Kreuz haben«, keiner rührt sich.
Sie steigt auf den Stuhl hinter dem Katheder – nimmt das Kreuz von der Wand und hängt an den gleichen Nagel ein Bild von Hitler.
Als ob niemand weiteratmet, so still ist es in der Klasse. – Das Mädchen geht.
Das Kreuz liegt auf dem Katheder. Noch immer Stille. Ich weiß nicht warum – ich tu's, weil ich's tun muß.
Ich gehe vor, steige hoch – lege ganz ruhig den Hitler auf das Pult und hänge das Kreuz an seinen Platz zurück.
Jeden Tag hörte ich zu Hause, daß man Mut haben muß.
Jetzt konnte ich es beweisen. Ich hatte Mut. – Wir, das heißt die Eltern, waren dagegen. Gegen was genau, wußte ich nicht.
Hände rissen mich von hinten zu Boden. – Ein lautes, häßliches Mädchen sprang hoch, packte das Kreuz, verlor das Gleichgewicht, stürzte mitsamt dem Heiland – ein zweites blitzschnell hinterher. – Der Hitler hing wieder an seinem Platz.
Es dauerte kaum Sekunden und die Klasse war ein kämpfender Knäuel. Der Sinn verlor sich – es trennten sich die Geister. Ich wurde der Schule verwiesen. Ich hatte einer Schülerin das Nasenbein eingeschlagen.
Kurze Zeit darauf zogen wir in die Schweiz – mit zehn Franken pro Person. Mehr durfte man nicht mitnehmen, aber wir konnten fort.
In eine verhältnismäßig sorglose Jugend.

1942

Steinbruch, Albert Welti, – Schweiz
Regie: Sigfrit Steiner
Mit Heinrich Gretler, Max Haufler, Willy Frey
Gedreht in Zürich und Umgebung

Mein erster Film

Ich hing am Kiosk, zum ersten Mal im Leben hing ich am Kiosk – auf dem Titelbild der kleinen Schweizer Filmzeitung. In Zürich, am Paradeplatz –.

Die Straßenbahnen fuhren an und wieder weg mit ihrem Gebimmel – sie quietschten und kreischten um den Platz an diesem sonnigen Herbsttag, und ich ging mit roten fleckigen Wangen auf und ab, immer um mein Titelblatt herum – und dachte, jetzt kennt mich die ganze Welt.

Ich zählte die Leute, die die Zeitung kauften.

An diesem Vormittag waren es vier – auch ein junges Mädchen, so jung wie ich. –

Wenn die wüßte, daß ich neben ihr stehe! –

Zu Hause würden sie alles über mich lesen und mich natürlich unglaublich bewundern.

Je näher der Mittag kam, desto näher schlich ich mich an mein Titelbild.

Unabsichtlich, ganz unabsichtlich sollte es aussehen – schlußendlich kaufte ich mir die Zeitung selbst, die Verkäuferin hat mich trotzdem nicht erkannt.

Es war ja auch weiter nichts zu sehen als ein junges Mädchen mit dünnen Zöpfen, großen Augen und einem verlegenen Lächeln. Nicht einmal der Scheitel war gerade.

Mein erstes Titelblatt. Seither haben sich viele angesammelt.

Eine riesige alte Truhe stand unten im Bauernhaus in Heberthal, das wir zu einem Studio umgebaut hatten. Da kamen sie alle hinein, die

Titelbilder, mitsamt der Zeitung. Später, viel später, wollte ich vielleicht einmal darin blättern. Inzwischen haben die Mäuse alles gefressen. – Haben wenig, fast gar nichts übriggelassen von meinem Lächeln auf »Time«, »Life«, »Paris Match«, »Oggi«, allen bunten Sternen, Film- und Wochenendrevuen.
Nur die oberste Schicht, gleichsam als Dach, ließen sie unberührt.
Ich lachte. So waren sie halt weg, die Titelbilder.

1943–1947

1943

Drunter und Drüber, Rudolf-Bernhard-Theater, Zürich
Scampolo, Dario Niccodemi, Rudolf-Bernhard-Theater, Zürich

1944/45

Städtebund-Theater Biel-Solothurn

1946/47

Stadttheater Bern – Schauspielhaus Zürich

Ein Mädchen träumt, Elmer Rice, Kammerspiele Wien,
Regie: Hans Thimig

Theater in der Schweiz

Fast alle Traumrollen. – Ophelia in *Hamlet*, Bernhard Shaws Eliza in *Pygmalion*, Beatrice in *Viel Lärm um nichts* – alle Shakespeare-Rollen, Emily in *Unsere kleine Stadt* von Thornton Wilder.

Und dazwischen eine ganz kleine Rolle: das Schwesterle der Rose Bernd von Gerhart Hauptmann mit Käthe Gold in der Titelrolle – ein Gastspiel in meinem Berner Stadttheater.

Käthe Gold, die Schauspielerin, die alles war, was es für mich in der Schauspielkunst geben kann, alles, was ich selbst finden wollte – und auch gefunden habe. – Später. Sie hat es mir vorgelebt – damals.

Sie war so unscheinbar, daß niemand auf die Idee gekommen wäre, daß sie eine der größten Schauspielerinnen ist. Am Bühnentürl oder auf der Straße hätte – ohne es zu wissen – sie keiner erkannt.

»Warum, Gritli, um alles in der Welt, wollen Sie diese kleine Rolle spielen«, fragte mein damaliger Direktor Kohlund verständnislos. »Sind Sie nicht froh über dieses Gastspiel – einen Abend frei zu sein – Sie spielen in jedem Stück. – Warum diese kleine Rolle?«

»Bitte«, sagte ich, »ich möchte nur dabei sein dürfen.«

Ich stand im Dunkel hinter der Bühne – ich wartete mit ihr, für sie, auf den Abend. Sie sah mich nicht. Sie ging auf und ab auf der riesigen dunklen Hinterbühne. Eine Stunde, zwei und mehr, bevor der Vorhang aufging.

Und wie diese Rose dann auf einem Stuhl hockt, ihr Handtäschchen dreht und verdreht – verzweifelt, verstockt, nur immer wieder eine Lüge stammelnd: »Nee, Frau Flamm, nee« – bleibt eingebrannt in meiner Erinnerung. – Frau Flamm, von deren Mann Rose ein Kind erwartet.

Jetzt, nach zehn Jahren, spielte ich die Rose im Film. Käthe Gold die Frau Flamm.
Als die Szene kam, die Szene mit dem Täschchen – mein Gott, dachte ich, ich kann nicht, nur immer wieder: ich kann nicht! – Was machte es, daß Käthe inzwischen älter war.
Sie war für mich die Rose Bernd. Nur sie, niemand anders.
Und da saßen sich jetzt plötzlich zwei Rose Bernds gegenüber, und die eine wollte der anderen das Leben nicht wegnehmen. Nur eine so große Schauspielerin wie Käthe Gold konnte mir helfen, jetzt meine eigene Wahrheit zu finden.
Im Auto saßen wir dann später, und ich erzählte ihr, daß ich heiraten werde.
»So«, sagte Käthe, »und wen?«
»Den Horst, weißt du, den Langen, den von der *Letzten Brücke* – den, der manchmal vorbeikommt.«
»Der im Mercedes 300 – den Komischen?«
Wie um Entschuldigung bittend, vielleicht sogar ungeduldig mit mir selbst: »– Es muß jetzt amal a Ruh sein!«
»A Ruh?« sagte Käthe – »is nie!«
So oft habe ich an diesen Satz gedacht.

1948

Der Engel mit der Posaune, Ernst Lothar, – Österreich
Regie: Karl Hartl
Mit Paula Wessely, Attila Hörbiger, Paul Hörbiger, Oskar Werner,
Curd Jürgens, Hans Holt, Adrienne Gessner, Helene Thimig, Karlheinz Böhm
Gedreht in den Rosenhügel-Ateliers Wien,
Außenaufnahmen Wien

Maresi, Alexander Lernet-Holenia, – Österreich
Regie: Hans Thimig
Mit Attila Hörbiger, Siegfried Breuer, Hugo Lindinger
Gedreht in Salzburg

Nach dem Sturm – Schweiz/Österreich/Liechtenstein
Regie: Gustav Ucicky
Mit Marte Harell, Annie Rosar, Adrienne Gessner, Leopold Rudolf,
Sigfrit Steiner, Max Haufler
Gedreht in den Ateliers Zürich und Umgebung

Der Engel mit der Posaune

Wien nach dem Krieg. Alles grau. Nirgendwo Farben. Nur mein Himmel war blau. Und die Freude der Menschen so bunt, wie ich sie später nie mehr erlebt habe. Dasein – aufbauen. Was machte es, daß die Fenster noch mit Pappe vernagelt waren. – Alles auf Marken und das Gas rationiert, die Läden noch leer.
Was hatten wir in Zürich vom Krieg gespürt – nichts.
Nur manchmal war der Himmel hell und flackernd-rot am Horizont. Papa saß dann mit mir auf der Bank vor der Villa Wesendonck und schrieb in eines seiner Büchlein, die er immer bei sich trug und in denen Hunderte von Gedichten stehen – schaute mich lange an, wie verstört, und sagte: »Jetzt sterben Menschen.«
Aber der Tod ist so weit, wenn man siebzehn ist.
Freilich sterben Menschen, aber sie sind nicht tot. Sie fangen erst viel später an zu sterben.
Wie in diesen Tagen Oskar Werner. Partner aus *Engel mit der Posaune.* Freund aus Kindertagen. Ich habe ihn immer verstanden. Habe sein Brennen, sein Verbrennen gespürt.

Vor einem Jahr noch war ich bei ihm in der Wachau. Festspiele. Oskar-Werner-Festspiele.
Bei der Premiere zu *Prinz von Homburg* spielte er den zweiten Akt zweimal. Stellte sich einfach auf die Bühne und sagte: »Das war nix, das mach mer nochamal.« Die Presse kreuzigte ihn.
Ich fand es fast genial, daß einer es wagt, das Bessere zu müssen. Rücksichtslos gegen sich selbst.
Dann fiel er zurück in seine Krankheit, den Alkohol, Tabletten – und ich wußte, daß man nicht mehr helfen kann.
Oskar Werner, der nervöse Prinz, der immer ein wenig aussah, als ob er aus dem Regen käme.

Maresi

Er saß auf dem Kasten. Der Zimmerschlüssel war abgebrochen. Draußen das ganze Filmteam.
Aufgeregt rannten sie alle rum: »Ein Schlosser, wir brauchen einen Schlosser!« –
Und wir beide, der junge Mann – er war unheimlich schön, sein Repertoire vierzig bis sechzig Worte, mehr, als er je brauchte – und ich wußten nicht, zwischen Lachen und Flüstern, wie wir je wieder aus dem Zimmer herauskommen.
Es durfte ja keiner wissen, daß er abends nach dem Abendessen noch zu mir aufs Zimmer gekommen war. – Schnell, heimlich über den Flur.
Alle wohnten im gleichen Hotel und wir beide sogar schräg gegenüber auf dem gleichen Gang – fast Türe an Türe. Eine letzte Umarmung, Abschied bis morgen – alles still. Und dann brach eben jener Schlüssel ab. Blieb im Schloß stecken. Haarnadeln, Nagelscheren – Bleistift, auch abgebrochen. Was blieb, als zu warten bis zum Morgen. Aber wie, um Gottes willen, wie kam er je wieder in sein Zimmer. Und dann der rettende Kasten. Oberhalb eine Fensterluke zum Gang. Vielleicht konnte man die öffnen. – Einschlagen! – Sie gab nicht nach.
Man hörte schon die ersten Stimmen – er blieb auf dem Kasten.
An alle Türen wurde geklopft, um die Schauspieler zu wecken, überall kam Antwort, nur bei Nr. 14 nichts.

»Wo ist denn der schon wieder!«
Nochmals heftiges Klopfen. »Frau Schell, bitte in die Maske!«
Kleinlaut kam von innen: »Ich kann nicht, der Schlüssel ist abgebrochen.«
»Welcher Schlüssel?«
»Der Schlüssel zu meinem Zimmer!«
»Von innen?«
»Ja! Von innen!«
»Augenblick, das haben wir gleich.«
Und dann kam die Invasion, Hotelportier, Nachschlüssel, Häkelnadel, ebenfalls Nagelscheren – und schlußendlich der Schlosser. Die Türe brach auf. Alles strömte herein. Wenn nur keiner zum Kasten hinaufschaut.
Ich rettete mich in Striptease. Den ersten.
»Seid so lieb und verschwindet jetzt, ich muß mich umziehen!«
Es wirkte. Die Traube, wie sie gekommen war, drückte sich aus der Türe.
Wie, um Gottes willen, kommt mein Romeo vom Kasten in sein Zimmer?
Um sie von meiner Türe wegzubringen, lud ich sie alle zu einem Glas Champagner ein, unten in der Maskenbildnerei.
Ich konnte sie überzeugen, daß der Morgen die beste »Stund« ist, um Champagner zu trinken.
Strahlend erschien Romeo noch zum letzten Glas: »Ja, sagt mal, was ist denn heute hier los!«

1949

Nora oder Ein Puppenheim, Henrik Ibsen, Komödie Basel

Cyprienne, Victorien Sardou, Komödie Basel

The Angel with the Trumpet – Großbritannien
Regie: Karl Hartl/Anthony Bushell
Mit Oskar Werner, John Justin, Eileen Herlie, Norman Wooland, Basil Sydney
Gedreht in den Shepperton-Studios London

London – The Angel with the Trumpet

In London war auch noch alles rationiert. Aber mein kleines Mewshouse war immer voll und auch für alle immer genug zu essen. – Einmal kam Korda zu Besuch. Es sollte ein Fest werden. Ich hatte kleine, sauteure Hähnchen ergattert, aber weil es die so selten gab oder gar nicht, wußte ich auch nicht, wie man sie macht.

»Five minutes on one side, five minutes on the other, ten minutes on the back – and then try. Kommt es noch ein bißchen blutig von innen – not ready – kommt schöne weiße Sauce, ready!«

Korda, alle Gäste, Oskar Werner, John Justin, Eileen Herlie, Carol Reed waren schon bei der spärlichen Vorspeise, als ich in der Küche verschwand.

Five minutes on one side, five minutes on the other, ten minutes on the back.

Zwischendurch machte ich Konversation – so gut ich meine Gedanken von den Hühnchen weg und hin zu meinem hohen Gast wenden konnte, der immer nur in ersten Restaurants und in seinem Claridges Hotel speiste, fünf Messer rechts und sieben Gabeln links und drei Kellner für jedes Glas Wein!

Endlich waren die fünfundzwanzig Minuten rum, ich raste in die Küche und hielt meine Hühnchen an den Füßen hoch, sie waren kalt. Ich hatte vergessen, den Backofen anzuzünden.

Korda bedankte sich für die köstliche Einladung, packte die Viecher alle in einen Korb und nahm uns mit zu sich nach Hause. Es wurden ungarische Hühner. Phantastisch!

Grölend, gut genährt und glücklich wankten wir heim.
Vor meinem Mewshouse an den Ennismore Gardens hinter dem Brompton Oratory brannten noch die Gaslaternen.
Der alte Friedhof inmitten der Stadt, für mich wie ein stiller verwunschener Garten, lag im ersten Morgennebel.
Oskar Werner war veilchenblau, wie man in Wien sagt – kletterte die Laterne hoch und zündete sich eine Zigarette an. In diesem Moment kam der Laternenanzünder auf seinem Radl mit einer langen Stange, reichte sie wortlos Oskar, und der kletterte unter lautem Gelächter von Laterne zu Laterne und löschte sie alle.
Wann immer es so spät wurde, und es wurde oft genug spät, warteten wir auf den Laternenanzünder und der auf seine Brotzeit und sein Bier im warmen Mewshouse.
Als Oskar und ich jetzt vor nicht langer Zeit wieder gemeinsam in London *Voyage of the Damned* drehten, fuhren wir mit dem Taxi auf dem Heimweg vom Studio zum Ennismore Gardens Mews Nr. 28, um unseren Seelensalut abzuliefern.
Es fing an zu dämmern. Wie ein Gruß aus lang vergangenen Tagen kam der Laternenanzünder. Wie ein Abschied. Oskar schaute traurig. »Aufi kraxeln tu i nimmer.« – Und dann lachte er: »Waßt, Miazerl, rauch'n a net.«

1950

Es kommt ein Tag, nach der Novelle »Korporal Mombour«
von Ernst Penzoldt, – BRD
Regie: Rudolf Jugert
Mit Dieter Borsche, Lil Dagover, Herbert Hübner, Gustav Knuth,
Renate Mannhardt
Gedreht in den Ateliers Göttingen und Umgebung

Theatertournee *Faust* von J. W. von Goethe
Mit Albert Bassermann, Heinz Woester, Else Bassermann

Tournee Faust

Bassermann, Steinadler des Theaters, ein Gesicht wie gebrannter Ton, kam wie manche große Mimen seiner Zeit, erst zu den letzten Proben. So spät, daß die Generalprobe vor der Kerkerszene abgebrochen werden mußte.
Er spielte den Mephisto, den Faust Heinz Woester und ich das Gretchen.
Kurze Pause. Nur noch eine Stunde bis zur Premiere in Amsterdam. Zum ersten Mal ein deutsches Ensemble nach dem Krieg auf Theatertournee im Ausland.
Bassermann, schon sehr alt, mußte schlafen.
Die anderen gingen zum Essen.
Und ich verkroch mich wieder, wie seinerzeit Scampolo, in meine Straßen, fand einen Brunnen mit einer Bank.
Der Brunnen wurde gerade zum Brunnen Gretchens, an dem die Mädchen wasserholend flüstern: »Es stinkt, sie füttert zwei, wenn sie nun ißt und trinkt.«
Aber wo um Himmels willen nehme ich diesmal einen Kerker her. Ein Weinkeller, ein dunkler Eingang – ausgetretene, eiskalte Stufen.
Ich zog die Schuhe aus. Die Kälte stieg bis ins Herz.
Generalprobe auf der Kellertreppe.
Es wurde eine große, eine schöne Premiere.
Bassermann unvergeßlich und ich an seiner Seite.
Nach der Premiere, befreit und glücklich, gingen wir ins Viertel mit

den Grachten und den bunten Mädchen in den Auslagen. Rote Lampen brannten, und wo der Vorhang zugezogen war, ging man irgendwelchen Träumen nach.
Man durfte nicht allein durch diese Grachten gehen.
Besonders nicht als Frau. Aber Egon, unser Tourneeleiter, Schwarm meiner Mädchenjahre, war mit uns. Er, der Holländer, in die Schweiz emigriert, hatte sein eigenes Theater in Basel, »Die Komödie«, war sehr erfolgreich und machte in den Sommermonaten Tourneen.
Jetzt war er also mit uns in einer Kneipe gelandet, in den Grachten von Amsterdam. – Voller Matrosen und kleiner, bunter Hürchen.
Einer verhandelte mit Egon. Glaubte, er wäre mein Zuhälter – steigerte den Preis bis zum Höchstangebot. Schlußendlich war ich ihm zu teuer.
Ein anderer holte mich zum Tanz, faßte ein bißchen fester zu – die Hurenmädchen rissen mich beschützend aus seinen Armen, sperrten mich in die Toilette. »Wenn du noch einmal mit so einem Kerl tanzt, können wir dir nicht mehr helfen.«
Nie werde ich die Solidarität dieser Mädchen vergessen.
Am nächsten Tag fuhren wir weiter nach Rotterdam, zu Goethes und der stillen Welt meines Gretchens.

1951

Dr. Holl, Thea von Harbour, – BRD
Regie: Rolf Hansen
Mit Dieter Borsche, Heidemarie Hatheyer, Carl Wery, Otto Gebühr,
Franz Schafheitlin, Adrian Hoven, Lina Carstens, Marianne Koch, Gustav Waldau
Gedreht in den Bavaria-Ateliers München,
Außenaufnahmen Lugano

The Magic Box – Großbritannien
Regie: John Boulting
Mit Robert Donat, Laurence Olivier, Richard Attenborough,
Margaret Rutherford, Peter Ustinov, Glynis Johns
Gedreht in London

Sommerfestspiele Basel:
Romeo und Julia, William Shakespeare
Regie: Leonard Steckel
Mit Will Quadflieg

Erinnerungen an Dieter

Dieter lebt nicht mehr. Ich habe ihn sehr geliebt – so sehr, daß ich davonrannte – heimlich von London nach Paris flog, mitten aus Dreharbeiten zu *Magic Box* mit Robert Donat und Laurence Olivier – nur um eine Nacht bei ihm zu sein.

In Paris verlor ich meinen Paß – ließ Tasche und alles im Taxi liegen, vor lauter Glück, bei ihm zu sein. Jetzt aber konnte ich nicht mehr zurück – am Montag zur Arbeit nach London. Ein neuer Paß, unmöglich. Wochenende, Samstag und Sonntag. Am Montag mußte die schweizerische Gesandtschaft erst einmal feststellen, ob es mich überhaupt gab.

Mein Schweizerdeutsch half mir ein wenig in meiner Glaubwürdigkeit. Dennoch dauerte es zwei Tage, bis die Bestätigung kam.

Es blieb nichts übrig, als London anzurufen und zu gestehen. Es war furchtbar. –

Der ganze Drehplan mußte umgestellt werden.

Als ich endlich in London eintraf, mit neuem Paß und neuer Arbeitsgenehmigung, holte mich der große Produzent und Regisseur Ronald Neame sofort in sein Büro.

Herr über Leben und Tod, 1954, mit Wilhelm Borchert

Die letzte Brücke, 1954, mit Bernhard Wicki

Gervaise, 1955

Kabale und Liebe, bei den Salzburger Festspielen, 1955, mit Will Quadflieg

Premiere des Films *Die Ratten*, 1956
Heidemarie Hatheyer, Regisseur Robert Siodmak, Maria Schell
und Curd Jürgens

Rose Bernd, 1956, mit Raf Vallone

Liebe (Uragano su Po) 1956

Maria Schell beim Rollenstudium in den CCC-Studios
in Berlin-Spandau, 1956

Ich bekam den schlimmsten Krach meines Lebens.
Er schrie wie ein Wahnsinniger, rannte in seinem Büro auf und ab und sagte dann den Satz, den ich nie vergessen werde. Ich stolperte gerade schluchzend und fast blind vor Tränen aus dem Büro, als ich seine Stimme gütig hinter mir hörte: »Please come back – setz dich –.«
Er schaute mich lange an – er war ganz weich geworden.
»Ich lasse nie einen Menschen unversöhnt aus meiner Tür gehen, weißt du, es könnte sein, daß er nie mehr wiederkommt.«
Und dann erzählte er: »Als ich ein Junge war von sechs Jahren, hörte ich meine Eltern nachts streiten. – Ich schlich mich heimlich auf die Treppe – mein Vater stürmte gerade aus dem Haus, schlug die Tür hinter sich zu. Ich kroch in den Schoß meiner Mutter. Tröstete sie, so gut ich konnte.
Im Morgengrauen brachten sie ihn auf einer Bahre – tot.«
Und dann, als wollte er die Tränen zurückhalten, die ihm in die Augen stürzten, recht rauh und mit einem Schlag auf meine Schulter: »Also, das Ganze ist jetzt vergessen. Geh an deine Arbeit.«

20 000 Lichter

Die Waldbühne in Berlin. 20 000 Lichter. 20 000 Streichhölzer gegen den Nachthimmel. Angezündet für uns. Wir, die Kinder des Olymps dieser Zeit. Dieter Borsche und ich.
»Keine Fehler machen – ganz ruhig bleiben. Nur die Filmausschnitte vorführen lassen – Applaus entgegennehmen, verbeugen. Ehrenwalzer für Sie und Dieter – über die Bühne schweben und dann mit Polizeischutz ins Auto –«, der Pressechef sagte es nervös.

Die Vorführung war zu Ende – der Walzer brauste auf.
Dieter nimmt mich in die Arme, schwingt mich rechts und sehr schlecht links herum –. Und mittendrin, mit einladender Geste zum Publikum, sage ich: »Darf ich bitten, meine Herren?
Und Dieter fast gleichzeitig: »Meine Damen.«
Wir dachten, es kommt einer, zwei – um diesen Ehrenwalzer mit uns zu tanzen. Aber eine Mauer von 20 000 Menschen schob sich uns ent-

gegen wie eine Flutwelle, jubelnd, mit Streichhölzern – wie ein Sternenvorhang. Die Damen ergriffen Dieter, kämpften um ihn wie im Ring. Er blieb ohne Krawatte, im zerrissenen Anzug, ohne Hemd, mit Kratzern, rot vor Küssen, total überwältigt, reif für die Erste Hilfe.
Und ich, ich weiß nicht, wie ich es geschafft habe, ging durch Hunderte von Kavaliersarmen – kaum eine halbe Drehung lang – bis die Feuerwehr uns rettete und mit voll aufgedrehten Schläuchen alles auseinandertrieb. Wir waren naß wie die Ratten.
Ich sank als Siegerin aus schätzungsweise 10 000 Frauen meinem ramponierten Dieter in die Arme.

Charlie Chaplin in der Schweiz

»I a Mistchratzerli«, stand draußen vor dem Gartenrestaurant mit den hohen alten Bäumen – vollgestopft mit Menschen. Mistchratzerli sind kleine, ganz junge Hähnchen.
Charlie Chaplin fand keinen Platz – der traurige, weise Clown eines Universums.
»Wer? – Wer soll das sein?« – Der Kellnerin war das ganz egal. »Der muess warte, wie alle andere Lüt auch.«
So setzte sich Charlie Chaplin mit uns wartend auf die Mauer und fing an, ein Hühnchen zu essen, das gar nicht da war. Er zerschnitt, verteilte, nagte, schlürfte, weil es so »saftig« war, warf Knochen hinter sich und lobte über die Maßen die Mistchratzerli vom »Goldenen Gockel« zu Rapperswil.
Der Kellnerin riß es jedesmal den Kopf herum, wenn sie mit übereinandergetürmten Tabletts und Tellern an ihm vorbeibalancierte.
»Der hät doch keis Güggeli in d'r Hand!« Sie konnte es nicht glauben. »Wieso ißt dr denn?!«
Nochmals flog der Kopf herum.
Beim dritten Mal legte sie ihm ein Frischgebackenes in die leeren Hände. Sofort bekam er seinen Tisch – und sie strahlte. So hatte sie noch niemand »ihre Mistchratzerli« genießen sehen.
»Charlie Chaplin – den kenn ich nid, aber vo Mistchratzerli da verstaht'r öppis.«

1952

So Little Time – Großbritannien
Regie: Compton Bennett
Mit Marius Goring, Gabrielle Dorziat, Lucie Mannheim
Gedreht in den Studios London, Außenaufnahmen Brüssel und Umgebung

Bis wir uns wiedersehen – BRD
Regie: Gustav Ucicky
Mit O. W. Fischer, Kurt Meisel, Karl Ludwig Diehl, Margarete Haagen
Gedreht in den Studios Göttingen, Außenaufnahmen Comer See

Der träumende Mund – BRD
Regie: Josef von Baky
Mit O. W. Fischer, Frits van Dongen
Gedreht in den Studios Hamburg

Marius

Große Liebe – fast noch Kinderliebe – Marius.

Die Geschichte des Films: Die Liebe eines belgischen Mädchens zu einem deutschen Offizier, Marius – der Zärtliche, der nie hätte Offizier sein können.

An einem Morgen kam Marius nicht zum Drehen – wir warteten. Ein Anruf, ein Unfall auf dem Weg zum Studio. – Ein Mann war Marius ins Auto gelaufen. Tot. – Zufall? Die Szene, die zu spielen war – der Selbstmord des hohen deutschen Offiziers.

Endlich kam Marius. Er war schneeweiß. Er sprach kein Wort. Ging an uns vorbei, als sähe er uns nicht, an seinen Platz in der Dekoration und wartete. Still, konzentriert, beängstigend. Ein großer Schauspieler.

Endlich war alles fertig, es konnte gedreht werden. Die Kamera lief. Wir standen abseits.

Er schrieb die paar Worte, die zu schreiben waren, auf einen Zettel, legte Schlüssel und Papier auf den Schreibtisch, ruhig, grauenhaft ruhig. Nahm die Pistole, lud sie, legte sie vor sich hin, wartete lange – die Augen ganz nach innen, Abschied. – Endlich hörte man einen Schuß. – Er starb für den Mann auf der Straße. – Dann erst löste sich der Schock. Er weinte. – Ich hielt ihn fest. Lange.

Bambi-Feiern

Frantischek, der Bernhardiner, schnarcht unter der alten Vitrine, in der Reliquien aus vielen Filmen und Theaterstücken stehen. Immer habe ich mir ein Requisit, einen Gegenstand, aus einem Film mitgenommen, unbedeutend, ohne Wert – der mich erinnern sollte an die eine oder andere Rolle.

Ein Strumpfband aus *Es kommt ein Tag*, eine getrocknete Rose, ein Kettchen mit einem alten Geldstück – Curd Jürgens und ich eingraviert in *Schinderhannes* – der Knopf vom alten Militärmantel aus der *Letzten Brücke* – der verhängnisvolle Brief aus *Nora*.

Die Preise, nein – die stehen verstreut im ganzen Haus. Der Volpi-Pokal aus Venedig, ein Gemäldepreis aus Cannes, La Victoire, Paris – man merkt gar nichts davon. – Und die Bambi-Tiere – auch überall verteilt im Büro, in Gäste- und Kinderzimmern –. Nur die große Silberschale, »Der siebenfachen Bambi-Siegerin von der Stadt Karlsruhe«, steht vor der Vitrine – immer mit Blumen.

Bambi-Feiern! – Wir standen auf dem Balkon in Karlsruhe wie Königskinder und unter uns Tausende von Menschen.

Einmal erzählte ich, ich glaube dem Bürgermeister selbst, daß ich, wie alle Schülerinnen, als junges Mädchen in der Straßenbahn gern schwarzgefahren bin und daß das Eis fürs gesparte Zehnerl doppelt gut schmeckte.

»Liebe gnädige Frau«, sagte der Bürgermeister begeistert, »bei uns können Sie auf Lebenszeit umsonst fahren.«

»Das hätte ich gern schriftlich«, war meine prompte Antwort. Ich bekam tatsächlich von der Stadt Karlsruhe einen Straßenbahnausweis auf Lebenszeit – und nicht nur das, eine frischlackierte neue, ich glaube blaue Straßenbahn wurde eingesetzt und fuhr mich um die ganze Stadt. Hunderte von Menschen säumten die Straßen, die ganze Karlsruher Jugend hing auf den Trittbrettern. Meinen Straßenbahnausweis habe ich immer noch. Was würde ein Straßenbahnschaffner in Karlsruhe heute sagen, wenn ich tatsächlich mit der alten Karte einsteigen würde? – vorausgesetzt, es gibt noch Schaffner.

1953

Solange du da bist – BRD
Regie: Harald Braun
Mit O. W. Fischer, Hardy Krüger, Brigitte Horney, Mathias Wieman,
Walter Richter, Liesl Karlstadt, Anneliese Uhlig
Gedreht in den Bavaria-Ateliers München

The Heart of the Matter/Das Herz aller Dinge,
Graham Greene, – Großbritannien
Regie: George More O'Ferrall
Mit Trevor Howard, Peter Finch, Gerard Oury
Gedreht in London

Tagebuch einer Verliebten – BRD
Regie: Josef von Baky
Mit O. W. Fischer, Franco Andrei, Margarete Haagen, Ernst Schröder
Gedreht in München und im Tessin

Solange du da bist

Ich schrie – die Flammen schlugen hoch an meinem Rücken, bis in die Haare –.
O. W. Fischer schrie – saß auf dem Kamerakran und schrie, Mutti in der Kulisse, die Feuerwehrleute, der Regisseur. Alles schrie – »Zurück Maria, sofort zurück!« –
Nein, ich wollte nicht – ich wartete viel zu lange – bis ich die Flammen spürte. »Und wenn ich verbrenne!« – Wartete, bis mein Kleid in Flammen stand. War auf der obersten Stufe der Treppe der Dekoration, die ins Nichts führte. –
»Maria!«
– Ich drohte, brennend in die Tiefe zu fallen.
Feuerwehrleute rasten die Treppe hoch, rissen mich zu Boden, schleiften mich über die Treppe, rollten mich in Decken –. Ich hatte Glück, der Asbest hatte gehalten. Mir war nichts passiert.
Wahrheitsfindung kann auch zu weit gehen.

1954

Napoleon – Frankreich/Italien
Regie: Sacha Guitry
Mit Sacha Guitry, Michèle Morgan, Danielle Darrieux, Daniel Gélin, Yves Montand, O. W. Fischer, Jean Marais, Micheline Presle, Orson Welles
Gedreht in Paris

Herr über Leben und Tod – BRD
Regie: Victor Vicas
Mit Wilhelm Borchert, Ivan Desny, Fritz Tillmann
Gedreht in der Bretagne

Die letzte Brücke – Österreich/Jugoslawien
Regie: Helmut Käutner
Mit Bernhard Wicki, Barbara Rütting, Tilla Durieux, Fritz Eckhardt, Robert Meyen, Carl Möhner und Horst Hächler
Gedreht bei Mostar/Jugoslawien

Ein Verehrer

Still war es bereits geworden auf der Croisette in Cannes. Die Lampen standen schon erleuchtet gegen den Himmel und gegen das Meer. Die Luft war so wohltuend warm, strich fast zärtlich über unsere vor Erwartung glühenden Gesichter. *Die letzte Brücke*, Helmut Käutners Film mit Barbara Rütting, Bernhard Wicki und mir stand vor der Premiere.

Der Film, der uns drei Monate im heißen staubigen Sommer Jugoslawiens festgehalten hatte, weitab von jeder Zivilisation. Die Füße taten weh vor lauter Steinen – eingeschlossen in eine Welt, die uns wie im Mittelalter erschien. Die Kinder rannten den Autos nach, als kämen sie aus einer anderen Welt. – Die Blüten hingen in allen Farben über die Mauern, die Esel schrien ihr klagendes Lied, und wir spielten Krieg für unseren Film. Jetzt wurde er in Cannes gezeigt. Das Filmpalais an der Croisette war voll Erwartung.

Ein letzter Blick hinaus übers Meer und in die untergehende Sonne – fast wie ein Gebet für Glück heute abend und Erfolg.

Nun war alles vorbei, die Freude über die heftig gute Reaktion stand uns allen im Gesicht. Käutner hielt meine Hand. Fast beschwingt gingen wir in der Mitte der Croisette, einem französischen Abend und herrlichem Wein entgegen. Da hörte ich Schritte hinter mir. Eilige Schritte. Fast wie Laufen. Trippeln.
»Mademoiselle!«
Ich drehte mich um.
Große, strahlende, fast stechend blaue Augen, ein schneeweißer Heiligenschein seine Haare.
Er preßte meine Hand.
»Isch abe Ihre Film gesehen – es ist eine große Film. Isch möchte Sie umarmen!«
Er tat's – liebevoll, stürmisch und dann:
»Meine Name ist Jean Cocteau.«
Mein Herz machte einen Riesensprung. Die Freude tat mir richtig weh. Wir haben ihn gebeten, bei uns zu bleiben.
Er blieb. Ein Freund. Ein Leben lang.

1955

Die Ratten, Gerhart Hauptmann, – BRD
Regie: Robert Siodmak
Mit Curd Jürgens, Heidemarie Hatheyer, Gustav Knuth
Gedreht in Berlin (West)

Gervaise, Emile Zola, – Frankreich Italien
Regie: René Clément
Mit François Périer, Suzy Delair, Mathilde Casadessus, Armand Mestral, Jacques Harden
Gedreht in den Studios de Boulogne Paris

Salzburger Festspiele:
Kabale und Liebe, Friedrich Schiller
Regie: Ernst Lothar
Mit Will Quadflieg, Heidemarie Hatheyer, Ewald Balser, Nicole Heesters, Walter Franck, Bruno Hübner

Piperkarcka

In der modernen Fassung von *Die Ratten* ist Piperkarcka ein Mädchen aus dem Osten. Sie kommt nach Berlin, um ihren Freund zu finden. – Sie wartet auf einen postlagernden Brief. Vielleicht sogar auf Geld. Piperkarcka ist schwanger.
Frau John bietet ihr Geld an für das Kind – gibt ihr Unterschlupf.
Ich hatte mir die häßlichsten Dauerwellen in meine Haare brennen lassen – ohne jede Schminke, mit Kleidern und Schuhen, die man heute große Mühe hätte zu finden.
Ich sah so armselig aus, daß mich die Polizei nicht durch die Absperrung der Zuschauer zum Drehplatz lassen wollte.
Ich mußte laut rufen, bis mich ein Aufnahmeleiter holte und befreite aus einer möglichen »Verhaftung wegen Störung«. »Das soll die Schell sein?« sagte einer der Zuschauer – »versteh ich überhaupt nicht, daß die noch Filme macht, bei den vielen Tankstellen!«

In einer Szene sollte ich tanzend, erschöpft, glücklich an den Tisch zurückkehren mit dem Mann, den ich liebe. –
Heiß und verschwitzt löst sich das Haar, und es fällt eine Haarnadel in die Hand des Geliebten. – Gervaise wird erinnert an ihre Untreue – während der Geliebte im Gefängnis war.
In diesem Augenblick sollte die Kamera auf meinem Gesicht landen, aus der Weite, dem Rummel und den Tanzenden – ganz nah – meine Augen sich mit Tränen füllen – nicht früher und nicht später – und über meine Wangen rollen. Genau wenn die Kamera angekommen war.
»Bitte, alles auf die Plätze, Musik, Bewegung – Klappe.« Ein riesiger Aufwand. Hunderte von Tanzenden, Lärm, Musik, Sommerbuden, Ballons, Kinder – und wir beide mitten in all dem Trubel, lachend, glücklich, uns langsam zu unserem Tisch durchkämpfend – jetzt fällt das Haar, die Haarnadel – die Kamera schaut mir direkt in die Augen. Die Träne, jetzt soll sie fallen. Sie fällt nicht.
Unter dem Tisch spüre ich René Cléments Hand: »Pleure, ma chérie, pleure – bitte, bitte, weine – ich flehe dich an!« – Es weint nicht. Ich kann tun was ich will, es weint nicht. Die Kamera verläßt mich wieder und versinkt in Lampions. Noch einmal – und noch einmal. Der Abend kommt.
Aber keine Träne. Nur ein leises Zucken um den Mund.
Man kann eben nicht auf Kommando weinen.

Zwischen Schiller und Zola, hoch über den Wolken

Fast zu fesch waren sie, meine beiden Piloten, die mich von Paris nach Salzburg flogen – fast jeden Tag während der Salzburger Festspiele.
Ich drehte von neun Uhr früh bis drei Uhr nachmittags an meiner *Gervaise* in den Studios von Paris – wurde dann per Auto nach Orly gefahren und stieg in meine kleine zweimotorige Maschine. Müde, so müde war ich. –

Der Vertrag mit Salzburg hatte bereits seit über einem Jahr bestanden und konnte nicht mehr abgesagt werden. Auch wollte ich das nicht. – Es war zu schön, wieder mit Will Quadflieg, Erzengel des Theaters, zu arbeiten, mit dem ich bereits *Romeo und Julia* gespielt hatte.
Einen vollkommeneren Romeo kann keine Julia haben.
Am Morgen Emile Zolas *Gervaise*, am Abend Schillers Luise in *Kabale und Liebe*.
In zwei Sprachen, zwei Kulturen – und beides mit dem gleichen Herzen.
Und dazwischen fünf wackelige Stunden Flug.
Meine beiden feschen französischen Flugkapitäne hatten ihre festen Plätze im Salzburger Festspielhaus –. »C'est du théâtre formidable«, sagten sie jedesmal und luden mich vor dem nächtlichen Heimflug nach Paris zum Essen ein. – Salzburger Nockerln.
Ich schlief meist in der Maschine.
Bis wir da sind, ist es Morgen, und zwei Stunden später beginnen die Dreharbeiten. Ich fuhr direkt ins Studio. Eine Stunde kurze Rast in der Garderobe.
Im Flugzeug – die beiden rauchten, dann schlief der eine, und der andere flog in der Dunkelheit weiter – durch Berge von Wolken. Da, plötzlich, ein Riß im Magen, ein Fallen, kein Denken mehr, nur Fallen, die Maschine dreht sich, stürzt – tiefer, tiefer – und fängt sich wieder.
»C'est rien, Mademoiselle, wir aben nur vergessen, die zweite Tank einzustellen – le premier était vide.« Sie lachten. Sie fanden das sehr komisch – und holten einen Whisky unter dem Sitz hervor.
Ich konnte ihn brauchen.

1956

Rose Bernd, Gerhart Hauptmann, – BRD
Regie: Wolfgang Staudte
Mit Raf Vallone, Käthe Gold, Leopold Biberti, Hannes Messemer,
Siegfried Lowitz, Krista Keller, Arthur Wiesner
Gedreht in den Bavaria-Ateliers München,
Außenaufnahmen München und Umgebung

Liebe/Uragano su Po – BRD/Italien
Regie: Horst Hächler
Mit Raf Vallone, Eva Kotthaus, Camilla Spira,
Peter Carstens, Fritz Tillmann
Gedreht in den CCC-Studios Berlin (West),
Außenaufnahmen Po-Ebene/Italien

Rose – allein

Wolfgang Staudte – ein großer Regisseur – inszenierte *Rose Bernd*. – In wunderbarer Fotografie. Er »gestaltete« die Natur und richtete sie sich ein, wie er sie brauchte. Ohne sie zu vergewaltigen, die Natur.

Ein gelbes Kornfeld, eine Rose Bernd im schwarzen Kleid – ein weichgeschwungener Hügel, ein einziger Baum – eine riesige Schneelandschaft, ein Viadukt, nur das, nichts weiter – nicht einmal hoch genug, daß man drunter stehen konnte.

Dort lag Rose Bernd, um ihrem Kind das Leben zu geben. – Mutterseelenallein.

Mit einem Kran wurde ich unter den Viadukt gehievt – es sollten keine Spuren zu Rose führen. Nur die eine, die erste, schon langsam verschneit. Ich lag zusammengekauert in meinem dünnen Mäntelchen. Keiner konnte zu mir, ich nicht weg von meinem Platz bis zum Ende der Aufnahmen. Niemand konnte zu mir. Manchmal ein Schluck Tee – am Tongalgen angebunden.

Weit, sicher zehn Kilometer weit weg, stand der Zug, abrufbereit. Auf Signal sollte er anfahren, die Kamera sieht ihn von weitem, sieht ihn auf uns zukommen – und in dem Augenblick, wo er über den Viadukt donnert, gibt Rose Bernd ihrem Kind das Leben. – Und den Tod.

Die Kamera verfolgt den Zug – Rose bleibt allein.
Unzählige Male muß diese Szene gedreht werden.
Einmal kam der Zug zu spät, dann blieb er stecken, rangierte zehn Kilometer zurück, kam mit Tempo wieder –.
Es fing an zu schneien, das Bild begraben im Schnee – frierend lag ich auf dem eisigen Boden in meiner Ecke.
Zurück – und vor und zurück. Siebenundzwanzigmal.

»Ich bin stark – ich bin stark – ich bin stark gewest« – sagt die Rose.

1957

Le notti bianche/Weiße Nächte, F. M. Dostojewski, –
Italien/Frankreich
Regie: Luchino Visconti
Mit Jean Marais, Marcello Mastroianni
Gedreht in Cinnecittà Rom

The Brothers Karamasow/Die Brüder Karamasow,
F. M. Dostojewski, – USA
Regie: Richard Brooks
Mit Yul Brynner, Claire Bloom, Lee J. Cobb,
Richard Basehart, Albert Salmi
Gedreht in den MGM-Studios Hollywood

27. 4. 1957 Hochzeit mit Horst Hächler

Hochzeit Wieskirche

Wir hatten es überstanden. – Irgendwie war es dann doch möglich, aus der Kirche heraus und zu unserem Auto zu kommen. Einen Holzbalken mußten wir durchsägen – eine bayerische Sitte. Zuviel Aufsehen um diese Hochzeit. – Die Tränen liefen mir übers Gesicht. –

Vor dem Haus in der Pienzenauer Straße drängten sich seit Tagen die Menschen, saßen auf Zäunen und Mauern und wollten das Brautpaar sehen – anfassen. Sie brachten Teller und Gläser zum Kaputtschlagen für den Polterabend, und wir kehrten die Scherben und unser Leben in den Ehestand hinüber.
Vor der Wieskirche standen die Hügel voll mit Autobussen aus ganz Deutschland.
Reporter und Fotografen hingen wie Barockengel über Kanzel und Altären. Und der Pfarrer, in dessen Sakristei wir geflüchtet waren, hatte noch mehr Angst als wir.
Helmut Käutner und Bernhard Wicki waren Trauzeugen.
Die Ehe hat dennoch nicht gehalten.
Wir flohen in unserem Mercedes Cabriolet. Die Autobusse hinter uns her.

In München warteten Empfang und Hochzeitsessen.
Nur einen Augenblick allein sein. An diesem großen Tag.
Siebenundzwanzigster April 1957.

Wäre ich glücklich, wirklich glücklich gewesen – ich glaube, ich hätte über das alles gelacht.

Notti bianche oder – Hinter dem großen Studio

Jeden Tag wanderten wir mit Luchino Visconti zum hinteren Studioausgang hinaus durch Olivenbäume und Sonne, in die kleine Trattoria, draußen vor der Cinnecittà, dem großen Filmstudio von Rom am Rande der Stadt.
Luchino sah immer ein wenig aus, als ob er friert, mit seinem unerläßlichen weißen Wollschal.
Lange Holztische, Bänke, Teller, Mozzarella, eiskalte Tomaten mit Basilikum, Spaghetti.
Luchino wollte mit seinen »Arbeitern« essen. Er, der Fürst – wir, seine Arbeiter.
Ein Spiel entwickelte sich. Jeden Tag nahmen wir den Prosciutto und den Gorgonzola runter von den Tellern und malten die Teller an – mit bunten Stiften, die irgendeiner mitgebracht hatte.
Jeder für jeden.
Auf einem steht: »Sempre a te, Luchino« –.
Auf Marcellos: »Pour Maria et les hélas nuits blanches« – für Maria und die leider weißen Nächte.
Jean Marais zeichnete eines seiner schönen Bildnisse.
Im Laufe des Films wurde es für jeden von uns fast ein ganzes Service.
Ich habe sie alle noch.
Zu Hause ließ ich sie einbrennen. Ganz einfache weiße Teller, aber für mich von hohem Wert.
Luchino der Fürst –.
Fast so groß wie die Schweiz waren die Ländereien derer von Visconti.
Als Bub wurde er von vierundzwanzig Dienstboten bedient, nie weni-

ger. Jetzt war er überzeugter Kommunist und hatte nur noch sechs. Er hielt sich für sehr arm. Seine Wohnung hatte »nur noch sieben Zimmer« – aber von auserlesener Schönheit.
Voll mit den kostbarsten Dingen, außerordentlich, wie in einem Museum.
Der Tisch in seiner Wohnung war immer gedeckt. Mindestens für vier. Auch wenn er allein zu Abend aß. Er wartete immer auf Freunde.
Drei Fernsehprogramme an drei Fernsehapparaten liefen zur gleichen Zeit. Er wollte alles sehen, an allem teilhaben. – Auch an den Menschen, die er liebte.
Immer rief er an, durch Jahre und Jahre. –
Als er von uns ging, war mir ein Mensch gestorben, der mich Liebe und Freundschaft hatte erfahren lassen. –
Und höchste Kunst.

Ankunft in Hollywood

Meine Ankunft in Hollywood: Es war fünf Uhr morgens, als die Maschine landete.
Maschinen, die noch über den Nordpol flogen, zwanzig Stunden und mehr, mit Schlafkabinen und Aufenthalt in Grönland. Man wachte auf, schaute raus, sah die Schneemauern und kuschelte sich wieder ein, bis man in den ewigen Blumen, der Sonne und der unverkennbaren heißen Wüstenluft landete.
Da stand er, der Präsident der Oscar-Academy, George Seaton, um mich abzuholen. Wo gibt es so etwas – um fünf Uhr früh. Persönlich. Unvergessen.
Gervaise war nominiert für den Oscar. Ich war eingeladen.
Wohnte im Beverly-Hills-Hotel. Vornehm – Suite. Garten, alles hell, strahlend.
Die Wassersprinkler und die aufgehende Sonne ließen die Welt ganz neu erscheinen.
Ich war nicht müde. Schlich mich um sechs Uhr früh leise in dieses Hollywood – lief lange durch die menschenleeren Prachtstraßen – mit

den Milchflaschen und den Zwei-Kilo-Zeitungspaketen vor den Luxustoren der Villen.
Irgendwo stand eines offen. Vorsichtig ging ich hinein, setzte mich auf eine Bank am höchsten Punkt des Gartens – hoch über Hollywood, Los Angeles zu meinen Füßen.
Alles schlief, und ich sinnierte darüber, was diese Zeit mir wohl bringen würde.
Zwei Tage später brachte sie mir einen Siebenjahresvertrag mit der MGM.

Yul Brynner, Oscar-Preisträger dieses Jahres, lief eilig in sein Hotel – ich kam zur gleichen Zeit heraus.
Er blieb stehen, wie vom Blitz der »Erkenntnis« getroffen, zeigte mit dem Finger auf mich und sagte: »You are my Gruschenka!« – Sie sind meine Gruschenka!
Die Brüder Karamasow waren geplant. – Marilyn Monroe wollte die Rolle so gern spielen, und ich hätte sie ihr weiß Gott gegeben, sie wäre viel besser gewesen als ich.
»Ich habe meine Gruschenka gefunden!« Yul Brynner war ganz glücklich.
»Okay for me, but can she act?« fragte Richard Brooks.
Man zeigte ihm und dem ganzen Direktorium von MGM *Gervaise*, vor allem, ob ich hübsch genug sei.
Ich wurde »live« vorgeführt – zum Essen eingeladen – erschien hollywoodgerecht, hübsch, lachend und frisiert – wurde begutachtet und für würdig befunden.
Nur abnehmen. Mindestens fünf Kilo. Jedes Stückchen Zucker wurde im Chefbüro gemeldet. Schlank mußte man sein, hauchdünn. Schön. Immer schön.
Anna Magnani, die herrliche Anna Magnani, klebte sich plötzlich Augenwimpern in diesem Hollywood. Ich schneckelte meine Haare und strebte nach einer Wespentaille. Friseur wurde wichtiger als die Arbeit an der Rolle, und das Schminken morgens dauerte eine Ewigkeit.
Ich rubbelte allerdings in der Garderobe alles wieder runter. Keiner hat's gemerkt.
Das Bel Air Hotel – wie im Märchen.

Weiße Nächte (Le notti bianche), 1957, mit Jean Marais

Hochzeit in der Wieskirche mit Horst Hächler, 27. April 1957
Trauzeugen sind Bernhard Wicki und Helmut Käutner
Maria Schell mit Horst Hächler auf dem Filmball in Berlin (West) und privat

Die Brüder Karamasow (The Brothers Karamasow), 1957

Der Galgenbaum (The Hanging Tree), 1958, mit Gary Cooper
Der Schinderhannes, 1958, mit Curd Jürgens
Ein Frauenleben (Un vie), 1958, mit Christian Marquand

Wem die Stunde schlägt (For whom the Bell Tolls), 1959

Szenenfoto aus dem Film *Raubfischer in Hellas (As the Sea Rages)*, 1959
Das Riesenrad, 1961, mit O.W. Fischer

Cimarron, 1960, mit Glenn Ford

Maria Schell und ihr Bruder Maximilian Schell (geb. 8. Dezember 1930), 1962

Morgens um fünf Uhr dreißig wurde ich ins Studio geholt von Jeffrey, dem Chauffeur.
»Good morning, Miss.«
»Howe are you, Jeffrey.«
»I am a king«, sagte er jeden Morgen –, »ich bin ein König, ich habe eine deutsche Frau. Abends, wenn ich nach Hause komme, bringt sie mir meine Pantoffel – und sie kocht, Miss, Knödel – wonderful!«
»Ich weiß, Jeffrey, ich weiß –«, seufzte ich sehnsüchtig.
Seit damals mein Kampf mit den Nudeln.

Marilyn Monroe

Sie war zart, kleiner als man denkt, mit einer leisen zärtlichen Stimme, als könnte sie mühelos Mozarts Königin der Nacht singen – und vielen, viel zu vielen Ängsten.
Vielleicht war sie eine Königin der Nacht.
Sie wohnte neben mir im Hotel Bel Air in Beverly Hills.
Manchmal gingen unsere Türen zur gleichen Zeit auf. Sie lächelte kurz und verlegen. »Good morning« oder »Good evening«.
Und dann, eines Tages – ganz schüchtern: »Jetzt leben wir so lange Tür an Tür – mögen Sie mit mir essen?«
Ich freute mich wahnsinnig. Aber sie kam nicht.
Plötzlich stand sie doch da. Setzte sich zu mir. Fast unscheinbar. »Sorry, I am late –.«
Ich sah sie von der Seite an. Dieses unverwechselbare, über die Maßen liebenswerte Gesicht. Es schien mir wirr und müde an diesem Abend – als müsse sie viel zuviel kämpfen, um das zu sein, was alle Welt von ihr erwartete.
Ich nahm ihre Hand –. Sie hielt sie fest, lange – senkte den Kopf, als suche sie eine Antwort.
Wir sprachen über Arthur Miller, die Rollen, die Presse – Worte, viele Worte, aber darunter ein warmes, fast schwesterliches Verstehen.
Als ich später von ihrem Tod hörte, konnte ich die Tränen nicht zurückhalten – ich dachte immer an diese Hand.

1958

Une vie/Ein Frauenleben, Guy de Maupassant, – Frankreich/Italien
Regie: Alexandre Astruc
Mit Christian Marquand, Pascale Petit, Ivan Desny, Antonella Lualdi
Gedreht in den Studios de Boulogne Paris, Außenaufnahmen Bretagne

Der Schinderhannes, Carl Zuckmayer, – BRD
Regie: Helmut Käutner
Mit Curd Jürgens, Fritz Tillmann, Siegfried Lowitz, Willy Trenk-Trebitsch, Paul Esser, Joseph Offenbach, Christian Wolff
Gedreht in den Studios Hamburg, Außenaufnahmen Hunsrück

The Hanging Tree/Der Galgenbaum – USA
Regie: Delmer Daves
Mit Gary Cooper, Karl Malden, George C. Scott, Ben Piazza
Gedreht in Seattle, USA

Words from a Sealed-Off Box, 90 – USA
Regie: Franklin Schaffner

Une vie

Nur künstliche Blumen fürchten den Regen.
Anton Tschechow

Nein, ich habe ihn nie gefürchtet, den Regen – ich bin hinaus- und hineingelaufen in den schlimmsten Regen, den größten Sturm, die schwersten Zeiten.

Ich erwartete ein Kind. Jeden Tag Tanzproben für *Die Brüder Karamasow.* Erschöpft komme ich abends ins Hotel. Mein Kind, ich glaube, ich werde es verlieren. Ich spiele weiter, Tag für Tag, sage niemand etwas.
»Frau Schell, bitte ins Studio.« Eine Szene mit Claire Bloom, es war fast unmöglich zu denken – zu spielen. Und wenn ich verblute, dachte ich, das lange Kleid schützt mich.
Ich spielte die Szene zu Ende.
Am nächsten Tag flog ich nach Paris und dann nach Cherbourg für meinen nächsten Film. Ein Wahnsinn. – Ich wollte durchhalten.

Im weißen Brautkleid, die erste Szene in Maupassants *Ein Frauenleben.* –
Christian Marquand trägt mich durch ein Kornfeld – strahlend. Aber ich zittere am ganzen Körper – die Szene ist gut. Ich liege zwischen den Ähren. –
Irgendwann schüttelt es mich – wie im Fieber.
Der Regisseur hält es für Erotik, ist glücklich.
»Danke«, sagt er, »nein, nicht noch einmal, das kann nicht besser sein.«
Man reicht mir die Hand, will mir hochhelfen.
Ich kann nicht mehr aufstehen.
Das weiße Brautkleid – ich verblute.
Aber ich schämte mich nicht mehr.
Ich war dankbar, daß es Hilfe gab.
Drei Wochen Krankenhaus, drei Wochen Tränen.

Erinnerung an Curd

Ich begegnete ihm immer wieder, meinem »Schinderhannes«. Viele Jahre später.
Wir mußten warten. Die ganze Nacht. Aufnahmen zu einem Film in Athen.
Ein verfallenes altes Palais. Der Saal groß und kalt.
Curd lag auf einer Bank. Ich deckte ihn zu.
»Bleib bei mir«, sagte er. Ganz weich war seine Stimme.
Ich setzte mich zu ihm – eine Decke um meine Beine.
»Erinnerst du dich«, fragt er –, »*Engel mit der Posaune* in Wien.«
Ein halbes Leben ist das her – wir waren beide ganz jung.
»Erinnerst du dich«, frage ich, »deine Hochzeit mit Simone in Bernkastel während *Schinderhannes*. Geraubt haben wir deine Braut. – Du warst so glücklich. Wir waren wie Backfische, wir beide, Simone und ich – jung verheiratet!«
Weit – durch die Räume hört man das Filmteam an der Arbeit.
Er erzählt und erzählt.

Jetzt ist es drei Uhr früh.
Curd ist ganz blaß. Er erzählt von seiner schweren Herzoperation.
Dieser große, strahlende Mann, der alle Augen auf sich zog, wenn er ein Restaurant betrat – jetzt ist er ganz schwach. Nie habe ich ihn so gesehen.
Er will nicht aufhören zu erzählen. Tapfer, einsam, liebenswert.
Vielleicht viel mehr, als wenn der große Curd »hofgehalten« hat in seinem Wohnwagen bei Aufnahmen, so, als wäre der Beruf nur da, um mit Freunden Champagner zu trinken.
Curd war ein großer Schauspieler und ein großer Mensch. Nie vergesse ich seinen Theaterabend in Paris *Le fil rouge* – Und nie, nicht ein einziges Mal, habe ich Curd über irgendeinen Menschen etwas Ungutes sagen hören.
In dieser Nacht aber war er hilflos. Einsam. Breitete sein krankes Herz vor mir aus. Er war vom Tod gezeichnet und hat noch so lange gelebt. Mühsam, doch immer voll Größe.

Jannings – Cooper – Chinatown

Die Straße war voll heißem Rummel, Lampions überall und Gerüche. Die Menschen schoben sich mehr voran auf dem glühenden Pflaster, als daß sie gingen.
Gary hielt meine Hand.
Irgendwo ein kühles Restaurant – airconditioned.
»Good afternoon, Mr. Grant.«
Der Kellner buckelte vor uns her und schaute ganz chinesisch drein.
Gary lächelte, sagte nichts. Es schien ihm recht zu sein, oder er war es gewohnt, daß man ihn mit Cary Grant verwechselte, der unverwechselbare Gary Cooper. Autogrammjäger waren uns nachgelaufen. –
Wenn er nicht erkannt werden wollte, stellte er sich taub, ging einfach weiter, tat so, als hätte er die Leute gar nicht bemerkt, die hinter ihm hertrippelten und bettelten: »Mr. Cooper, please, can I have an autograph.« Dann sah er mich von der Seite an, lachte, tat ganz erschrokken: »Oh, did you say something. Of course, you can have an autograph. It's a pleasure.« Die Autogrammjäger strahlten.

Aber jetzt saßen wir versteckt in der Ecke des kleinen Restaurants. Glücklich, allein zu sein.
Von draußen überall Musikfetzen.
Er hält noch immer meine Hand.
Wie viele Frauen ihn geliebt haben müssen. Aber ich frage nicht. Ich weiß es.
»Da drüben«, sagt er, »siehst du das Kino? Da lief mein erster Film, meine erste Premiere. Zugig war's an dem Tag, kalt – selten für Hollywood. Ich stand vor dem Kino – zwanzig Jahre alt – die Menschen strömten an mir vorbei. Keiner erkannte mich. Dann waren sie alle gegangen. – Nur einer wartete.
›Verzeihen Sie, my name is Emil Jannings‹, sagte er mit deutschem Akzent.
Mein Herz raste vor Aufregung. Ich kannte ihn.
›I have seen your film. Sie werden einen großen Weg gehen. Aber sie müssen noch etwas lernen.‹
›Was‹, fragte ich scheu, ganz verlegen.
›Sie müssen lernen, auf dieser Erde zu stehen, Gary Cooper, so heißen Sie doch. Nicht irgendwie – wirklich stehen. Stellen Sie sich hin, young man.‹
Ich mußte mich hinstellen. Er nahm mich bei den Schultern, obwohl er viel kleiner war als ich – gedrungen, mit unvergeßlich starken Augen –.
›So, und jetzt spüren Sie diese Erde, Mr. Cooper. Fühlen Sie die Kraft, die aus ihr hochsteigt? Die Erde unter Ihnen und oben der Himmel und dazwischen Sie – ein Mann.
Stehen lernen – aufrecht – das ist der Weg.‹«

»Von ihm«, sagte Gary, »habe ich alles gelernt, was ich bin, von eurem großen Emil Jannings.«
Er erzählte es, als machte er mir ein Geschenk. Meine Hand immer noch in der seinen.
Es war auch eins – wie alles, was ich mit ihm erlebt habe.

1959

For whom the Bell Tolls/Wem die Stunde schlägt,
Ernest Hemingway, Playhouse 90, – USA
Regie: John Frankenheimer
Mit Jason Robards, Lee J. Cobb, Eli Wallach, Maureen Stapleton

Raubfischer in Hellas/As the Sea Rages – BRD/USA/Jugoslawien
Regie: Horst Hächler
Mit Cliff Robertson, Cameron Mitchell, Peter Carsten, Fritz Tillmann
Gedreht auf der Insel Mana, Jugoslawien

Ninotschka, Playhouse 90
Regie: David Suskind
Mit Zsa Zsa Gabor, Daniel Gélin

New Yorker Nächte

Nichts, nur das alte Lied »Wenn der weiße Flieder wieder blüht«, hörte ich am Telefon, wie hinübergeweht über den Ozean, und ich wußte, es war ein Gruß von Jason – aus N. Y.
Nicht einmal »Hallo« oder »Wie geht es dir«. Nur diesen Gruß. Jason, mit dem ich Hemingways *Wem die Stunde schlägt* gespielt hatte – und dem ich zum Abschied zu seinem alten Steirerhut die alten Wiener Lieder auf Schallplatten schenkte.

Die Haare hatten sie mir kurz geschoren für die Rolle – wie der echten Maria in Hemingways Roman – nicht länger als einen halben Zentimeter. Es dauerte über ein Jahr, bis sie nachgewachsen waren, aber es stand mir gut.
New Yorker Nächte. Selten habe ich so intensives Leben empfunden. Kaum Schlaf – die Proben und Aufnahmen anstrengend. Unser Feierabend konnte erst tief in der Nacht beginnen. Jason schleppte uns von Kneipe zu Kneipe – läutete bei Freunden in den Morgenstunden, die Horde brach ein, die Kinder schauten verschlafen aus ihren Betten, Christopher Plummer setzte sich ans Klavier und zerriß die Stille der Nacht – die Kollegen in Pyjama und Bademantel kochten Kaffee, bis die aufgescheuchten Kinder wieder schliefen und wir selig weiterzo-

gen in den N. Y.-Morgen. Jason durfte ich keinen Augenblick aus den Augen lassen. Sonst war er verschwunden, verloren in den New Yorker Straßen. Für Tage. – Manchmal sah er aus wie Jesus vor dem Abendmahl. So müde.

Eines Morgens, wir saßen am Straßenrand, Monty Clift, Maureen Stapleton, Christopher Plummer und ich, blinzelten in die aufgehende Sonne, die ihre Strahlen, allem Beton und Stahl zum Trotz – durch die engen Wolkenkratzer zwängte – als eine riesige Limousine vor uns hielt.

Wir schauten hoch – er schaute zu uns herunter – Harry Belafonte.

»Can I give you a lift? – Kann ich euch nach Hause bringen?«

Wir stopften uns übernächtigt, übermütig in den Luxuswagen, und er fuhr uns alle nach Hause. – Mich als letzte.

»Now I want to show you my people!«

Harlem. – Der Tag hatte begonnen. Sie grüßten ihn, als wäre er ihr König. In einem Straßencafé brachte man uns Frühstück. Sie liefen zusammen, die Schwarzen, um ihren König zu grüßen. Es dauerte nicht lange, und es waren hundert.

Einer war plötzlich da mit einer Gitarre. Irgendwann stand Harry Belafonte auf, wie ein verschlafener Luchs, nahm die Gitarre und sang für »his people« – Spirituals. Ein Teppich von Stimmen begleitete ihn. Fast wie eine Messe stieg's auf zwischen den Wolkenkratzern zum N. Y.-Himmel. –

Das vielleicht schönste Konzert, das ich je hörte. –

Und ich mitten unter ihnen, den Schwarzen – die wir, glaube ich, nie so aufgenommen hätten wie sie mich an diesem N. Y.-Morgen.

1960

Cimarron – USA
Regie: Anthony Mann
Mit Glenn Ford, Anne Baxter, Arthur O'Connell,
Russ Tamblyn, Vladimir Sokoloff
Gedreht in Oklahoma, USA

The Mark/Gebrandmarkt – Großbritannien
Regie: Guy Green
Mit Stuart Whitman, Rod Steiger
Gedreht in Irland

Der Los-Angeles-Baazi

Seit *Cimarron* sind Glenn und ich befreundet.

Wie kann ein kleiner Hund zwei Menschen so unglücklich machen. Cynthia und Glenn Ford leben in Scheidung.
Beide lieben ihn, den Dackel aus Bayern, den ich Glenn bei seinem letzten Besuch in Heberthal geschenkt hatte. Samt Leine, Körbchen und Halsband.
Nur die Urkunde blieb bei mir. Gott sei Dank.
Jetzt wurde der L. A.-Baazi von der L. A.-Polizei abgeholt und in Quarantäne gesteckt – bis die Scheidung vollzogen und Baazi von »Rechtes« wegen dem einen oder anderen zugesprochen wird. – Heißt es in dem Vollstreckungsbefehl – und das kann lange dauern. Sehr lange. Nicht um Geld, nicht um Bilder, Werte oder gar Häuser wurde gekämpft, nein, um Baazi, den Dackel aus Bayern.
So mußte ich schweren Herzens und nach so langer Freundschaft dem Gericht folgende beglaubigte Erklärung übermitteln:
Ich bestätige, daß ich Buzi – Baazi schreibt sich englisch Buzi – Herrn Glenn Ford geschenkt habe. Sollte eine Einigung für meine Freunde unmöglich sein, bitte ich, den Hund wieder an mich zurückzusenden, da er laut Kaufurkunde immer noch in meinem Besitz ist. Es hat geholfen.
Glenn hat seinen Buzi wieder.

1961

Das Riesenrad – BRD
Regie: Geza von Radvanyi
Mit O. W. Fischer, Adrienne Gessner, Rudolf Forster, Doris Kirchner, Gusti Wolf, Alexander Trojan, Christian Doermer
Gedreht in den CCC-Studios Berlin (West)

Mit herrlichem ungarischem Akzent sagte Geza von Radvanyi einmal:
»Weißt du, Maria, in Liebe ist alles ganz einfach. Wer zuerst einhängt Telefon, hat gewonnen.«
Ich war immer zu spät.

1962/63

Une chaumière et un meurtre/Das übersinnliche Landhaus – Frankreich
Regie: Pierre Chenal
Mit Paul Meurisse, Yvonne Clech, Claude Mann, Noel Roquevert
Gedreht in den Studios Paris

Ich bin auch nur eine Frau/Je ne suis qu'une femme – BRD/Frankreich
Regie: Alfred Weidenmann
Mit Paul Hubschmid, Hans Nielsen, Anita Höfer, Agnes Windeck, Ingrid van Bergen, Hannelore Auer, Tilly Lauenstein
Gedreht in Berlin (West)

Zwei Whisky und ein Sofa – BRD
Regie: Günter Gräwert
Mit Karl Michael Vogler, Nadia Gray, Robert Graf, Leonard Steckel, Ernst Fritz Fürbringer, Louise Martini, Horst Tappert
Gedreht in den Bavaria-Ateliers München, Außenaufnahmen Umgebung von Triest

Caroline, Somerset Maugham, Théâtre de Montmartre, Paris
Regie: Michel Vitold

29. Januar 1962 Geburt Oliver

Oliver

Nur noch Stunden, bis du geboren bist, mein Kind.
Seit Tagen warte ich auf dich. Ich bin allein. Die Wehen noch langsam. Ich liege und warte.
Hinter mir Schneeflocken, so groß, wie ich sie nie glaube gesehen zu haben. Ganz ruhig fallen sie, wie ein weißer Vorhang, heruntergelassen vom Himmel zu deiner Geburt. Nichts in meinem Leben hat mich so tief bewegt, wie die Geburt meiner Kinder.
Das Wunder des Lebens.
Und die Kraft der Natur, mit der sich dieses Wunder vollzieht. Nichts kann dich aufhalten, dein Leben zu beginnen.
Krieg könnte sein, Erdbeben, Sommer – Tag oder Nacht – oder wie jetzt, tiefer, stiller Winter – du beginnst dein Leben, forderst deine Tage auf Erden, erhältst sie durch mich.

Um sechzehn Uhr dreißig – Maximilian landete genau um diese Zeit auf dem Rollfeld – meldest du der Welt, daß du da bist. – Dein erster Schrei erreicht mein Herz – ich bin Mutter geworden.

Maria

Sie rannte durch das Haus, das sie nicht kannte, die Treppe hoch in mein Schlafzimmer, riß es aus seinem Wäschekörbchen und in ihre Arme, fest, fast verzweifelt, und flüsterte unter Tränen: »That's my baby.« Sie ließ es nie mehr los.

Durch alle Krankheit nicht, durch alle Behinderung, durch alle ihre Ehen und Schwierigkeiten. –

Elizabeth Taylor ihre kleine Maria, das Adoptivkind, das ich für sie gefunden und herausgeholt hatte aus aller unglücklichen Anonymität und das meinen Namen trägt.

Herausgeholt aus dem Waisenhaus.

Die Presse hatte trotzdem die Eltern ausfindig gemacht und war noch stolz auf ihre Tat.

Sie bekamen ein Häuschen, die Eltern.

Maria das Leben einer Prinzessin.

»Warte«, sagte ich zu Elizabeth – die manchmal Augen hatte wie Mercedessterne – in diesen ersten Tagen, »warte eine Zeit mit der Gleichberechtigung mit deinen anderen Kindern.«

»Nein«, sagte sie, »that's my baby!«

Vielleicht ist es gerade dieses Kind, das Elizabeth in alten oder schweren Tagen zur Seite stehen wird.

Richard Burton ist tot. Er hat Maria sehr geliebt.

Er war ihr Vater geworden.

Sein Leben – ein großes Erbe.

1964

Theater-Tournee *Nora oder Ein Puppenheim,* Henrik Ibsen
Regie: Imo Moszkowicz
Mit Veit Relin, Hans Holt

Filmfassung *Nora oder ein Puppenheim,* Henrik Ibsen
Regie: Imo Moszkowicz/Veit Relin

19. Oktober 1964
Probe 10.30 h 1. Szene 1. Akt Nora, Helmer

Ich wartete. Ein ziemlich junger Kollege stürmte herein. Hochgewachsen, stolz. Die Damen fingen an zu kichern.
Mir gefiel er gar nicht – ich fand das albern, so viel Männlichkeit –.
»Paß auf«, sagte Egon Karter, der die Tournee leitete, »– daß er nicht plötzlich dein Mann wird.«
Er wurde es. Zärtlich und schwierig – bis heute.

1965

Who has Seen the Wind? – USA
Regie: George Sidney
Mit Edward G. Robinson, Stanley Baker, Theo Bikel
Gedreht in Mazatlan, Mexiko

Fast ein Todestag

Jeden Morgen fuhren wir hinaus mit den kleinen Booten zu dem riesigen Frachter, der seit Jahren auf den Meeren kreiste, mit Hunderten von staatenlosen Flüchtlingen, die keine Nation seit dem Kriegsende mehr aufnehmen wollte.
Alle Aufnahmen zu dem Film *Who has Seen the Wind?* an Bord. Die Geschichte einer Frau, die ihre heranwachsende Tochter zur anonymen Adoption freigibt, damit sie doch noch Land sehen, Freiheit und ein menschenwürdiges Leben haben kann.
Eine wahre Geschichte – verfilmt von den United Nations – mit großem Erfolg.
Befriedigung und Glück für uns alle, die wir uns ohne Gage zur Verfügung stellten. –
Nach dem Film fanden alle Flüchtlinge eine Heimat.
Doch an diesem Morgen –.
Die Pelikane, die jeden Tag mit uns auf offene See geflogen waren, heute drehten sie und flogen landeinwärts.
Wind kam auf. Wir spürten ihn noch kaum.
Aber als er dann kam, der Sturm – war es schon fast zu spät – das Steuer brach.
Hilflos trieb, von Wellen gepeitscht, der riesige Frachter weiter ins Meer hinaus.
»Rettungsboote zu Wasser lassen –«, überall Schreie – Panik – Kommandos.
»Zuerst die Darsteller –.«
Der Wind riß mich fast von der Reling.
Die Boote verschwanden in den Wellentälern, tief unter uns.

»Jump, you must jump!«
Um Gottes willen, wie sollte ich springen.
Ich war feige, viel zu feige. Die Tiefe machte mich schwindlig. Ich stand, festgehalten von Matrosen, versuchte es, einmal, zweimal. Mein Herz raste. Ich bekam keine Luft mehr. Nur nicht daneben springen.
Sie knoteten mich in Seile fest. Einer warf mich endlich dem hochsteigenden Boot entgegen. Jetzt – ich flog durch die Luft. Tief, wie von einem Wolkenkratzer. Dann schlug ich auf.
Keine Besinnung.
Als ich aufwachte, war ich tatsächlich im Boot.
Der Bericht in den Zeitungen war sensationell.
»Filmteam in Seenot – tödlicher Ausgang – Fragezeichen ...«
Fast schien es, als bedauerte man, daß wir nicht doch ertrunken waren.
Am nächsten Morgen schien wieder die mexikanische Sonne. – Die See war ruhig.
Die Pelikane flogen wieder mit uns zu den Aufnahmen und warteten, daß von unserem Mittagessen etwas übrigblieb.

1966/67

Die Pfarrhauskomödie, Heinrich Lautensack,
Kleine Komödie München und Tournee
Regie: Veit Relin
Mit Jane Tilden, Hugo Lindinger

Die Zofen, Jean Genet
Regie: Veit Relin
Mit Christine Prober

Maria Stuart, Friedrich Schiller
Regie: Veit Relin

Die Kameliendame, Alexandre Dumas
Regie: Veit Relin
Mit Veit Relin, Friedrich Hartau, Elke Konold,
Fritz Gehlen, Wolfgang Schmidtholstein

30. Juni 1966 Geburt Marie-Theres
27. September 1966 Hochzeit mit Veit Relin

Marie-Theres – Octavian

Aus dem Rosenkavalier von Richard Strauss – Veit hat sie so getauft. Deswegen ist sie doch für zärtliche Stunden Mausi geblieben. Das Kind unserer großen Liebe.
Sie konnte stoßen und strampeln soviel sie wollte, wenn Veit – die Wärme ihres ungeborenen Lebens – die Hand auf meinen Bauch legte, wurde sie still, als horchte sie auf den Strom von Liebe, der da draußen auf sie wartete.
Wieder das gleiche Zimmer in der Frauenklinik – wie bei Oliver.
Nur diesmal war ich nicht allein. Veit war bei mir. Im weißen Kittel.
Ich brauchte nicht einmal zu fragen, ob er das durchsteht – ich wußte es.
Nur tapfer wollte ich sein – es ihm leicht machen – und war so feige und schwach.
Aber dann lag es auf meiner Brust, das winzige, nackte Geschöpf. Ich hatte mir ein Mädchen gewünscht, nun war es ein Mädchen. Niemand wird mir je wieder sagen können, daß Neugeborene nicht sehen.

Mausi schaute mich lange an – tief in die Augen, dann verdrehte sie das Köpfchen, als suche sie Veit.
Sie fand seine Augen – staunte – er gefiel ihr – dann schlief sie vierzehn Tage. Dieser Vater hatte sie überwältigt.

Hochzeit in der Probenpause

Heute freilich würde ich auch hochschwanger vor den Altar treten – aber damals hatte ich Angst. – Angst um Mausi. Zuviel Kämpfe, zuviel Aufregung – Scheidung von Horst. Der Skandal – die öffentliche Meinung.
Aber nun lag sie bereits in Olivers Wiege, bewacht von Seppi, unserem Schäferhund.
Veit und ich probierten in dem zum Studio umgebauten Bauernhaus *Maria Stuart.*
In einer Probenpause sagten wir ganz nebenbei zu den Kollegen: »Entschuldigt bitte, wir sind gleich wieder da. Wir gehen nur schnell heiraten«.
Ich raste nach oben, noch ein Blick in den Spiegel.
Veit legte den schönsten selbstgepflückten Herbststrauß in meine Arme – nahm mich bei der Hand, und wir sausten wie Kinder davon und auf die Gemeinde.
Dort freilich blieb uns der Atem stehen, mindestens fünfzig Presseleute. Woher sie's wußten, weiß ich nicht.
Unterschrift – kurze Ansprache.
Und zurück zur Probe.
Die Presse in langer Kolonne hinter uns her.
Ich hatte auf alle Fälle mit so etwas gerechnet. Getränke kalt gestellt – Brotzeit.
Hoch soll es leben, das Hochzeitspaar – und dann zurück zu Schiller.
»Ich zählte zwanzig Jahre, Königin.«

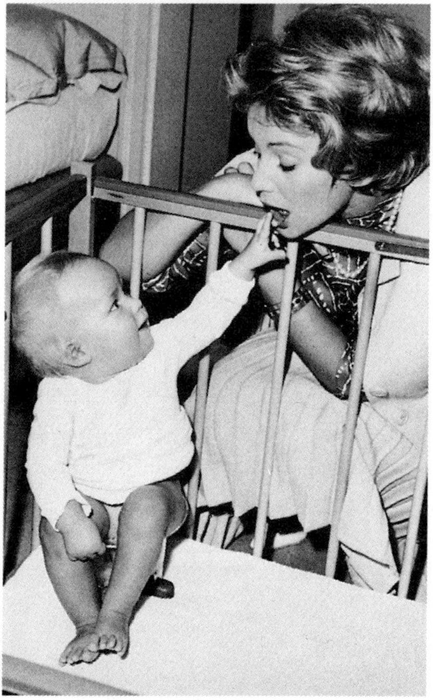

Maria Schell und Horst Hächler mit ihrem Sohn Oliver, geboren am 29. Januar 1962
Maria Schell mit ihrem Sohn Oliver, 1963

Zwei Whisky und ein Sofa, 1963, mit Karl Michael Vogler
Das übersinnliche Landhaus (Une chaumière et un meurtre), 1963,
mit Paul Meurisse, Claude Mann und Jacques Dufilho

Caroline, im Théâtre de Montmarte in Paris, 1963

Nora oder ein Puppenheim, Theater am Kurfürstendamm,
Berlin (West), 14. 12. 1964

Hochzeit mit Veit Relin, 27. September 1966
Maria Schell mit ihren Geschwistern,
der Schwester Immy und dem Bruder Maximilian

99 Frauen (99 Woman), 1968, mit Herbert Lom
Pack den Tiger schnell am Schwanz (Le diable par la queue), 1969
Maria Schell mit Jean Rochefort und Marthe Keller

Der Hexentöter von Blackmoor, 1970, mit Hans Hass jr. und Maria Rohm
Willy und Lilly, 1971, mit Heinz Baumann

Die Pfarrhauskomödie, 1971, mit Veit Relin

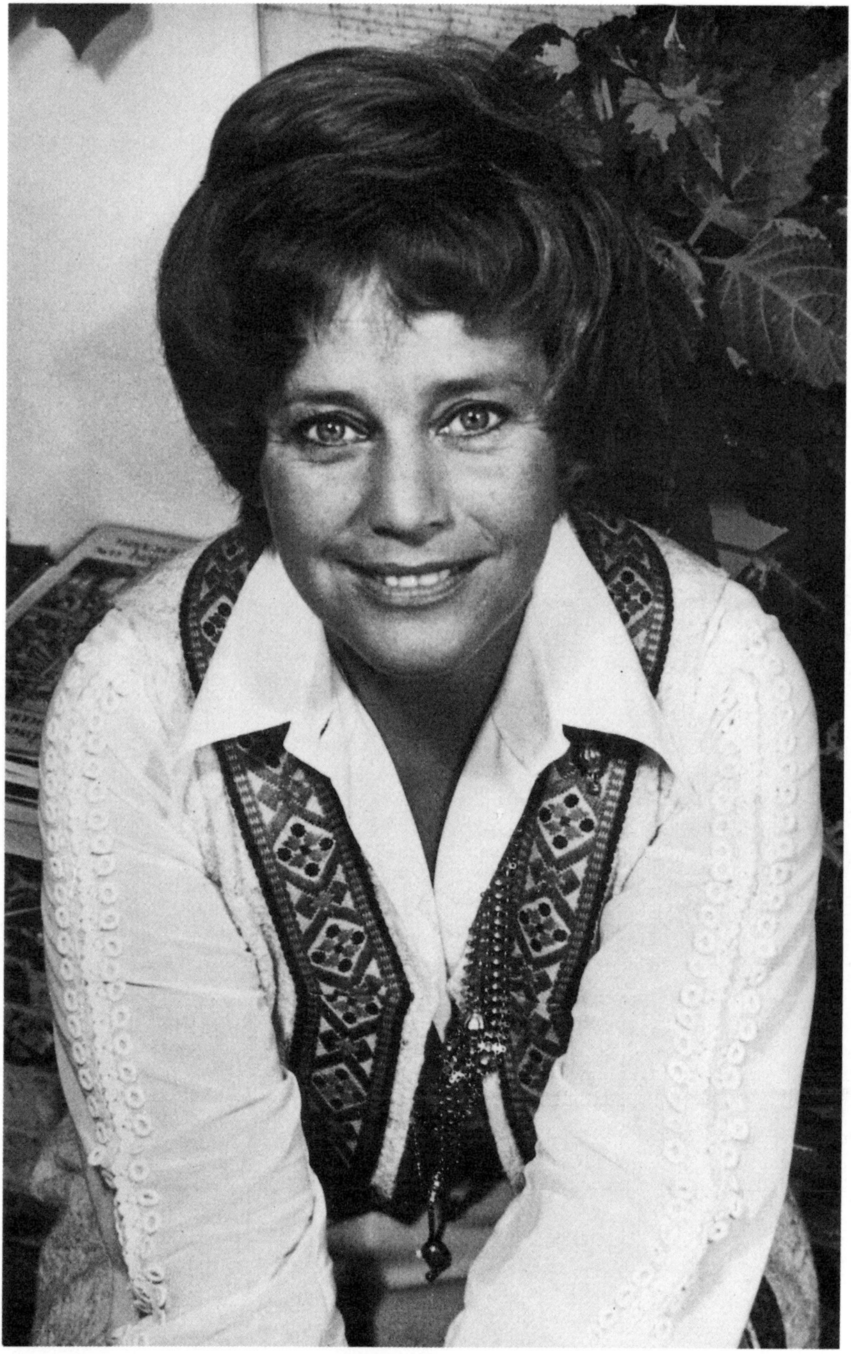

Maria Schell, privat, 1972

Die keusche Susanne, 1971

Erkennen Sie die Melodie, 1972

Das Konzert, 1975, mit Klaus Maria Brandauer und Sylvia Lukan
Die Heiratsvermittlerin, 1975, mit Fritz Tillmann

Reise der Verdammten (Voyage of the Damned), 1976,
mit James Mason

Schöner Gigolo, armer Gigolo, 1977, mit David Bowie
Teerosen, 1977, mit O.W. Fischer

Maria Schell und Veit Relin bei einer Probe in Salzburg

Maria Schell, Ankunft zur Berlinale in Berlin (West), 1977

1968/69

La diable par la queue – Frankreich/Italien
Regie: Philippe de Broca
Mit Yves Montand, Marthe Keller, Madeleine Renaud, Jean Rochefort
Gedreht in Paris und im Beaujolais

Der heiße Tod – BRD/Spanien/Italien
Regie: Jesús Franco Manera
Mit Herbert Lom, Luciana Paluzzi, Maria Rohm
Gedreht in Madrid

Die ungarische Hochzeit, Operette von Hermann Hennecke,
Musik von Nico Dostal, – BRD/Österreich
Regie: Kurt Wilhelm
Mit Veit Relin, Peter Minich, Ljuba Welitsch, Herbert Prikopa
Gedreht in Wien, Außenaufnahmen Eisenstadt

Schrei vor dem Fenster, Herbert Reinecker, – BRD
Regie: Dietrich Haugk
Mit Erik Ode, Veit Relin, Günther Schramm, Reinhard Glemnitz,
Fritz Wepper, Eva-Ingeborg Scholz, Hans Hermann Schaufuß

Drogenzauber

Ein Western – in Spanien gedreht. Kein sehr guter.
Ich, wie schon so oft, die Liebende, zermartert und zermahlen zwischen feindlichen Brüdern.
Der eine kriegt sie, die Westernbraut, der andere muß sterben. Und eben diesem einen sollte ich am Ende des Films durch staubige Straßen – durch das ganze Dorf, entgegeneilen – die Kamera auf höchstem Kran vor mir oder hinter mir her, bis in die Großaufnahme und seine männlichen Arme.
Aber das ging nicht. – Ich hatte mir den Fuß verstaucht, so sehr, daß er wie leblos am übrigen Bein hing. – Wahnsinnige Schmerzen. An ein Auftreten war nicht zu denken. In keiner Weise.
Wie immer im Film konnte auch diese Szene nicht verschoben werden. Man hatte mich in ein kleines Auto gepackt, draußen liefen hektisch die Vorbereitungen für die schwierige Szene, man flößte mir Kaf-

fee und Kognak ein, gab mir eine Tablette nach der anderen und fragte immer wieder sinnlos, ob es mir schon besser ginge. – »Wir müssen drehen, Kinder, wir müssen drehen«, rief alles durcheinander. »Die Sonne geht bald unter –.«
So stützten sie mich, brachten mich auf meinen Platz, stellten mich auf wie eine Puppe. – Es half nichts, ich konnte keinen Schritt tun, ich fiel um wie eine Marionette.
Dann kam der Arzt. Schüttelte bedenklich den Kopf und sagte: »Sie muß sofort ins Krankenhaus, ich glaube, die Bänder sind gerissen.« – Der Regisseur war verzweifelt. Bettelte. »Nur diese eine Einstellung, bitte, sechshundert Komparsen – morgen geb ich sie frei.«
Es klang wie – morgen kann sie ruhig sterben, nur heute nicht.
»Also gut«, entschied der Arzt. »Versuchen wir's mit Morphium.«
Ich weiß nicht, was es in sich hat, das Zeug. – Mir war auf einmal so leicht – als ob ich fliegen könnte. Ich lief und lief durch den Staub in die untergehende Sonne und landete mit feuchten Augen, atemlos, wie es im Drehbuch steht, in den Armen meines Geliebten.
Wie weggeblasen waren alle Schmerzen.

Ob sie darum Drogen nehmen, die Drogenkinder, weil sie zuviel Schmerzen haben?

1970

Chamsin – BRD/Israel
Regie: Veit Relin
Mit Gerald Robard, Dudu Topas, Neda Ameri
Gedreht in Tel Aviv und Jerusalem

La provocation – Frankreich
Regie: André Charpak
Mit Jean Marais, Corinne Le Poulain, Veit Relin
Gedreht in Paris, Außenaufnahmen Israel

Chamsin

Schwere Jahre, wir versuchten, Filme zu produzieren. Veit hatte fast Unmögliches vollbracht. Der erste Film – Coproduktion mit Israel. Er schrieb das Drehbuch, führte Regie – produzierte.
Die Verantwortung, dies alles zu können. Aus dem Stand.
Jeder dieser Berufe nimmt allein genommen schon alle Zeit.
Ich half ihm, wo ich nur konnte. Kampf, so viel Kampf. Die Nerven, die Sorgen, manchmal zum Zerreißen. An einem Tag war uns das Geld ausgegangen. Gagen waren zu zahlen. Die Kasse war leer.
Wir drehten in Jerusalem. Es war kalt. Wir froren – wie man bei uns gar nicht frieren kann. Veit war recht verzweifelt. Wir schaffen es, irgendwie schaffen wir es –.
Ein Scheich kam vorbei mit Limousine und Dienerschaft. Er begrüßte Veit. Mich nicht. »Wie geht's?« fragte er.
»Nicht so gut –.«
»Warum?«
»Geldprobleme, Film sehr teuer, schwer.«
Vielleicht hatte Veit gehofft, der Scheich würde mitproduzieren.
Aber der meinte, Veit soll doch seine Frau verkaufen, die bringt Geld.
Ziemlich viel. Attraktiv. Nicht zu schlank.
Das einzige Mal, daß meine Nudeln zur Wirkung kamen.
Veit erklärte ihm: »Filme produzieren sehr, sehr teuer.«
Der Scheich bot zwölf Kamele für mich. Ein hohes Angebot.
Veit hat mich trotzdem nicht verkauft. Ich bin ihm ewig dankbar.

1971

Willy und Lilly, Manfred Bieler, – BRD
Regie: Franz Peter Wirth
Mit Heinz Baumann
Gedreht in den Bavaria-Ateliers München

Die Pfarrhauskomödie, Heinrich Lautensack, – BRD
Regie: Veit Relin
Mit Veit Relin, Jane Tilden, Hugo Lindinger,
Christine Schuberth
Gedreht im Studio Heberthal, Außenaufnahmen Umgebung
von Wasserburg/Inn

Die keusche Susanne, Operette von Georg Okonkowski,
Musik Jean Gilbert, – BRD
Regie: Thomas Engel
Mit Harald Juhnke, Fritz Tillmann, Amadeus August,
Inge Wolffberg, Barbara Schöne
Gedreht in Berlin (West)

Im Dunkel der Nächte, Herbert Reinecker, – BRD
Regie: Theodor Grädler
Gedreht in den Bavaria-Ateliers München

Die Frau vom Direktor

Ich spielte eine Hauptrolle und war noch Produzentin dazu – mit Brotkorb und frischen Semmeln pünktlich vor Drehbeginn, unser Bauernhaus ein Studio geworden, Garderoben, Kantine, Essen, Wein – Buchhaltung, Gagen, Kostüme, Drehpläne, Beleuchtung und wann immer möglich gute Laune für alle.

Ein zweiter Bauernhof umgebaut in wochenlanger Arbeit zur Dekoration, jedes Detail von Veit – für diese liebenswerte Komödie von Heinrich Lautensack.

Seltsam, wie die Neuberin, die Theatermutter am Ende des vorletzten Jahrhunderts kam ich mir vor – wie das fahrende Volk, verheiratet mit dem Herrn Direktor.

Und es wurde dennoch ein kleines Kunstwerk, unser Film, *Die Pfarrhauskomödie*.

Paßte nur nicht in die Filmlandschaft dieser Jahre.
Heute, doch, ich glaube, heute würde er ihnen sogar gefallen, den Jungfilmern – hätten sie ihn freilich selbst gemacht.

Die Operettentreppe

Einmal, nur einmal singend eine Treppe hinunterschreiten, mit blaßlila-blauem Kostüm, mit Schleppe und dem wippenden Hut mit den ebenfalls blaßlila-blauen Federn.
Ich stand in der beleuchteten Balkontür – Hunderte von Komparsen an den Treppengeländern.
»Bitte alles auf die Plätze!« Ich war aufgeregt wie vor einem ersten Auftreten. Kamera ab.
Ich schritt los. Die Schleppe schleppte blaßlila-blau hinter mir her. Die Komparsen lächelten – erhoben die Gläser, sangen den Refrain. Ich hörte mich auf Playback – kaum synchron.
Da plötzlich – so etwa in der Mitte der Treppe – kam ich mir dermaßen albern und blöd vor, daß ich auf einmal alle Angst verlor, ein kleines Mädchen, das am Geländer stand, vergnügt um die Taille packte, hoch hob, um mich herumwirbelte und ihr das ganze Lied, das ich in Raum und untergehende Sonne zu singen hatte, einfach wie eine Gute-Nacht-Geschichte in ihr liebes kleines Gesicht mehr sprach als sang und dabei tatsächlich ganz drehbuchmäßig am Treppenende landete. Die Sonne war inzwischen untergegangen. Die Szene fertig. Nur ganz anders, als ich sie geträumt hatte.
Ein großes, schönes, vollbusiges Mädchen kam vor Wochen auf mich zu. Berlinerin.
»Kennen Sie mir noch. Ick bin di Kleene von die Treppe.«
»Ach ja«, sagte ich. »Was machst du so.«
»Ick bin Operettensängerin.«

1972

Auf Befehl der Kaiserin, Hermann Ferdinand Schell,
Landestheater Salzburg
Regie: Maximilian Schell

4. Januar Tod des Vaters

Abschied

Ich hab' vielleicht zu viel nur in Gedichten,
Den Kindern meine Zärtlichkeit gegeben.
Und ich vergaß, wie einsam jedes Wesen
Im Grunde ist, wie arm ein sehnend Leben.
Ich hätte vielleicht öfter sitzen sollen
An ihren Betten und ein jedes streicheln
Und fühlen, wenn's mich braucht in seinem Schmerze.
Doch ohne ihm mit Billigkeit zu schmeicheln,
Das rechte Wort zur rechten Zeit zu finden,
Wer hat dies selten tröstende Empfinden?
Wir sind so hart und in uns selbst versponnen,
Weil wir zu oft schon Schläge abbekommen,
Und jedes weint allein in seinem Zimmer –
Und wacht hinaus und ohne Lampenschimmer.
Und jedes sucht die reife Zärtlichkeit,
Die ruhige, die zeigt, man ist bereit.
Ich war zu jung, ich hab' es nicht verstanden,
Und wieder schreib' ich einsam ein Gedicht:
Man irrt umher und ach, man weiß es nicht,
Und steht in seines Planes tiefen Banden.
Indes der andre, überströmt vom Leid,
So hilflos ist in seiner Einsamkeit.
Und während ich die Tochter schlafend wähne,
Find' ich an ihr im dunklen Raum die Träne,
Und fühle, daß ich viel zu scheu gewesen,
Ihr meine ganze Zärtlichkeit zu zeigen.

Wir haben oft ein gutes Wort und schweigen –
Und wollen lieber, daß es andre lesen.
Sind wir denn mehr als Blätter an dem Strauch?
O fordert keine Rechenschaft von mir.
Doch wenn ihr's fordert, Kinder, steh' ich hier.
Ihr mußtet sein, warum, das weiß ich nicht.
Schon wieder springt mein Herz in ein Gedicht.
Ich kann dir Kind den Kummer nicht ergründen.
Es ist ja oft, daß man zu lang gestaut
Ganz einfach weint und müde von den Tränen
Eindämmernd in die Pracht der Sterne schaut.

F. H. Schell

1973/74

Immobilien, Otto Jägersberg und Jörg Schröder, – BRD
Regie: Otto Jägersberg
Mit Dieter Borsche, Veit Relin, Karlheinz Böhm, Eva Matthes, Christine Kaufmann, Helmut Schmid, Hans von Borsody

Der Tod von Karin W., Herbert Reinecker, – BRD
Regie: Theodor Grädler
Mit Erik Ode, Günther Schramm, Reinhard Glemnitz, Fritz Wepper, Harald Leipnitz, Ida Krottendorf, Helma Seitz, Simone Rethel, Wera Frydtberg

Dans la poussière du soleil – Frankreich
Regie: Richard Balducci
Mit Bob Cunningham, Daniel Beretta

Marie, Hans W. Geissendörfer, – BRD
Regie: Hans W. Geissendörfer
Mit Anna Martin, Heinz Bennent, Wilfried Klaus, Lis Verhoeven, Heidi Stroh, Ilona Grübel
Gedreht in den Bavaria-Ateliers München

Die Akte Odessa/The O.D.E.S.S.A. File – BRD/Großbritannien
Regie: Ronald Neame
Mit Maximilian Schell, Jon Voight, Klaus Löwitsch, Kurt Meisel, Hannes Messemer, Shmuel Rodensky, Alexander Golling, Gunnar Möller

Change – BRD
Regie: Bernd Fischerauer
Mit Raymond Pellegrin, Ernst Waldbrunn, Kurt Sowinetz, Reiner Schöne, Sylvia Manas

Die Kurpfuscherin, Hans Fitz, – BRD
Regie: Ludwig Cremer
Mit Edda Seippel, Konrad Georg, Walter Sedlmayr, Horst Jüssen, Gustl Weishappel, Alexander Golling

Am Rande der Ereignisse, Herbert Reinecker, – BRD
Regie: Theodor Grädler
Mit Erik Ode, Günther Schramm, Reinhard Glemnitz, Elmar Wepper, Helma Seitz, Werner Pochath, Eva-Ingeborg Scholz

Solange georgelt wird, ist die Kirche nicht aus

Sagt unser alter Onkel Goggi immer.
»Holariti –.« Es klingt fast wie ein Jauchzer, wenn er es am Morgen zum Fenster heraufruft und dabei die Hand zum Gruß weit über den alten Hut in den Himmel hebt.
Den alten abgewetzten, eingedrückten Werktagshut. Hätte man vergessen, daß Sonntag ist, man hätte es an Onkel Goggis Hut erkannt.
Sonntag nämlich trägt er den neuen Hut, den mit dem Gamsbart und ganz ohne Flecken. – Sein liebes altes Gesicht wird noch kleiner unter der bayerischen Pracht.
Eines Tages sagte er, als habe er das Problem des Todes gerade heute bedacht und gemeistert: »Heut hab i meine Hüt g'zählt, sie müass'n mir koan neien mehr schenga, sonst trag i's nimma auf.« –
Onkel Goggi, weise und gütig.
Zur ersten Brotzeit das erste Bier, trotz ärztlichen Verbots.
»Bier is und bleibt g'sund für an Bayern.« Das ist seine Meinung.
Die Kinder sind an ihm hochgewachsen.
Oliver ebenfalls bis zum ersten Bier, Marie-Theres noch heute – Dampfnudeln.
Onkel Goggi versorgte meinen Garten – bis er siebzig war.
Verzeih, daß wir dich Goggi nennen, Herr Krogler –, die Kinder haben dich so getauft.
Und Dank für eine meiner schönsten Rollen – »Die Kurpfuscherin« –, eine bayerische Filmkomödie.
Kein Mensch kann bayerisch reden, wenn er nicht Bayer ist. Onkel Goggi hat es – fast – möglich gemacht.
Er hat mit mir jeden Satz gearbeitet – streng und immer wieder, und ich lernte verstehen, daß man nicht nur bayerisch reden, sondern auch bayerisch denken muß.
Köstlich und sehr langsam. –
Beneidenswert.

1975

So oder so ist das Leben – BRD
Regie: Veit Relin
Mit Margot Werner, Veit Relin, Gerald Robard, Reinhard Kolldehoff,
Christine Schuberth, Eva Hörbiger
Gedreht im Studio Heberthal/Wasserburg,
Außenaufnahmen Wasserburg/Inn und Umgebung

Das Konzert, Hermann Bahr, – BRD
Regie: Dieter Haugk
Mit Klaus Maria Brandauer, Walther Reyer, Gusti Wolf,
Beatrice Richter, Sylvia Lukan, Hugo Gottschlich
Gedreht in den Bavaria-Ateliers München

Die Abrechnung, Karl-Heinz Willschrei, – BRD
Regie: Wolfgang Becker
Mit Hansjörg Felmy, Romuald Pekny, Irina Wanka, Gustl Bayrhammer,
Willy Semmelrogge, Wolf Becker, Karin Eickelbaum
Gedreht in München

Die Heiratsvermittlerin, Thornton Wilder, – BRD
Regie: Hellmuth Matiasek
Mit Fritz Tillmann, Peter Striebeck, Jacques Breuer,
Kurt Weinzierl, Gaby Dohm
Gedreht in den Bavaria-Ateliers München

Der unanständige Mozart – Mozartbriefe
Regie: Veit Relin
Renitenz-Theater Stuttgart

So oder so ist das Leben

An diesem Tag trug er eine dunkle Brille.
Immer wieder sehe ich in der Erinnerung sein verzweifeltes Gesicht neben der Kamera.
Es ist ganz ruhig, nur hinter den schwarzen Gläsern fließen Tränen.
Die Brille kann ihn nicht mehr schützen.
Abschied?
Nein – Abschied – nie.
Nur Kämpfe, erdrückende.

Ich wollte mich nicht mehr beugen – weder seiner künstlerischen Dominanz noch dem Trend der Zeit, Brutalität und Sex in unsere Filme einzulassen.
Ich wollte auch nicht, daß er sich beugen muß – Filme machen, die nur Geld einspielen.
Seine Welt ist und bleibt das Theater.

Nur – Sommerhausen ist weit.

1976

Voyage of the Damned/Reise der Verdammten – USA/Großbritannien
Regie: Stuart Rosenberg
Mit Faye Dunaway, Max von Sydow, Oskar Werner, James Mason, Orson Welles, Helmut Griem, Fernando Rey, José Ferrer
Gedreht in den Studios London, Außenaufnahmen Barcelona

The Pride and the Princess, Einsatz in Manhattan – USA
Regie: Charles Dubin
Mit Telly Savalas

Ich küsse Ihnen 1000mal die Hände,
Fernsehverfilmung der Mozart-Briefe – BRD
Regie: Heinz Liesendahl
Mit Veit Relin

Die verrückten Reichen/Folies Bourgeoises – BRD/Frankreich
Regie: Claude Chabrol
Mit Bruce Dern, Stéphane Audran, Sydne Rome, Curd Jürgens, Jean-Pierre Cassel, Charles Aznavour, Tomas Milian
Gedreht in den Studios de Boulogne Paris

Yellow He, Herbert Reinecker, – BRD
Regie: Zbynek Brynych
Mit Horst Tappert, Fritz Wepper, Susanne Beck, Martin Semmelrogge, Karl Lieffen
Gedreht in den Bavaria-Ateliers München

Armer Mörder, Pavel Kohout,
Ethel Barrymore Theatre, Broadway, New York
Regie: Herbert Berghof
Mit Laurence Luckinbill, Kevin McCarthy, Ruth Ford, Larry Gates

Aus Mozarts Brief an seine Schwester Nannerl zu ihrer Hochzeit

Du wirst im Eh'stand viel erfahren,
was dir ein halbes Rätsel war;
bald wirst du aus Erfahrung wissen,
wie Eva einst hat handeln müssen,
daß sie hernach den Kain gebar.

Doch, Schwester, diese Eh'standspflichten
wirst du von Herzen gern verrichten,
denn glaube mir, sie sind nicht schwer.
Doch jede Sache hat zwo Seiten:
Der Eh'stand bringt zwar viele Freuden,
allein auch Kummer bringet er.

Drum, wenn dein Mann dir finstre Mienen,
die du nicht glaubest zu verdienen,
in seiner üblen Laune macht,
so denke, das ist Männergrille,
und sag: Herr, es gescheh' dein Wille
bei Tag und meiner in der Nacht.

Kojak

Als ich in New York aus dem Fenster sah, hinauf zum Nachthimmel, war es undenkbar, daß gestern noch – nur vierundzwanzig Stunden von mir entfernt – die gleichen Sterne über dem winzigen Frankenstädtchen Sommerhausen standen – Weinberge, Stille, Weite, Hügel, der Main, Mondlicht, irgendwo eine Glocke, Hundebellen, Stimmen – vom Wein ganz weich und rund.

– Und dann das eintönige Dröhnen der Maschine über dem Ozean – Drinks, Menüs und ein alberner Film.

Dann der Pulsschlag von New York. Dieses pausenlose Hämmern des Lebens. Dieses Mitgerissensein, Teilhabenmüssen an allem, was in dieser Millionenstadt geschieht, durchsichtig, verletzbar, faszinierend.

Kojak, Telly Savalas, erwartet mich.

Die Passanten staunen – seit wann küßt man Nonnen so lange die Hand, nimmt sie dann in die Arme und wirbelt sie durch die Luft?

»With you I wanted to work, since I was a boy.«

»Mr. Savalas«, ich lache, aber ich drohe ihm ernsthaft, »lassen Sie mich erst einmal runter, und dann sagen Sie mir bitte Ihren Jahrgang –.«

Ich spielte eine jugoslawische Prinzessin, die, um Juwelen zu klauen oder zurückzuholen oder so was, sich als Nonne verkleidet.

Ich beginne trotz *Einsatz in Manhattan* meine langwierige Stanislawski-Arbeit. –
Telly stürmt von der Garderobe in die Dekoration: »Roll them«, ruft er fröhlich, was soviel heißt wie »Kamera abfahren«.
Und sie fangen tatsächlich an zu surren, die Kameras. –
»Probe – wozu Probe?« fragt Telly fassungslos.
Ich war trotz Stanislawski nicht schlecht.

Broadway-Premiere

Nach den Vorstellungen strömen sie aus allen Theatern zusammen, die Schauspieler, Regisseure, Schriftsteller, in die eine Kneipe – sie bringen Erfolg oder Mißerfolg mit, Freude, Diskussion. Sorge um den nächsten Job. Jeder kennt jeden. Nicht eigentlich neidisch, nein. Ein großer Unterschied zu Europa.
Bei uns wird Erfolg beneidet, in Amerika bewundert. Vielleicht weil bei uns Erfolg durch Jahrhunderte viel mit Protektion zu tun hatte – in Amerika ausnahmslos selbst geschaffen werden mußte.
Dennoch, für Schauspieler schwer. Ein harter Boden. – Fast kein subventioniertes Theater. Zum Erfolg verdammt, ein Jahr, manchmal länger, mit der gleichen Rolle und froh, wenn du sie hast. –
Und ist ein Stück ein Mißerfolg, so bleibst du arbeitslos. Lange. Darum die Ängste, die unglaublichen Ängste vor einer Premiere. Wie durch ein schwerstes Doktorexamen gehst du durch so eine Broadway-Eröffnung.
Und dann sitzen sie alle bei »Sardis«, dem Theater-Restaurant, mit George, dem Oberkellner. Schon beim Hereinkommen begrüßt dich dein Publikum mit Applaus, nur weil du es geschafft hast, durchgestanden hast, den schweren Abend.
Und dann warten, warten auf die erste Kritik. Ist sie gut, muß man sich betrinken, ist sie schlecht, muß man sich erst recht betrinken.
Nie werde ich diese Freude vergessen! Einer stand auf dem Tisch und las die erste Kritik zu Pavel Kohouts *Armer Mörder* vor. Vier Uhr morgens. Bestanden. Wir hatten bestanden.

1977

Schöner Gigolo, armer Gigolo – BRD
Regie: David Hemmings
Mit David Bowie, Kim Nowak, Curd Jürgens, David Hemmings, Marlene Dietrich, Erika Pluhar, Werner Pochath, Evelyn Künneke
Gedreht in Berlin (West)

Teerosen, Lotte Ingrisch – BRD
Regie: Rolf von Sydow
Mit O. W. Fischer, Jan Niklas, Ulli Philipp, Wolfgang Hoeper
Gedreht im Studio Baden-Baden

Spiel der Verlierer – BRD
Regie: Christian Hohoff
Mit Jörg von Liebenfels, Claus Holm, Martina Winkelbach, Christiane Maybach, Margit Carstensen
Gedreht in Berlin (West)

Wenn die anderen feiern, Weihnachtssendung

Eine Katzengeschichte

Nach so vielen Jahren wieder ein Film mit O. W. – *Teerosen.*
Eine Katzengeschichte von damals:
Micherl, der Kater, war verschwunden.
Nani und Otto hatten keine Kinder.
In Wien fand Otto das kleine Kätzchen von einem Auto angefahren im Rinnstein. Er nahm es nach Hause. Es wurde – freilich wurde es der Mittelpunkt ihres Lebens. Und jetzt war es verschwunden.
Otto hing unrasiert und übernächtig am Fenster. Wartete.
Nani rannte Abend für Abend über die Felder. Miez, Miez – Miez, Micherl! – Es klang ganz langgezogen, tränenerstickt. – Verzweifelt. –.
Wir hingen überall Plakate auf – auf allen Bauernhöfen.
Hundert Mark Belohnung. Otto war sparsam.
»Kleiner schwarzer Kater mit weißem Fleck auf der Nase, hundert Mark!« Sie brachten Dutzende. Micherl war nicht dabei.
Nani fütterte die hinzugekommenen Katzen – ich tröstete Otto, der

bald nicht mehr in der Lage war, seine Rolle zu spielen. Was konnten wir noch für die beiden tun?
Wahrsager wurden bemüht. Umsonst.
Am vierzehnten Tag kam ein Hypnotiseur. Ich weiß nicht mehr, wer auf diese Idee kam. Aber er war plötzlich da. Ein hagerer, fanatischer Mann. Sachlich und schnell. Er schaute in die übernächtigten Gesichter der beiden und sagte nur: »Nein, nein, wie schauen Sie denn aus, das hat gar keinen Sinn. –
Wie ist das mit Ihnen, können Sie sich konzentrieren?« –
Er meinte mich. Er brauchte ein Medium. Mir war es recht. Alles hätte ich für O. W. getan.
Wenn die beiden nur ihr Katzenkind wieder hatten und wir weiterarbeiten konnten.
Der hagere Mann setzte mich auf einen Stuhl, der Sonne oder dem Mond zugewandt, bat mich, alle Gedanken auszuschalten und nur auf seine Stirn zu schauen.
Er nahm meine Hand. Kam immer näher. Seine Auge wurden ganz dunkel, meine auch.
Wie elektrische Ströme ging es durch den ganzen Körper. Ich sah wirre Bilder. Viele. – Straßen, Häuser, Keller und Bäume. Alles flog an mir vorbei.
Dann kam es wie ein Trancezustand über mich. Wie ein Ruf. Von überall – bis er deutlich wurde.
Ich stand auf, ging aus der Türe des großen Zimmers auf den Gang und ins Innere des Hauses. Kauerte mich auf den Boden und zeigte mit der Hand unter mich auf die Erde. Nani stürzte sofort zu mir. Sie legte ihr Ohr auf den Holzfußboden, und da, tatsächlich, ein ganz schwaches Wimmern war zu hören. Sie rief den Namen laut und lauter. Das Wimmern wurde stärker, hilfeflehend.
Die Planken wurden hochgerissen, und da lag das arme Tier, bis auf das Skelett abgemagert, kaum noch Atem, zwischen den engen Balken.
Nani nahm es in die Arme.
Tränenüberströmt.

Maria Schell, privat 1977

Spiel der Verlierer, 1977, mit Jörg von Liebenfels
Superman, 1978, mit Marlon Brando

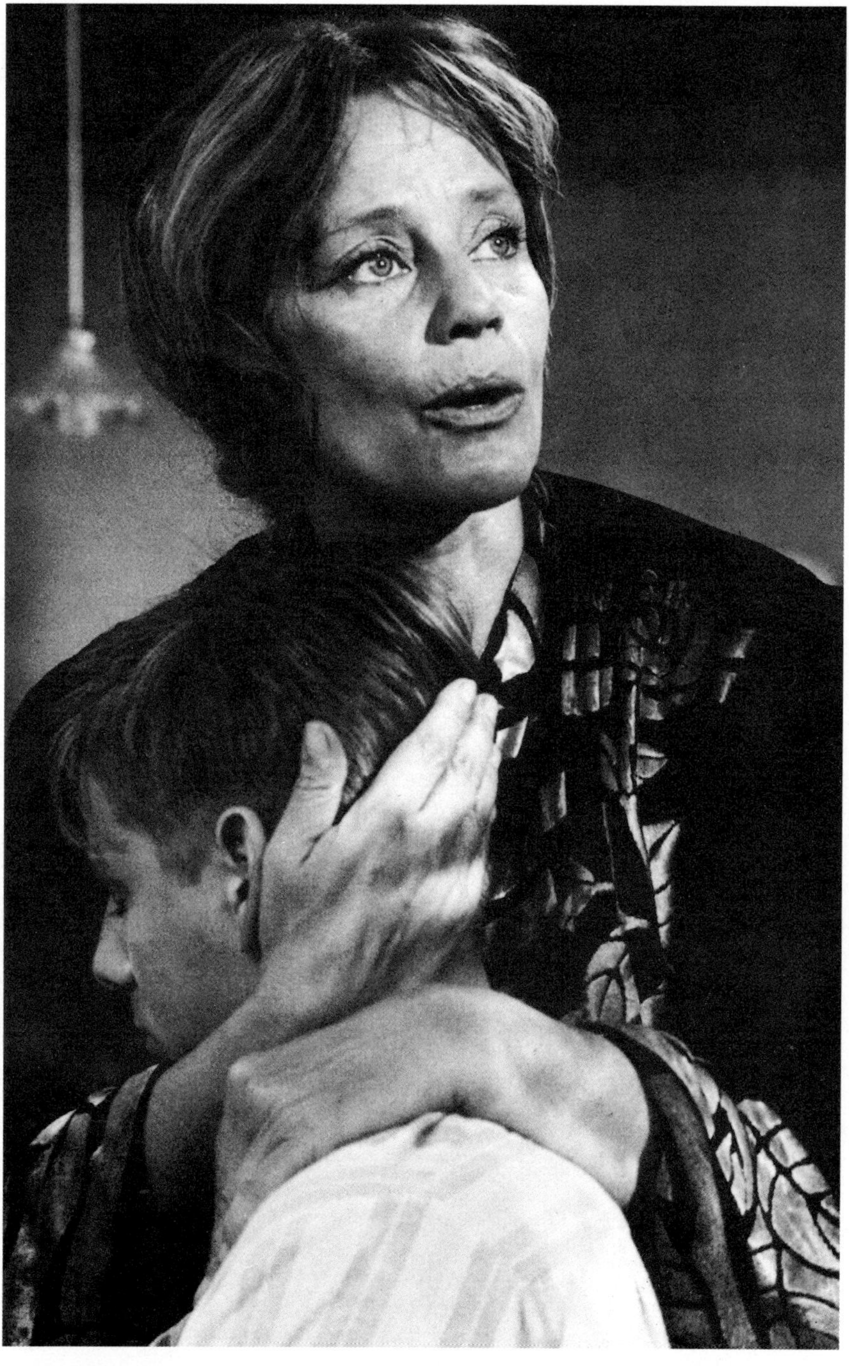

Die erste Polka, 1978, mit René Schell

Der Besuch der alten Dame, 1982

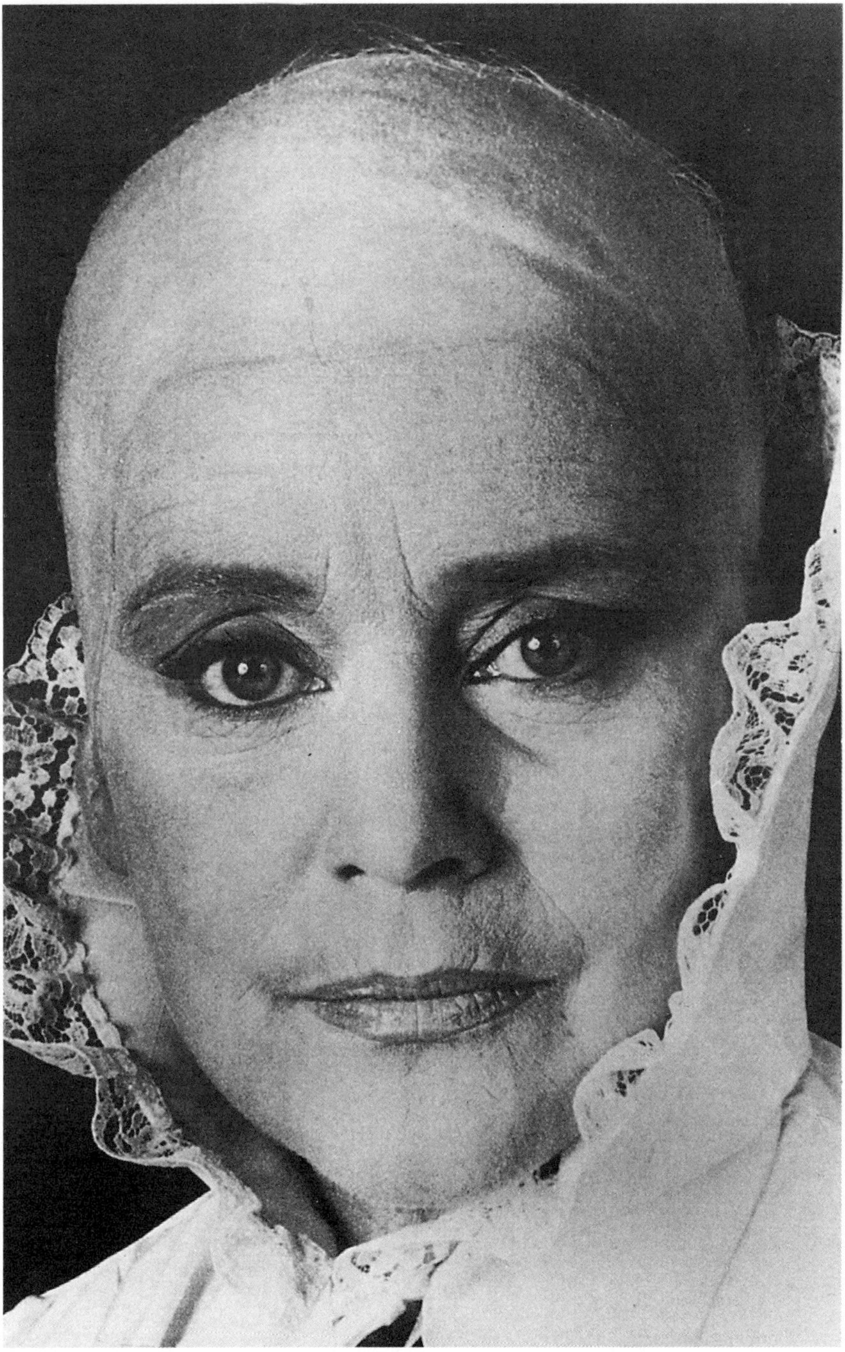

Elisabeth von England, Theatertournee 1981

Maria Schell und ihre Tochter Marie-Theres Relin
(geboren am 30. Juni 1966), 1986

Maria Schell mit Jean Marais und Alberto Scordi
zu den Filmfestspielen in Berlin (West), Februar 1985
1919, 1984, mit Paul Scofield

Maria Schell, privat 1985

Salvador Dali

Dali und seine Frau Gala kamen in die Vorstellung am Broadway. Wir gingen zum Essen.

Gala erzählte mit ihrem liebenswerten russischen Akzent: »Stell dir vor, Maria, eines Tages sehe ich in Spanien Schloß, zwölftes Jahrhundert.

Ich sage zu Salvador – schau, ist Schloß nicht wunderbar! – Salvador sagt, ich schenk dir Schloß, zwölftes Jahrhundert. Schloß ist phantastisch, aber immer sehr kalt. Innen.

Ich sage Salvador, was soll ich machen mit Schloß, ist zu kalt. Salvador baut für mich Zentralheizung, vierundzwanzig Räume, vierundzwanzig Radiatoren. – Du weißt, so aus Eisen, mit Rillen. – Fürchterlich.

Ich sage Salvador, schau, wie häßlich in meinem Schloß zwölftes Jahrhundert. – Du mußt mir Tafeln malen, zum Davorstellen. Mit schöne Motiv.

Salvador malt – vierundzwanzig Gemälde.

Tafeln, auf Füße – zum Davorstellen vor scheußliche Radiatoren. Und was glaubst du von was –?

Von Radiatoren. Vierundzwanzig. Große Dali-Studie.«

Er lacht – zwirbelt an seinem Bart –.

Und sie schaut ihn verliebt und verklärt an – mit der großen Masche auf dem Hut.

1978

The Martian Chronicles/Die Mars-Chroniken – Großbritannien
Regie: Michael Anderson
Mit Rock Hudson
Gedreht auf Malta

Die erste Polka, Horst Bienek, – BRD
Regie: Klaus Emmerich
Mit Jan Biczycki, René Schell, Erland Josephson, Guido Wieland, Claus Theo Gärtner, Ernst Stankowski
Gedreht in den Bavaria-Ateliers München, Außenaufnahmen Prag

Klavierkonzert, Wolf Englert, – BRD
Regie: Helmuth Ashley
Mit Horst Tappert, Fritz Wepper, Peter Fricke, Jutta Speidel, Eric Pohlmann, Heinz Ehrenfreund, Iris Berben, Sky Dumont
Gedreht in den Bavaria-Ateliers München

Superman – Großbritannien
Regie: Richard Donner
Mit Marlon Brando, Christopher Reeve, Trevor Howard, Gene Hackman, Larry Hagman, Susannah York
Gedreht in den Studios London

Wenn die anderen feiern, Weihnachtssendung

Marlon Brando

Sechs kläffende, zähnefletschende Hunde rasen auf mein Auto zu – drei Tore haben sich hinter mir geschlossen.
Ich warte. Und dann kommt er. Mit diesen träumenden Augen und dem unvergleichlichen Lächeln – Marlon Brando, Adam in Pension.
Mein Herz schlägt gewaltig. Wessen Herz würde nicht für ihn schlagen, diesen besonderen Schauspieler. Diesen seltsamen Menschen, diesen nie ganz erreichbaren Mann.
Sein Haus – traurig. Man spürt keine Frau. Wenig Liebe.
Viel Einsamkeit. Keine Blumen. Dunkel. Die Sonne ausgeschlossen. Vorhänge.
Die Hunde haben sich beruhigt. Der Eisschrank ist leer.
»Come, we go for a ride.« Er setzt sich ans Steuer meines Cabriolets. Er

fährt gefährlich. Schaut mich von der Seite an, herausfordernd. »Hast du Mut?«
Ich will ihm imponieren.
Er fährt schneller. Mir wird heiß und kalt.
Unter uns liegt Los Angeles.
Die Berghänge fahren wir hinunter. Hunderte von Kurven.
Steile Kurven. Jetzt steht Marlon auf. Lacht glücklich – und böse.
Steigt auf den Sitz und lenkt das rasende Auto im Stehen. Der Wind zerrt an seinen Haaren, das Hemd offen – ziemlich göttlich.
»Ich sterbe mit Marlon Brando«, denke ich noch, und dann bin ich unter dem Sitz verschwunden.
Endlich hat er Mitleid – läßt das Steuer los, steigt runter vom Sitz und fährt, ganz Gentleman, in den Sommerabend, den Sunset Boulevard hinunter ans Meer.

1979

Salzburger Festspiele:
Das weite Land, Arthur Schnitzler
Regie: Maximilian Schell
Mit Walter Kohout, Walther Reyer, Nicole Heesters

Christmas Lilies of the Field – USA
Regie: Ralph Nelson
Mit Billy Dee Williams
Gedreht in Salt Lake City, Utah, USA

Der Wald, A. N. Ostrowskij, – BRD
Regie: Wilm ten Haaf
Mit Eckehardt Belle, Wolfgang Büttner, Hans Putz,
Monika Baumgartner, Karl Lieffen

Der Thronfolger – BRD
Regie: Oswald Döpke
Mit Günther Strack, Jan Niklas

Moral, Ludwig Thoma, – BRD
Regie: Kurt Wilhelm
Mit Toni Berger, Romuald Pekny, Susi Nicoletti, Fritz Muliar,
Alexander Wächter, Barbara Schöne
Gedreht in den Bavaria-Ateliers München

Wenn die anderen feiern, Weihnachtssendung

Der Millionen-Vertrag

Christmas Lilies of the Field.
16 Wochen stop erster Film 2 Stunden 100 000 Dollar dann Option N.B.C. 6 Jahre eventuell auch 3 Jahre annehmbar stop Optionen 1. Saison 22 Folgen 25 000 Dollar pro Folge. 2. Saison 22 Folgen 30 000 Dollar pro Folge. 3. Saison 22 Folgen 37 000 Dollar pro Folge stop bezahlen 4 Tickets jede Folge für Familie sowie secretary driver apartement Raquet Club Utah dann Los Angeles stop residuals automatic 90 % N.B.C. Silverman.

With love Robby Lantz.

Ich halte das Telegramm von meinem Manager Robert Lantz in Händen. Lange Jahre war es Kurt Frings. Eine Hollywood-Legende.
Ich rechne – sechs Jahre. Das kann man nicht aushalten. Drei vielleicht – aber sechs.
Und dann rechne ich wieder. Drei Millionen Dollar.
Sorgenfrei für immer. Nicht nur ich – alle – alle Menschen, die mich brauchen.
Ich entschließe mich für drei Jahre. NBC will wenigstens fünf. Hin und her, her und hin. Telegramme, Telefone, Hoffnungen, Ängste und dann – Unterschrift.
Ich denke an Karl Malden und seine Serie *San Francisco.* Als ich ihn wiedersah nach unserem Film *The Hanging Tree,* mit Gary Cooper, stürmische Umarmung, und dann frage ich: »Karl, wie geht es dir?«
»I am making a lot of money.«
»Fine, ich freue mich, aber wie geht es dir?«
»I am making a lot of money –.«
Ich muß lachen. – »I dont want to know how much money you make – I want to know how you are!«
Er schaut mich lange an, hält meine Hand, drückt sie ganz fest und sagt: »I am making a lot of money.«
Seine Augen sind ganz traurig. Wie erloschen. Ich habe verstanden. Es fehlt ihm sein Beruf. Die Vielfalt. Wunderbare Filme wie *Die Faust im Nacken.*
Das Publikum sieht ihn als Kommissar. Fast unauslöschbar.
Ich hatte Glück, der Pilotfilm war erfolgreich. Zur Serie kam es nicht.
Aber die Telefon-Notizen und das Telegramm liegen noch immer unter den Büchern in meinem Arbeitszimmer. Neben dem Telefon.
Multimillionärin für ein paar Monate.
Schauspielerin fürs Leben.

1980

Festspiele Sommerhausen:

Der Zerrissene, Posse mit Gesang von J. N. Nestroy
Regie: Veit Relin
Mit Veit Relin, Hans Putz, Brigitte Karner, Ferdinand Held-Magney,
Waldemar Brem, Kurt Bülau, Herbert Stettner

Der Zerrissene, Fernsehfassung
Regie: Veit Relin/Karsten Welte

Das Rotkehlchen nach Selma Lagerlöf/*Tiergebete*
Musik: Frieder Meschwitz
Europatournee Philharmonie Stockholm
Leitung: Fritz Meschwitz

Liebe bleibt nicht ohne Schmerzen, Herbert Reinecker, – BRD
Regie: Alfred Vohrer
Mit Heinz Reincke, Maria Becker, Ruth-Maria Kubitschek,
Edith Heerdegen, Herbert Herrmann, Lambert Hamel, Hannes Messemer,
Gertraud Jesserer
Gedreht in den Studios Berlin (West)

Wenn die anderen feiern, Weihnachtssendung

Der Zerrissene

Im alten Schloß – wieder wie aus dem Nichts, die Sommerfestspiele Sommerhausen. Sechsundzwanzig Vorstellungen, achthundert Plätze, immer ausverkauft, kein Tag verregnet.
Johann Nestroy, *Der Zerrissene.* Veit in der Rolle des Zerrissenen. Souverän, elegant, unvergleichlich österreichisch.
Unsere Arbeit wie immer schwierig. Der Erfolg beachtlich.
Aufzeichnung fürs Fernsehen.
Ein Turm, verwunschen, schon fast Ruine. Wird ausgebaut für uns, sagt Veit. Und dennoch Sommerhausen.
Es bleibt haften – tief, wie eingebrannt, Sonne, Sommer, uralte Mauern, voll mit dahingegangenem Leben. Schmale verwunschene Gassen, schiefe Fachwerkhäuser, Kopfsteinpflaster – Gärten mit überquellenden Blumen, über die Mauern, über die Zäune.

Verschlafene, faule Hunde, schräge kühle Schatten, wie leicht könnte das alles der größten Liebe dienen.
Aber es ist Dekor, skurriler Dekor für den Schmerz.
Alles tut weh. – Jeder Stein, auf dem ich gehe, tut weh, jeder Weg. Das Warten, das viele Warten.
Die Worte, das Mißverstehen, das Nichtverstehen wird immer größer.
Mein Junge ist bei mir – Regieassistent bei Veit. Zerrissen auch er zwischen ihm, dem Stiefvater, der seine Solidarität verlangt – und mir, seiner Mutter, die seine Hilfe braucht.
Und man kann nicht weg. Premiere in einer Woche.
Jeden Tag Probe.
Nur für eine Nacht fahre ich nach Salzburg zu Maximilian.
Sitze am Steuer, überdenke mein Leben.
Sechzehn Jahre mit Veit. Und jetzt?
Ende, wirklich das Ende.
Ich weiß gar nicht, daß ich weine.
Maximilian spielt unvergeßlich den *Jedermann* in Salzburg.
Immy ist auch da. Sie halten mich im Arm.
»Um Gottes willen, was ist mit dir –?«
»Es geht nicht mehr – wir schaffen es nicht mehr.«
Wir haben es doch geschafft.
Nur anders.

1981

Frau Jenny Treibel, Theodor Fontane/Walter Jens, – BRD
Regie: Franz Josef Wild
Mit Rolf Schult, Ernst Jacobi, Hannes Messemer, Dietlinde Turban,
Claudia Rieschel, Hilde Sessak, Karin Anselm
Gedreht in den Studios Berlin (West), Außenaufnahmen Berlin (West)

Die Spaziergängerin von Sanssouci
Regie: Jacques Rouffio
Mit Romy Schneider, Michel Piccoli, Helmut Griem, Mathieu Carrière
Gedreht in Berlin (West)

Theatertournee *Elisabeth von England*, Ferdinand Bruckner
Regie: Kai Braak
Mit Karl Maldek, Dirk Galuba, Walter Gnilka, Bernd Heinzelmann,
Lothar Mann, Joachim Unmack

Wenn die anderen feiern, Weihnachtssendung

Abschied in Bozen

Hundertzwölf Vorstellungen – ich war müde. Eine riesige Tournee – dieses Leben von Hotel zu Hotel –.
Manchmal ein paar Tage an einem Ort. Am Schluß wird alles eins. Die Theater, Schauspielhäuser, die Garderoben, selbst die Orte, die Hotelzimmer.
Nur die Vorstellung am Abend bleibt gleich.
Fester Punkt. Heimat.
Alles andere bewegt sich, und man nimmt die Bewegung gar nicht mehr wahr.
Die Kollegen werden zur Familie.
Manchmal einer besonders.
Er hat mir viel geholfen, dieser eine.
Er ist ein Freund geblieben.
Die Sonne steht schon am Himmel. Die Tauben flattern über den Platz. Das erste Kaffeehaus öffnet eben, und wir sagen uns dankbar Lebewohl. In Bozen. Am Marktplatz.

1982

Der Besuch der alten Dame,
Friedrich Dürrenmatt, – Schweiz/BRD
Regie: Max Peter Ammann
Mit Günther Lamprecht, Michael Gempart
Gedreht in Zürich

Absender: Johann Wolfgang Goethe
und
Absender: Gottfried August Bürger
Regie: Heinz Liesendahl
Mit Will Quadflieg, Martin Benrath, Dieter Borsche
Gedreht im Studio Stuttgart

Elisabeth von England,
Ferdinand Bruckner, Volksbühne Berlin/Fernsehfassung
Regie: Rudolf Noelte
Mit Erik Frey, Christian Quadflieg, Mathias Schuppli, Sebastian Baur
und Margarethe Schell-von Noé

Wenn die anderen feiern, Weihnachtssendung

Inside the Third Reich – USA
Regie: Marvin J. Chomsky
Mit Rutger Hauer, John Gielgud, Renee Soutendijk, Elke Sommer,
Derek Jacobi, Ian Holm

Besuch bei Dürrenmatt

Er schaut mich an, lächelt ganz warm zum Willkomm und sagt dann in seinem liebenswerten Schweizer Hochdeutsch:
»Aber Sie sind ja viel zu jung für meine Alte Dame –.«
»Im Gegenteil, Herr Dürrenmatt, ich bin vier Jahre zu alt.«
»Ja, wieso?« Er schaut mich ungläubig an.
»Weil Ihre alte Dame zweiundfünfzig ist.«
»Wo steht das?«
»In Ihrem Stück, im dritten Bild.
Da sagt sie zu ihm: ›Hier auf dieser Bank haben wir uns geküßt vor nunmehr fünfunddreißig Jahren – ich war siebzehn und du nicht ganz zwanzig.‹ Siebzehn und fünfunddreißig ist zirka zweiundfünfzig –.«

»Tatsächlich, das stimmt«, sagt Dürrenmatt, »als ich das Stück geschrieben habe, war ich eben sehr jung, und zweiundfünfzig war eine alte Dame für mich.«
Und dann sprechen wir lange über das Stück und was ich möglicherweise einbringen kann.
»Sie ist nicht erloschen – sie kämpft noch –«, sage ich, »und sie will ihn für sich haben, den Geliebten – auch tot, wenn es sein muß – wie Salome.«

Ich habe mir immer einen Epilog zu diesem Stück von Dürrenmatt gewünscht, im Mausoleum, das die alte Dame für den Geliebten hat bauen lassen, mit den Pinien und dem ewigen Meer. –
Wäre gern der Frage nachgegangen, wohin führt uns die Rache, der Haß – was tun, wenn eine Liebe nicht sterben kann. Vielleicht schreibt er ihn eines Tages, den Epilog, der große, einmalige Dürrenmatt – sollte ich je »das richtige Alter« haben.

1983

Das Traumschiff – BRD
Regie: Alfred Vohrer
Mit Klaus Jürgen Wussow, Sascha Hehn, Heinz Weiss, Brigitte Horney, Wolfgang Kieling, Barbara Rütting

Der Trauschein, Ephraim Kishon, – BRD
Regie: Ephraim Kishon
Mit Wolfgang Kieling, Simone Rethel, Herbert Herrmann, Michael Kausch, Yvette Kolb
Gedreht in Berlin (West)

Operation zwischen Amazonas und Marrakesch

Wolfgang Rademann rief an: »Bist du im Februar für drei Wochen frei, für das Traumschiff?«
»Eigentlich nicht – ich muß mich operieren lassen.«
»Schade, es wären nur ein paar Drehtage, die andere Zeit wie Ferien-für dich.« Ich zögerte, er hörte es an meiner Stimme.
»Kannst auch jemand mitnehmen, wenn du willst – hallo, bist du noch da – was soll ich dir zuerst erzählen, die Reiseroute oder die Rolle?«
»Vorsichtshalber vielleicht doch lieber zuerst die Rolle, Wolfgang.«
»Also, den ganzen Amazonas rauf und runter.«
Verführerisch. Rademann, der große Produzent.
Mausi kam mit mir. Ich sah sie kaum – zu viele Sascha Hehns an Bord. Aber für mich war es schwer – trotz Amazonas – ich konnte kaum gehen. Das riesige Schiff, immer in Bewegung, die Schmerzen fast unerträglich. Pünktlich zur Operation war ich zurück.
Als alles vorbei war und ich wieder auf eigenen Füßen stehen konnte, fühlte ich, daß das operierte Bein zu lang war.
»Dr. Zeiler, lieber Dr. Zeiler, Sie haben mein Bein zu lang operiert!«
»Macht nichts«, sagte Dr. Zeiler. »Kommen Sie gelegentlich vorbei, dann mache ich das andere auch länger.«
Jedes Jahr am 20. April bekommt er einen riesigen Blumenstrauß, der Dr. Zeiler in der Rummelsberger Klinik. Er hat ein Wunder vollbracht. Und das Bein ist freilich gleich lang, es fühlte sich nur so an.
Vier Wochen danach war ich wieder vor der Kamera.

Letzte Szene *Traumschiff* in Marrakesch.
Die Krücken standen in der Ecke.
Wacklig, wie mit Milchknochen, spielte ich die Szene.
Diesmal war Oliver bei mir. Ganz Kavalier – am Tag.
In der Nacht unauffindbar. Wüstennächte. –

Dank an einen großen Arzt

Es war Herbst. Die Zwetschgen hingen blau und reif am Baum. Ernte mit Mausi und Oliver in den viel zu großen Korb.
Die Wespen summten um die überreifen Früchte. Plötzlich ein Stich. Ich achtete nicht weiter darauf. Doch nach ein paar Minuten – Aufschwellen, Schmerz am ganzen Körper. Immer stärker. Ich raste in mein Bad, riß die Kleider vom Leib. Brennende Schwellungen überall. Es war Sonntag – kein Arzt – ich bat die Polizei.
Endlich ein Anruf. »Hier Englert – ich komme sofort.«
Als er dann kam, konnte ich kaum mehr atmen, sprechen. Der Hals war zugeschwollen, ich war am Ersticken. Vergiftung.
Spritze – Intubation. – Ich kam zu mir.
Das war der Tag, an dem ich den besten Arzt der Welt kennenlernte – Dr. Rudolf Englert aus Gars am Inn.
Seitdem hat er meine Familie, meine Geschwister, alle Freunde und deren Freunde betreut – und wenn auch seine Praxis täglich zum Überfließen – er abends manchmal weiß vor Anstrengung ist, hat er doch für alle Zeit, die ihn brauchen. Seine Diagnosen stimmen immer. Pharmazeutische Firmen, Ärzte, suchen seinen Rat –.
Er kam nach New York, als ich am Broadway spielte und das Schlüsselbein gebrochen hatte. Er flog nach Moskau, als Maximilian eine schwere Viruserkrankung hatte. Er ist ein Freund – ein genialer Arzt.
Am Rande seiner Praxis, am Marktplatz in Gars, eine kleine Treppe zum Inn. Auf halber Höhe eine Grotte. Kerzen brennen – Blumen – eine Madonna.
Vor Tagen, als er wieder einem Freund half, ihn buchstäblich weggeholt hat vom Rande des Todes, hab ich der Madonna Blumen gebracht und eine Kerze. Ich wollte danken – für ihn.

1984

1919 – Großbritannien
Regie: Hugh Brody
Mit Paul Scofield, Frank Finlay, Diana Quick

König Drosselbart – BRD/ČSSR
Regie: Morislav Luther
Mit Lukás Vaculik, Adriana Tarábková, Marian Labuda, Gerhard Olschewski

Der Größte

Old Vic – London – Hamlet – Paul Scofield.
1949 oder vielleicht ein Jahr später.
Wir drehten *The Angel with the Trumpet* in London. John Justin, mein englischer Hans Holt, begleitete mich – er war verliebt in die Darstellerin der Ophelia – sah nur sie. Ich sah nur Paul Scofield.
Nach Aktschluß und Applaus stürmte John in die Garderobe seiner Angebeteten.
Ich stand auf dem Gang und wartete auf Paul Scofield.
Da kam er – der Hamlet – noch ganz verfangen.
Müde vielleicht, doch mit einem Leuchten um ihn her, das nur Menschen wie er haben können.
Der Gang war so schmal, daß er ganz dicht an mir vorbei mußte.
»Sorry, Miss« – er sagte es königlich. Er blieb stehen –.
Ich stammelte so etwas wie: »How wonderful« und »unforgetable« und stolperte die Treppe hinunter zum Ausgang.
Wartete – John kam nicht.
Langsam ging ich die dunkle Straße hinunter.
Irgendwann drehte ich mich noch einmal um. – Da stand Paul Scofield in der erleuchteten Theatertür, schaute mir lange nach, winkte noch einmal. Ich spürte so etwas wie Sehnsucht.

»Bis Sie um die Ecke waren, habe ich Ihnen nachgeschaut«, erzählte Paul am ersten Drehtag unseres gemeinsamen Films *1919* jetzt im Mai 1984 in London.

Er war grau geworden, aber das Leuchten hatte sich verdoppelt.
Der Film – die Geschichte von zwei alternden Leuten aus New York und Wien, die einmal Siegmund Freuds Patienten gewesen waren. – Sie erzählen sich ihr Leben und erkennen, daß menschliche Nähe und Wärme hinausgeht über alle Therapien.

Paul Scofield, der wesentlichste Partner meines Lebens.
Es gibt etwas wie geistige Heimat.

1985

Arbeit an meinem Buch »Die Kostbarkeit des Augenblicks«

Elisabeth

»Du bist ein Scheusal, weißt du das?«
Elisabeth Bergner am Telefon.
»Auf deinem Bild steht, daß du mich liebst.«
»Da war ich verrückt. Seit Tagen versuche ich dich zu erreichen. Ich habe Preise ausgesetzt. Du bist immer besetzt.«
»Du hast schon wieder die falsche Nummer. – Was machst du im Augenblick?«
»Ein Interview. – Und du?«
»Ich schreibe ein Buch.«
»Um Gottes willen.«
»Ich komme mir vor wie jemand, der ein Klavierkonzert spielen soll und noch nie einen Flügel berührt hat.«
»Und wie schreibst du –?«
»Ich versuche, leere Seiten zu füllen.«
»Gelingt es dir?«
»Könnte ich noch einmal anfangen, vielleicht.«
»Schreib auch über Religion. Es ist wichtig. Wann kommst du nach London?«
»Zur Premiere von *1919*, du erinnerst dich, mit Paul Scofield.«
»Wohnst du bei mir –?«
»Ist dir das nicht zu mühsam –?«
»Doch, aber ich will trotzdem, daß du bei mir wohnst.«
Pause. –
»Elisabeth, bist du noch da?«
»Nein – schlaf gut. Ich bin müde.«

Ein Buch ist wie ein Freund: abends, wenn man nur reden mag, plötzlich.
Die innere Welt in die Hände der anderen zu geben. So war mir an vielen Tagen 1985, als ich diese Zeilen schrieb.
Freilich bleibt vieles ungesagt, vor allem das Schwere und Schwerste – auch das, was nur zwei Menschen gehört.

Vielleicht sollte jeder ein Buch schreiben – für die, die er liebt. Wäre es nicht höchstes Erbe, im Buch unserer Mutter zu blättern – von ihrem Lebensfrühling zu erfahren, ihren Schmerzen, ihrer Einsamkeit und dem Hinneigen zum Tod.
Ein Buch ist innere Zeit. Kann Stille sein und Wahrheit, Suche und ein bißchen Frühling für die, die wir lieben …